Rimbaud por Patti Smith

Rimbaud da América
e Outras Iluminações

Mauricio Salles Vasconcelos

Rimbaud da América
e Outras Iluminações

Prefácio de Italo Moriconi

Copyright © Mauricio Salles Vasconcelos, 2000

EDITORA ESTAÇÃO LIBERDADE
Preparação de texto: Marcelo Rondinelli
Composição: Pedro Barros, Marcelo Higuchi
Capa: Antonio Kehl
Trabalho administrativo: Andréia de Moraes, Valter Tater
Ilustração da capa: Gabriela Demarco: "Arthur Rimbaud", bordado, 2000, para esta edição.
Ilustração da p. 3: Patti Smith: "Rimbaud", 1993, cedida pelo autor.

FACULDADE DE LETRAS DA UFMG
Diretora: Eliana Amarante de Mendonça Mendes
Vice-diretora: Veronika Benn Ibler

PROGRAMA DE PÓS-GRADUAÇÃO EM ESTUDOS LITERÁRIOS – FACULDADE DE LETRAS DA UFMG
Colegiado do Curso de Pós-Graduação em Estudos Literários:
Docentes titulares: Ruth Junqueira Silviano Brandão (coord.), Júlio César Jeha (subcoord.), Eliana Lourenço de Lima Reis, José Américo de Miranda Barros, Mauricio Salles Vasconcelos, Vera Lúcia de Carvalho Casanova
Discente titular: Camila de Castro Diniz Ferreira
Docentes suplentes: Ana Maria Clark Peres, Myriam Corrêa de Araújo Ávila, Reinaldo Martiniano Marques, Sandra Regina Goulart Almeida
Representante discente suplente: Olga Valeska Soares Coelho
Secretária: Letícia Magalhães Munaier Teixeira

Vasconcelos, Mauricio Salles, 1956-
    Rimbaud da América e outras iluminações / Mauricio Salles Vasconcelos. -- São Paulo : Estação Liberdade, 2000.
    Bibliografia.
    ISBN 85-7448-020-7

    1. Cultura popular 2. Poesia - Século 20 - História e crítica 3. Poesia francesa - Século 19 - História e crítica 4. Rimbaud, Arthur, 1854-1891 - Crítica e interpretação I. Título.

00-0403   CDD-841.09
         Índice para catálogo sistemático:
    1. Poesia : Literatura francesa : História e crítica
    841.09

Editora Estação Liberdade Ltda.
Rua Dona Elisa, 116
01155-030   São Paulo-SP
Tel.: (11) 3661 2881 / 3661 2882
Fax: (11) 825 4239
e-mail: editora@estacaoliberdade.com.br
http://www.estacaoliberdade.com.br

Faculdade de Letras da UFMG
Av. Antônio Carlos, 6.627 – Pampulha
31270-901   Belo Horizonte-MG
Tel.: (31) 499-5102
Fax: (31) 499-5120
e-mail: poslit@ufmg.br

Sumário

CADERNO DE MALDITO – *Prefácio*	15
INTRODUÇÃO	19
PARTE I: PASSAGENS DO CORPO – TRAJETOS DA LUZ	27
LUZ ÓRFÃ	29
WALK WRITING	50
UNE SAISON EN ENFER – PERCURSOS E CORPOS	73
Mauvais sang	76
IMAGEM ILUMINADA	93
Poesia/Cinema/Cidade	101
Deslocamentos – Derivações	113
PARTE II: RIMBAUD DA AMÉRICA	125
NARRADORES	136
William S. Burroughs	136
Kathy Acker	153
RIMBAUD POP	172
Jim Morrison	172
Patti Smith	193
LINHAS TRANSVERSAS: BRASIL	213
Escrita de Ação	226
PARTE III: CINES, CLIPS, *CUT-UPS*	255
BIBLIOGRAFIA	283
DISCOGRAFIA	302
FILMOGRAFIA	304
VIDEOGRAFIA	309
ANEXO	
ORIGINAIS DE ALGUNS POEMAS APRESENTADOS NO TEXTO	311

Para Mel, com amor

Aos jovens Ivo Cardoso Rodrigues, Gabriel Ribeiro, Emilia Pádua, Thiago e Thomás Andries, e às crianças Victor Gorlach, Monna de Carvalho, Mariam e Davi Spach, Bárbara e Gê, Lucas Quintana, Davi e Rachel Silveira, Teresa e Luísa Pádua.

"*POET: Then I know what dreams are* (...) *What is poetry?*
DAUGHTER: Not reality, but more than reality (...)
not dreams, but walking dreams..."

(Strindberg, *A Dream Play*)

CADERNO DE MALDITO

prefácio de Italo Moriconi

Este livro de Mauricio Salles Vasconcelos atinge a meta máxima que deve ser almejada em todo ensaio literário: capacidade de *inspirar* o leitor. Levar o leitor a querer ir além, no próprio caminho apontado pelo ensaísta. Faz parte da vocação do ensaio funcionar como guia estético, como roteiro para exploradores da sensibilidade. No espaço do ensaio, o literário deve transcender-se a si mesmo e inscrever-se como fermento para a vida criativa. Melhor dizendo: inscrever-se como tatuagem sobre o corpo que imagina, corpo que absorve e que projeta imagens.

O roteiro de sensibilidade/imaginação escolhido por Mauricio Salles Vasconcelos é dos mais pertinentes para entender os caminhos da arte na modernidade do capitalismo tardio. Essa modernidade que no campo estético produziu vertentes como modernismo/vanguardismo, surrealismo, alto modernismo (*high modernism*), existencialismo, pós-modernismo. No emaranhado das vertentes, o veio Rimbaud pode ser o menos escolar, mas é certamente o mais radical. Claro que existe uma apropriação escolar e escolástica de Rimbaud pela literatura francesa canônica, mas Mauricio Salles Vasconcelos trata aqui daquele Rimbaud que se conecta de maneira dramática com as interseções contemporâneas entre literatura, rock cabeça e cinema de autor.

Como são muitas as veredas, Mauricio prudentemente evita etiquetagens. Seu ensaio não se propõe como uma discussão conceitual sobre modernidades, e sim como verdadeiro rito propiciatório destinado a revitalizar inquietas virtualidades do moderno. Como diz Kathy Acker, prosadora americana pós-modernista aqui estudada, em nosso tempo a imagem básica do poeta enquanto ser selvagem ("sangue ruim") ficou associada ao mito de Rimbaud. Mauricio mostra bem como o lugar de Rimbaud na contemporaneidade é um lugar de contínua apropriação de obra-vida. Demonstra com precisão que os grandes apropriadores de Rimbaud (Burroughs, Kathy Acker, Jim Morrison, Patti Smith, Deleuze, Godard) dispõem e redispõem de seu espólio de maneira completamente canibalizadora. No veio Rimbaud da modernidade ocidental, *lugar de fuga* como quer Mauricio Salles Vasconcelos, vige a antropofagia, a devoração/incorporação do totem e do tabu.

O caráter propiciatório da atividade estética é que dá o tom do caderno de maldito. Como se pode ler no capítulo em que Mauricio se debruça sobre *Une saison en enfer*, o caderno de maldito é formado pelas páginas desprovidas de faculdades descritivas ou instrutivas. Como realçado na apropriação (leitura/reescrita/revivescência) de Jim Morrison, o texto-Rimbaud é jogo de luzes, jogo de lanternas chinesas, projetando imagens sugestivas que pontuam movimentos do corpo em caminhada. O que Mauricio deseja valorizar, enquanto ensaísta, é o caráter cinético tanto do discurso de Rimbaud quanto da única maneira pela qual hoje se pode ver e entender arte, qualquer arte.

O prisma pelo qual se pode ler a arte do presente e reler a do passado é o cinético ou cinematográfico. Este o passo ousado do ensaio de Mauricio Salles Vasconcelos. No plano metodológico, constrói um artifício anacrônico ao reverso, lê a literatura pelo olhar que o cinema lhe deu e, assim, operando produtivamente a retrospecção, comete esse abuso contra a inércia da inteligência: oferece-nos uma leitura renovada e singular do significado da poética rimbaudiana. Descobre em Rimbaud o olhar fílmico. Olhar que também orienta todas as apropriações do poeta pelos escritores de novas américas pós-modernas, do norte e do sul, do som e do vídeo.

Vários coelhos de uma cajadada só. Renova os estudos de literatura francesa no Brasil. Energiza-os através de uma abordagem mais ampla, levando-os para o campo da literatura comparada. Concretiza uma perspectiva estética que merece mais atenção estudiosa.

Mas este prefaciador estaria dando uma idéia ainda limitada da importância do livro que o leitor tem em mãos se afirmasse ser a noção de "olhar fílmico" o único ato de coragem crítica de Mauricio Salles Vasconcelos. Pois existe outro momento de salto qualitativo que é tão ousado quanto este. Trata-se da ponte para a literatura brasileira. Ousadamente, Mauricio abandona o critério da apropriação explícita de Rimbaud que orientara suas escolhas de prosadores e poetas norte-americanos. O autor brasileiro escolhido é João Gilberto Noll. Na obra-vida de Noll, apenas uma referência oblíqua a Rimbaud, através do elogio ao livro de Henry Miller sobre o poeta. Mas com que galhardia e com que poder de sustentar uma evidência Mauricio demonstra que a estética do caderno de maldito encontra-se impressa, qual tatuagem, tanto na escrita alucinada e deambulatória do imprescindível *A fúria do corpo* quanto naquela, desértica, das obras que se seguem à chamada trilogia minimalista de João Gilberto Noll! A leitura que Mauricio faz de Noll torna-se um prisma adicional que re-desvela para o leitor o processo estético rimbaudiano, o qual leva do *frenético* ao *desértico*, estabelecendo-se a partir daí o campo de um sagrado profano aberto ao multissensorial. Nesse roteiro, que resume a história de um século, o dado essencial a reter é o fato de que na leitura de Rimbaud, e na leitura das leituras de Rimbaud, o que se apreende é o movimento histórico que leva de uma estética centrada em *objetos* a uma estética que se ramifica em *processos*.

Não há dúvida de que a leitura que Mauricio faz do veio Rimbaud na literatura brasileira é sujeita a polêmicas. Não pelo que ele extrai de seu competente corpo-a-corpo com João Gilberto Noll, realmente marcando, a meu ver, um tento em matéria de perspicácia na leitura de autor brasileiro contemporâneo. Portanto, não por isso. Mas pelo que fica de sugestão para abordagens futuras. Gostinho de quero mais. Que esse quero mais suscitado pelas sugestões aqui deixadas apenas em embrião se transforme em debate e polêmica não é nada senão desejável. Disso é que estamos precisando no campo da crítica cultural no Brasil. O livro de Mauricio Salles Vasconcelos desafina o coro auriverde e não deixa de pôr em xeque, sem sombra de qualquer arrogância, a inércia em que se encontra nossa crítica literária mais estabelecida, demasiado presa ao apenas canônico, ao apenas escolar. Precisamos de mais produção, e não apenas de transmissão de conhecimentos. Isso é válido também para a tímida, porém tresloucada (deslocada, desregrada), província das letras.

Rio de Janeiro, abril de 2000.

Introdução

Em 1991, por ocasião das comemorações do centenário da morte de Arthur Rimbaud, o filósofo e romancista Bernard-Henri Lévy, autor de *Os últimos dias de Baudelaire*, apontou em artigo[1] originalmente publicado no *Corriere della Sera* os perigos da mitologia rimbaudiana, tal como voltou a se reproduzir em solo francês, por meio de imagens do poeta gravadas em pôsteres, *buttons* e placas espalhadas em muros e cafés, seguidas das conhecidas distorções da "lenda". Não é de hoje que vem sendo criada uma torrente de clichês sobre Rimbaud, sem que seja possível separar o que provém do poeta e aquilo que seus admiradores e epígonos imprimiram ao longo de mais de um século de existência da sua poesia. Lévy rechaça conceitos-chavão do tipo "poeta menino", "poeta vidente", aos quais acrescentariam todas as possibilidades levantadas à exaustão por René Etiemble nos tomos do seu *Le mythe de Rimbaud*, numa gradação que vai do mito do poeta-suicida ao da encarnação de Jesus Cristo. A lista das "verdades" encantatórias desfechadas sobre a obra rimbaudiana é infindável e contra seu prosseguimento Bernard-Henri Lévy sugere um retorno aos textos do autor, uma leitura mais "fria" daquela poética, recebida sempre com os *frissons*

---
1. LÉVY, Bernard-Henri. "Rimbaud – as comemorações perigosas". *Folha de S. Paulo*, caderno "Letras", p. 6-5, 13/7/1991.

INTRODUÇÃO

típicos diante da revelação do gênio precoce, prematuramente silenciado por sua recusa à literatura e pela linha de fuga traçada em direção à África e ao Oriente, levando-o ao comércio, e também à morte, no auge de seus 37 anos.

Apesar da sugestão de uma leitura concentrada dos textos de Rimbaud, por mais "fria" e imprescindível que se queira no que diz respeito à dissolução de mitologias, esta não pode se desgarrar da dimensão particular de uma poesia urgente e intensa, feita para ganhar grandes espaços na sensibilidade e na experiência de quem com ela trava contato. Tal recepção deveria ocorrer com toda poesia genuína; mas não é assim que acontece, não com tanta freqüência, nem com tanta imantação. Em Rimbaud, a complexidade da elaboração da imagem vem acrescida de um extremo empenho na obtenção de uma dicção própria, com tudo o que implica a redefinição do lugar do poeta na sociedade moderna e na ordem maior e atemporal do universo, como portador da palavra nova, em conflito com a preexistência do *Logos*, com a idéia de Deus.

O reconhecimento da importância da poesia como atitude vivencial na obra de Rimbaud não significa uma reincidência em mitologias, e sim, por meio de uma leitura cada vez mais concentrada, a possibilidade de trazer para o presente elementos essenciais à criação poética, livres do culto aos traços de danação/maldição desfiados *ad infinitum* por seus leitores (e não-leitores). Irrepetível, a experiência da escrita de Rimbaud vibra pela presença de uma voz materializada do modo mais integral, a começar pelo grande domínio e cultivo da linguagem da poesia.

Talvez decorra da unidade inextinguível entre obra e vida (*Œuvre-Vie*, tal como resume Alain Borer ao nomear a edição criteriosa das obras completas de Rimbaud, quando do centenário de sua morte), do ir-e-vir fundamental a uma poesia nutrida pela experiência, o salto tantas vezes facilitado para o terreno de uma leitura mitificadora. Mas é justamente o aspecto totalizador da escrita do autor que abre o caminho para a superação dos limites, e também dos enlaces, já demarcados entre a individualidade e a obra. Penso ser a direção tomada gradativamente pela poesia de Rimbaud rumo ao abarcamento de todos os planos, de todas as experiências, no limite do impossível – "a ambição de atingir o todo, e de início o todo do homem, o poder de viver uma pluralidade de vidas, o desvelamento dos mistérios, a aproximação e a descrição de todas as paisagens possíveis" (Blanchot 1969: 422-423) –, a razão de existir tanto interesse na leitura de sua obra, empenhado na tentativa de reter a palavra e a imagem finais do autor de "Bateau ivre", trazendo sempre à superfície a biografia algo "sobre-humana" do escritor. Encontra-se, todavia, na multiplicidade de procedimentos e interesses abordados pela poética de Rimbaud, o próprio ato de recriação e expansão da experiência, funcionando como uma espécie de diálogo interno e intermitente do processo criativo.

Por ter a marca, como afirmei antes, de uma experiência integral, contendo aí a radicalidade exigida para a composição de um trabalho poético, é que me parece ser a sua obra um guia essencial para a compreensão de algumas criações contemporâneas. Depois da influência, explicitada ou não, exercida pelo poeta sobre inúmeras produções de vanguarda, como, por exemplo, o dadaísmo e o surrealismo, e sobre autores deste século como Antonin Artaud, Saint-John Perse, Georg Trakl, Hart Crane, André Gide, Aimé Césaire, Jorge de Lima, René Char, Henry Miller, Henri Michaux, Georges Bataille, John Ashbery e outros, penso que a criação de um espaço múltiplo de escrita é que parece trazer Rimbaud cada vez mais perto da sensibilidade de hoje. Há um tom de experimentação nessa poética, um esposar do inúmero, do jogo das possibilidades de ser e estar na variedade, na simultaneidade. Algo que já se anuncia na subjetividade dos primeiros versos e vai se ampliando pelo modo como sobre a linguagem simbólica da poesia opera uma libertação da imagem, do até então restrito círculo do símile romântico e do repertório melódico e metafórico do Parnasianismo. "*Départ dans l'affection et le bruit neufs!*" (Rimbaud: 338)

A imagem aqui ganha autonomia, explode com o verso, dialoga com outras fontes para além da experiência estritamente literária, contendo uma espécie de *cinema* virtualizado em suas projeções/visões fulgurantes. A imagem rimbaudiana traz consigo a emoção e a música novas. Emoção, e não evocação sentimental, como no Romantismo. Barulho, e não melodia inefável e controlada pela arte estática parnasiana. O crítico Antoine Raybaud fala, com toda a justeza, do aspecto tumultuoso, da energia turbulenta, alcançados por um texto que não busca o princípio da regularidade sonora, da afinidade de sentido, "não de medida, mas de dispêndio" (1989: 64). É o que aponta um trecho de "Jeunesse": "Retomemos o estudo ao ruído da obra devorante que se expande e sobe das massas" (trad. Garcia Lopes-Arruda Mendonça, 1994: 85). Este impulso tomado rumo à experimentação, em busca do novo, não se completa apenas com a afirmação escrita com o fogo da inquietude e provocação juvenis. Parece integrar um programa total de experiência, que convoca a expressão da subjetividade e do corpo como elementos primeiros da prática poética, pois a imagem, a emoção e a música/ruído rimbaudianos penetrarão em planos cada vez mais impessoais e autônomos. Aproximar Rimbaud da nossa atualidade envolve, sem dúvida, uma redefinição do novo e, conseqüentemente, o cruzamento com o debate um tanto desgastado, até mesmo pelo uso freqüente do termo, em torno do *pós-moderno*, já que o próprio poeta fala com todas as letras – e todas elas bem acesas – da relação inevitável com a modernidade, que ele exige de si e do outro – difuso, mas ainda assim constante –, a quem se dirige, em um diálogo vivo, durante a leitura.

Meu objetivo se define em abordar a poesia de Rimbaud direcionando-a para uma aproximação com a literatura e a cultura contemporâneas, a contar da escrita de "Les étrennes des orphelins", sua primeira peça conhecida em língua francesa. Excluo aqui o estudo de seus poemas latinos produzidos na escola, não por desconsiderar sua importância para o rastreamento dos temas e procedimentos de toda a obra, da mesma forma que não me ocuparei de suas cartas posteriores ao abandono da poesia e do continente europeu (embora faça menção a algumas delas), sem com isto acreditar que não sejam representativas, indicando um corte, e não uma continuidade com relação à escrita do autor. Tal escolha deve-se apenas a um desejo de síntese, necessária a um estudo que pretende realizar a leitura de outros autores.

A reflexão sobre a presença da poesia de Rimbaud na contemporaneidade concentra-se, pois, em um período bem posterior às vanguardas modernistas e à prática de autores revelados na primeira metade do século, começando pelo fim dos anos 50, nos Estados Unidos. Começa por um autor com enorme penetração na cultura norte-americana e também planetária de hoje: William S. Burroughs. Embora revelado no vetor vertiginoso da cultura *beatnik* – o que seria imediatamente identificável como o auge de um componente rimbaudiano pelo desregramento, pela "viagem" tanto psicodélica quanto real (*on the road*) –, ele comparece neste estudo por seu traço como pesquisador das relações entre *palavra* e *imagem*, visando ao advento de formas literárias geradas pelas possibilidades de contato entre o acaso e o acesso a níveis menos imediatos da inteligência e da sensibilidade (*cut-ups*).

Digno de destaque é seu percurso, fundado entre drogas pesadas e um reiterado interesse pela ciência, pelo desenvolvimento de novas alianças entre arte e sociedade, entre invenção e técnica. Obra-vida que erige a imagem, a palavra e o corpo/rosto do autor a ícone da América underground e profunda, trazida à luz do dia em vídeos e em CDs, em artes performáticas e plásticas, assim como no terreno das culturas emergentes, como a existente em torno do *cyberspace*. Em uma espécie de codificação antimodelar de poeta/homem "enorme" e sobrevivente, comparável à de Rimbaud na segunda metade do século passado e no surgimento do modernismo, Burroughs agora, no fim dos tempos modernos, como alarmam tantos críticos, aparece de corpo presente como avatar do esplendor e do estertor de uma era, e anunciador de outra, já em trânsito.

É no rastro aberto por W. S. Burroughs que novos autores têm se revelado da última década para cá, como, por exemplo, Kathy Acker. Declaradamente seguidora da pesquisa sobre os *cut-ups*, no trabalho recriador de intertextos, entre os quais se incluem a biografia e a poesia de Rimbaud, desenvolvido em *In Memoriam to Identity*, Acker produziu uma estimulante escrita de invenção e intervenção nas formas literárias e no que se refere ao comportamento da América contemporânea. Ela e Burroughs – ambos faleceram em 1997 – são os narradores sobre os quais falarei no capítulo "Rimbaud da América", ao lado de dois poetas ligados à música pop: Jim Morrison e Patti Smith.

Do mesmo modo que os ficcionistas acima mencionados, estes poetas explicitam a contribuição e, mais que isso, a presença de Rimbaud em seus escritos. Morrison tem seu nome associado ao autor francês em mais de uma entrevista, em mais de um estudo sobre sua poesia e música; Rimbaud é apresentado como um de seus "xamãs", para usar um termo caro a ele. Desejoso de perseguir um veio de iluminação pelas "palavras da tribo", que representa a frenética audiência de seus shows, transformados em verdadeiros cerimoniais, o cantor do grupo de rock The Doors deixou em letras e livros, por meio do delírio e do excesso, um testemunho e um espetáculo com palavra, música e corpo passíveis de serem estudados como materialização de postulados rimbaudianos. Patti Smith, autora de *Witt* (1973), um livro com citações de e para Rimbaud, continua a conviver com ele. É o que demonstram seu livro *Woolgathering* (1992) e também suas performances pela América (como aconteceu, por exemplo, no Central Park, em 1993) e pela Europa (Paris, 1997). Rimbaud apresenta-se como grande guia de suas fórmulas poético-musicais, chegando mesmo a ser invocado durante os eventos.

A inclusão destes dois poetas, mais conhecidos como letristas e artistas pop, no presente estudo, deve-se à assimilação da obra de Rimbaud por eles apresentada, demonstrando que a leitura que se faz do autor na contemporaneidade não se restringe ao campo da literatura. Por outro lado, seus escritos em discos e espetáculos esclarecem sobre a diversificação do critério estritamente textual para valoração da poesia. Autores de livros, Morrison e Smith comparecem também como poetas da cena pop, em cujo interior não somente apontam para a existência de uma "vida inteligente", mas onde assinalam a possibilidade de alargamento dos limites da prática poética, lançando-a para o vasto universo das combinações, tão íntimo, em corpo e espírito, de "Alquimia do verbo", e de *tout Rimbaud*.

A natureza comparativista do estudo irá perder alguns dos seus traços, até então mais evidentes, favorecidos pela citação e por uma prática intertextual mais deliberada, no que se refere ao autor brasileiro que desejo estudar: João Gilberto Noll. Ainda que da parte do ficcionista gaúcho não exista nenhuma consideração sobre alguma leitura que possa ter feito do poeta francês, penso que Noll pratica uma *escrita de ação* muito afinada com o que chamo de *walk writing* em Rimbaud, observável nos poemas da primeira fase, assim como na formulação de muitos dos textos de *Illuminations*. O único interesse por Rimbaud manifestado por Noll reside até hoje na recomendação de *O tempo dos assassinos*, um estudo de Henry Miller sobre o poeta francês, como livro a ser presenteado no Natal, segundo uma enquete realizada pelo *Jornal do Brasil*. Ainda assim, no caso deste narrador, um elo com Rimbaud pode ser percebido seja pela visualidade intencional de seus escritos, seja por meio de temas recorrentes no poeta, como também pelo método do *desregramento/descentramento* proposto pelo autor da "Carta do Vidente" e exercido sobretudo no romance *A fúria do corpo*, experiência particular na obra de Noll.

Meu interesse, aqui, não é o de dar um tom "fechado" a estas *aproximações* entre o poeta e os autores contemporâneos, não é o de fechar uma linha, uma linhagem, sendo este apenas um dos modos possíveis de ler Rimbaud ou os autores de hoje. Como comentário geral sobre estes, quero assinalar o modo peculiar de cada um na obra-vida, sendo tal diversidade de enfoques e configurações um dos pontos de interesse deste estudo.

Desejo assinalar, também, que no estudo dos textos do autor não parto de pressupostos teóricos, e sim encontro na teoria da literatura – contando com a heterodoxia disciplinar e os vértices intersemióticos, próprios ao seu campo – e na crítica rimbaudiana (extensa, "mítica" até, à qual recorro como instrumental indispensável), elementos norteadores de um diálogo analítico básico que tento manter com seus poemas.

Com um capítulo dedicado à analogia entre o imaginário de Rimbaud e as imagens audiovisuais da contemporaneidade, completo esta caminhada com o poeta na tentativa de captar como o intenso manancial imagético irradiado por toda a obra do autor encontra espaço e forma entre os cineastas e os realizadores de clips, partindo já de uma aproximação da poética rimbaudiana com o cinema, favorecida especialmente pela leitura de *Illuminations*.

Em "Cines, Clips e *Cut-Ups*", título do último capítulo, já terei caminhado de um ponto a outro – entre um (Rimbaud) e os outros – do estudo. Estudo e percurso que se iniciam na literatura, a partir da observação de que o autor realiza seus primeiros textos pela reescrita dos temas e poemas produzidos em sua época, para terminar no movimento autônomo das imagens, desdobradas até aqui, em acordo com o deslocamento contínuo do múltiplo Rimbaud.

M.S.V.

Obs.: *As citações dos textos de Rimbaud serão feitas com base em Œuvre-Vie, edição do centenário, organizada por Alain Borer, com a colaboração de Andrée Montègre (Ed. Arléa, Paris). As traduções de poemas e narrativas não mencionadas nas referências após as citações foram feitas por mim, o que acontece com os textos de Victor Hugo, W. S. Burroughs, Kathy Acker e Patti Smith.*

Parte I

Passagens do Corpo
Trajetos da Luz

LUZ ÓRFÃ

Já em "Les étrennes des orphelins", primeiro poema escrito por Arthur Rimbaud em francês, também primeiro a ser impresso (*Revue pour tous*, 2/1/1870), é interessante observar como se desenvolve o plano da imagem em sua escrita, tendo como base um tema caro à literatura daquele período, como se lê em Hugo, Coppée, Reboul e muitos outros. Assim como os versos latinos que deram início à sua produção, "Les étrennes des orphelins" foi realizado nos tempos de colégio. Escrever um texto a partir de um modelo constitui-se em uma das atividades do Rimbaud estudante, tal como aponta J.-F. Massol, ao estudar o poema em sua relação com as práticas escolares que constavam do currículo do ensino secundário de língua e literatura àquela época.

Ao destacar "Les pauvres gens" (publicado meses antes por Victor Hugo na mesma *Revue pour tous*) como peça fundamental à gênese do poema de Rimbaud, o crítico ressalta a técnica de composição do autor adolescente, que se utiliza dos procedimentos encontrados em seus deveres de escola – versos latinos "imitados" dos autores clássicos, nos quais estava contida a aplicação de um "*certo número de regras de retórica*" (Massol 1984: 8), aprendidas pela reescrita de textos modelares. Por outro lado, o poema provém da composição latina "Jamque Novus...", na qual Rimbaud celebra também o ano-novo, só que apresentando, de modo inverso a "Les étrennes des orphelins", a morte de uma criança e a celebração renovadora vivida por uma mãe em abandono. Este poema latino, por sua vez, teve como modelo "L'ange et l'enfant", de J. Reboul, criando, assim, uma cadeia de intertextos orientada, segundo Massol, pela técnica da imitação.

Imitar consiste, com efeito, em reescrever um texto, uma "matéria" que o professor ditou aos alunos. Sem nada mudar de fundamental, o aluno deve "ampliar" certas partes, quer dizer, desenvolvê-las, e aplicar as regras da retórica para obter a harmonia conveniente.

(*op. cit.*, p. 8-9)

Será mesmo, no caso de "Les étrennes des orphelins", a imitação tão estrita, tão desinteressada em escapar do mero desenvolvimento de temas e poemas preexistentes? Será que a imitação em Rimbaud não transborda os limites da pauta da "harmonia conveniente", considerando-se ser este seu primeiro poema endereçado ao espaço literário de uma prestigiosa publicação? Se a configuração de uma rede intertextual tecida pelo poeta aprendiz, tal como propõe J. F. Massol, tem o mérito de esclarecer acerca do contexto literário sobre o qual se funda sua escrita, apontando, entre outras leituras, para a presença determinante das "antologias de recitação", como o *Trésor poétique,* de P. Larousse, em que figuram inumeráveis poemas "onde as relações da mãe e suas crianças são codificadas segundo o dogma cristão, para vantagem da burguesia" (*op. cit.*, p. 12), por sua vez corre o risco de sobrepor-se à prática expressiva do autor, por mais que seja este um estudante ou, melhor dizendo, um estudante de poesia. É o que pensa Steve Murphy, por exemplo, quando lê em "Les étrennes des orphelins" a hipótese de um pastiche cínico, tendo em mira a possibilidade de o poeta ter feito seu "um discurso dos clichês e dos lugares comuns comodamente consumidos pelos assinantes de *La revue pour tous*" (1991: 26).

Contrariando a opinião corrente da crítica de que o jovem poeta começaria sua produção pelo decalque antes de praticar a caricatura estilística, Steve Murphy, que vem se dedicando ao estudo da produção do primeiro Rimbaud, prefere falar em um "quase plágio":

O quase plágio implica uma perfeição excessiva no ato do pastiche – não tanto uma imitação quase fiel, testemunhando uma identificação por parte do autor com a quintessência da obra anterior, mas uma sorte de decalque insolente, menos uma homenagem do que uma fragmentação desenvolta e desobrigada de um texto, cuja integridade original não mais conta, sem dúvida porque não possuía valor próprio.
(*op. cit.*, p. 27)

O traço de "perfeição excessiva" decalcado do poema de Hugo mostra-se visível à primeira leitura de "Les étrennes..." Os primeiros versos – "*O quarto está na sombra; ouve-se o rumor brando/E triste de duas crianças murmurando.*" (trad. Gaëtan Martins de Oliveira, 1991, p. 9) – são como uma transposição literal para um outro contexto do início de "Les pauvres gens":

É noite. A cabana é pobre, mas bem protegida
No domicílio em sombra, sente-se alguma coisa.

(Hugo: 700)

A transferência do tema da orfandade, colhido em "Les pauvres gens", para o ambiente de uma família burguesa é, na visão de Steve Murphy, decisiva para se reconhecer a marca de independência inscrita nos versos deste Rimbaud iniciante. Sem ser intencionalmente cínico – embora alguns críticos, como Antoine Adam, cheguem a considerá-lo "passavelmente cínico" (*apud* Murphy, *op. cit.*, p. 26) –, o veio paródico desentranhado do poema hugoano atende a um procedimento criador do poeta àquela altura. Como bem observa Louis Forestier:

> *É a época das influências e das imitações: Hugo, os parnasianos, para citar apenas estes.* Rimbaud manifesta, entretanto, disposições pessoais. *Na releitura dos poemas que empreendi, uma destas disposições me tocou: o ponto de partida, ou os primeiros versos, ou o* incipit.
>
> *Nestas obras, com duas exceções bem próximas ("Sensation", "Soleil et chair"), o início consiste em um pequeno quadro, uma paisagem ou cena do gênero, que evoca muito bem o* Coppée de Intimités *ou de* Promenades et intérieures, *assim como certas ilustrações de livros.*

(1984: 21-22)

Escolhido pelo poeta o mote – verbal ou pictórico –, do original pouco resta. Basta uma aproximação dos versos de Hugo para vermos a completa diferença dos órfãos rimbaudianos. O longo poema "Les pauvres gens" pinta com lentidão descritiva o quadro familiar de um pescador, no qual a esposa figura como elemento central da composição. Incidindo sobre ela o foco de uma série de indagações decorrentes da atividade perigosa desempenhada à noite pelo chefe da família, Hugo monta um *tableau*, com toda a evidência cromática – no que tem mesmo de cromo – e cênica de uma realização poética feita para causar impacto. A orfandade é um mal que ronda a choupana, este espaço acolhedor e digno de ser fixado com marcações precisas, que abrangem o que está fora e delimitam a existência dessa "gente humilde":

> *Redes de pescador enganchadas na parede.*
> *Ao fundo, em um canto, onde humildes vasilhas*
> *Nas tábuas de uma estante vagamente cintilam,*
> *Distingue-se um grande leito sob as cortinas, que tombam.*
> *Muito perto dali, um colchão está estendido sobre velhos bancos,*
> *E cinco criancinhas, ninho de almas, ali dormitam.*
> *A alta chaminé, onde velam algumas chamas,*
> *Avermelha o teto sombrio e, com a fronte sobre o leito,*
> *Uma mulher, de joelhos, reza, e sonha, e empalidece.*
> *É a mãe. Está só. Lá fora, branco de espuma,*
> *Aos céus, aos ventos, nas rocas, na noite, na névoa*
> *O sinistro oceano lança seu soluço negro.*
> (op. cit., p. 700)

Ao longo de suas dez partes, "Les pauvres gens" configura uma poesia temática, discorrida com a amplidão e a monumentalidade metafóricas típicas de Hugo. Na verdade, ele monta mais que um *tableau*, um tablado – pois o aspecto verbal, no que tem de mais oratório e discursivo, acaba por se sobrepor ao da imaginação visual – de imprecações e reflexões, no qual desponta, pelo viés da miséria, a questão da orfandade tratada exatamente como *questão*. A orfandade é uma problemática ameaçadora a *les pauvres gens*, solucionada por Victor Hugo como algo exterior, um exemplo enxertado com ritmos ressonantes e imagens grandiloqüentes. Para Hugo, importa transformar os pobres em *nobles gens*. O efeito que o poeta retira do encontro da mãe com os dois órfãos salvos por ela durante a noite em que sai de casa, em desespero, temerosa da morte do marido no mar perigoso da pesca, contém um propósito edificante.

Na parte final do poema, quando do retorno da mulher à choupana, acompanhada dos órfãos deixados por uma vizinha, "pobre viúva" (Hugo: 703, verso 18, parte V), o encontro com o marido, recém-chegado da arriscada e improdutiva noite de pesca, vem descrito em diálogos denunciando a teatralidade inerente ao poema e boa parte da obra de Hugo. Sua intenção aqui é a de produzir efeitos, tal como já se podia ler no tom grandioso com que vinha encerrando as estrofes anteriores. Sendo esta a parte final, a preparação da surpresa torna-se mais explícita. Por meio de um teatro de falas rimadas e temores dissipados, o pai e a mãe de "Les pauvres gens", logo eles, pais de cinco filhos, realizam seu ato de congraçamento caritativo ao abrigar os pequenos órfãos. A primeira surpresa da Parte X do poema consiste em promover o retorno do pescador à casa, depois de todo o temor vivido pela mulher; e a segunda, no interesse demonstrado por este generoso pai de família, em querer adotar suas crianças, ao saber da morte da vizinha.

> *Tão pequeninos! A eles não se pode dizer: Trabalhem!*
> *Mulher, vá buscá-los. Se acordaram,*
> *Devem temer ficar sozinhos com a morta.*
> *...Vá procurá-los. Mas o que tem você? Isso a aborrece?*
> *Normalmente você correria mais rápido do que isso.*
> (*op. cit.*, p. 707)

Surpresa que a mãe da pobre família amplifica por meio de um gesto teatral derradeiro: "'Toma', diz ela abrindo as cortinas, 'ei-los aqui!'" (*ibid.*)

Seguindo por uma trilha completamente oposta no poema publicado quatro meses depois de Hugo na *Revue pour tous*, Rimbaud apresenta os órfãos como o centro de interesse da composição. Sobre eles o poeta manterá o foco até o fim, compactuado unicamente com o ponto de vista das crianças, o que já estabelece um corte com a poesia temática hugoana, na qual o adulto comparece como elemento mediador e moralizador da realidade dos órfãos.

Quase toda a crítica existente sobre "Les étrennes des orphelins" é pródiga em sublinhar a sensibilidade devotada pelo poeta ao universo infantil. Entretanto, mais do que a clave sensível despertada pela orfandade ou a "penetração analítica" (Murphy, *op. cit.*, p. 49) no que se refere à psicologia da criança, o que não é pouco, a graça da peça está em dar espaço e movimento a *les petits gens*, apreendidos não como elementos catalisadores da filantropia do autor, tal como fazia Hugo, monopolizando para si um lugar humanista e combativo.

Estes órfãos nada têm de abstrato. São, para afirmarmos em sintonia com a leitura de Steve Murphy, os sujeitos do texto. Há entre eles e o poeta um verdadeiro pacto, em acordo com a harmonia vivida entre os irmãos (talvez gêmeos), órfãos de quatro anos – sinal este de uma igualdade, de um elo mais forte do que a simples irmandade sangüínea –, unidos pelo mesmo abandono: "Falta mãe nesse lar! – e o pai está bem longe!..." (trad. Ivo Barroso, 1994: 35).

Orfandade afetiva, ocorrida em um ambiente burguês – aqui o poeta iniciante opera um afastamento em relação ao tom lacrimoso da poesia dos órfãozinhos, mendigos e pobres gentes abundantemente produzida pelos autores consagrados ou não da França. Atípica, a orfandade de que trata Rimbaud vai sendo revelada verso a verso, possuindo um real sentido de surpresa, que falta ao impacto de antologia engendrado pelo poeta de "Les pauvres gens". A materialidade, a presença dos órfãos rimbaudianos não acontecem por meio de uma fixação realista de personagens e cenário. O ambiente, o momento e o modo com que são apresentados os pequenos protagonistas formam um conjunto evanescente, onde "*la chambre... pleine d'ombre* (verso 1)" guarda o insondável sono/ sonho das crianças, que parece se estender "Sob a cortina branca que treme e esvoaça..." (verso 4, trad. Gaëtan Oliveira 1991: 9). Impressão de pura *délicatesse*, nas imediações do inefável, logo quebrada pelos últimos versos da primeira estrofe, justamente os versos que descortinam o lado de fora do quadro em meios-tons.

– Lá fora, aninham-se os pássaros friorentos,
Asas entorpecidas sob os céus cinzentos;
E o ano Bom, com o seu cortejo brumoso
Arrastando as pregas do vestido nevoso,
Entre lágrimas sorri, canta tiritando...
(Rimbaud; trad. Gaëtan M. de Oliveira, p. 9)

Estes versos são importantes, primeiramente, por confrontar a estação do ano, em seus plenos poderes de turvação e enregelamento, com o recesso doméstico, no qual as crianças só na aparência descansam protegidas; e, depois, por anunciar a época em que a natureza desdobra sua "veste nevoenta" de ano-novo, para além da longa e branca cortina, que vela a atmosfera suspensa, quase destituída de tempo, do sono/murmúrio/sonho infantil. Depois de marcadas as oposições entre os planos interiores e os exteriores, as conjugações entre eles passam a ser exploradas revelando a contradição básica da realidade destes órfãos abastados, envoltos por uma ambiência supostamente acolhedora. Da mesma forma que o ano-novo, por ocorrer no inverno, "entre lágrimas sorri" e "canta tiritando", os inocentes de Rimbaud encontram-se em uma casa tomada pelo frio.

Para melhor marcar a condição dos órfãos, Rimbaud detalha o *décor* com todos os clichês do mobiliário, sem nada omitir – "a grande lareira, o grande armário, o grande tapete" (Murphy, *op. cit*, p. 32) –, ao mesmo tempo em que revolve a memória familiar de modo a configurar a impossibilidade de proteção no espaço da casa e da renovação dos votos de ano-novo na companhia dos pais. O aspecto de desolação fica ressaltado, embora irrompa uma seqüência de versos, integrantes da parte III da composição, onde já se pode ler a conjunção preparada pelo poeta entre os pólos aparentemente antagônicos *les étrennes* e *orphelins*:

Órfãos de quatro anos, aos poucos acordada,
Alegra-lhes a menteuma recordação...
Como um rosário desfiado em oração:
– A manhã dos presentes! manhã sem igual!
À noite, em algum sonho estranho, cada qual
Fantasiara os seus: e jóias cintilantes,
Brinquedos, caramelos de papéis brilhantes,
Tudo rodopiava em sonora dança
E, pelas cortinas, voltava à contradança!"
(Rimbaud; trad. Gaëtan M. de Oliveira, p. 11)

O "*souvenir riant*" das festas passadas de ano-novo, por força do dinamismo de suas imagens, e pelo jogo interno entre as negações (órfãos, inverno) e as afirmações (infância, ano-novo, manhã), escapa da simples evocação, do mero confronto entre a festa, localizada no passado, e a presente orfandade. Entendida como pensamento que "é acordado", a lembrança dos festejos infantis se materializa, identificada a um rito de súplica e choro – "Como um rosário desfiado em oração..." (verso 42).

Apesar de constar da rememoração de um tempo anterior, a manhã das festas é revivida, sem qualquer supressão da dor atual. Apresentando o mesmo tipo de ambigüidade que podíamos ler no verso final da primeira estrofe – "Entre lágrimas sorri, canta tiritando..." –, Rimbaud amplia seu significado ao tornar imprecisos os tempos da rememoração e da comemoração de "*ce matin des étrennes*" (verso 43), pois estas como que se atualizam na "*danse sonore*" promovida pelo poeta.

A ambigüidade entre os tempos mostra-se mais complexa

quando se observa que a manhã de festas é uma fantasia preparada na véspera do ano-novo pelas crianças, ao sonhar seus presentes e votos, em uma espécie de "sonho estranho" (verso 45). O que na verdade Rimbaud transcreve são os sonhos de ano-novo, segundo as crianças, uma projeção independente da condição de orfandade, pois as imagens desfiladas no teatro onírico das vésperas têm possibilidade de fazer prolongar a dança – pelo emprego do verbo no infinitivo – com todas as cortinas e réplicas: "...Turbilhonar, dançar uma dança sonora,/Depois fugir sob as cortinas, depois reaparecer ainda!". Tal celebração pertence à natureza interna, intrínseca às crianças, e alude a um tempo anterior à situação atual, esta que tornaria impraticável qualquer festividade da parte destes órfãos mais novos que qualquer ano-novo.

A partir deste sono/sonho/dança, ficará menos distante a ligação entre um plano e outro do tempo e do espaço, entre os termos básicos da oposição formada entre *órfãos* e *ano-novo* com toda a sua carga de *afetos* e *eventos*, com toda a gradação de luz e sombra, entre a "*nuit obscure*" (verso 11) e a revelação matinal. Entre sonho e realidade, neste entressonho em que é favorecido o universo da imagem, dos objetos, atraente para o poeta, esboça-se, segundo Murphy, "um jogo complexo da memória, uma curiosa manifestação de lembranças vagas, uma suíte de opacidades que turvam de modo particular o entrecho" (*op. cit.*, p. 39).

Diferente da cena posada de "Les pauvres gens", um quadro fixado para causar impressão moral, de modo enfático e previsível, ao final do poema, o que se mostra por trás das cortinas, além de indicar um dinamismo, em se tratando de uma "dança sonora", assinala uma teatralidade impossível de se fisgar, de ser imobilizada, própria a um turbilhonamento de coisas que se apresentam e rodopiam em grande velocidade, e depois se escondem, para mais adiante voltarem a se entremostrar. Por vir fortemente pontuada com reticências, a dança de Rimbaud favorece a turvação do alinhamento discursivo de um Hugo, da clareza rítmica e metafórica de autores como Coppée. É o que pensa Murphy quando atenta, em "Les étrennes...", para a "incapacidade de tudo exprimir, colocando em evidência os enigmas que tendem justamente ao recalque, à censura..." (*op. cit.*, p. 38).

Muito antes de se processar o sono/dança, já se podia ler: "Sente-se que... falta alguma coisa..." (verso 20); "parecia murmurar algo..." (verso 84), em correspondência com a aparição fugidia dos objetos da dança, que funciona para exibir presentes atrativos, faiscantes, mas acaba por não mostrar tudo. É exatamente a unidade deste todo que é sonegada por Rimbaud ao reforçar a falta, "por lacunas que, sem dúvida, significam o que existe plenamente, mas, com freqüência, enganosamente presente" (Murphy, *op. cit.*, p. 38). Nesse sentido, não há sonho compensatório. A ilusão é encarada e deste enfrentamento vem toda a força.

O fato de Rimbaud não camuflar o aspecto de *projeção* destas imagens imantadoras, mas ao mesmo tempo parciais e provisórias, não impede que ele as incorpore em seu discurso de forma a turbilhonar as fronteiras do espaço e do tempo, possibilitando assim a sugestão, o não-dito, em reverência ao universo contemplado do modo mais interiorizado possível, de dentro do sono das crianças. A ele importa de modo bem específico adentrar-se nesse universo de ausência, de perda.

Se para o poeta existe condição de vir a conhecer um *todo*, uma unidade – como todas as circunstâncias criativas de Rimbaud, por mais contraditórias, acabarão por revelar –, tal conquista só se dará contando com a incursão na obscuridade, no estranhamento, na desobediência a alguma norma, a alguma lei. Em "Les étrennes des orphelins", os órfãos vêm assinalados com uma perda de origem – "Nada de mãe no lar...! – e o pai encontra-se bem longe!..." Condição antiilustrativa, que marca os personagens com um traço básico de *dissonância* e *desligamento* inerente ao *heroísmo negativo*, típico da literatura moderna (Adorno 1980: 273), distante das circunstâncias de miserabilidade tão-somente social, "embalável" para o combate e o pranto fáceis da poesia corrente.

Seguindo-se a leitura de S. Murphy, o que é estranho e sintomático do desvio operado pelo autor em relação ao *topos* da orfandade é o modo sub-repticiamente sucinto com que exibe – em apenas um verso – a desordem familiar burguesa, um universo sublimado pelos autores da época, hábeis em transportar os sinais de degeneração para os segmentos do operariado, assim problematizando um único lado da sociedade, de forma a serem omitidos os sinais de crise próprios da classe da qual provêm.

O recinto burguês esboçado por Rimbaud é permeável às influências da vida exterior, quer por tomar a forma dos ven-

tos do inverno que não respeitam a integridade das paredes da casa, quer pelos problemas estritamente humanos, do adultério, talvez, problemas que só podiam ser imaginados no proletariado. E é o pesadelo da perda de classe *que surge, para dissolver a doçura do lar.*

(*op. cit.*, p. 44)

Nem mesmo pelo poder econômico esta orfandade é aplacada, pois a presença de uma empregada, ou babá, nada atenua: "– Tomou-os a seu cargo uma velha criada./Os meninos estão sós na casa gelada..." (versos 38-39, trad. Gaëtan Oliveira: 11). Deste núcleo familiar intrinsecamente degenerado, os únicos elementos afetivamente constituídos são estes irmãos "irmanados pela sorte e por todo tipo de causa referente aos seus nascimentos" (Murphy, *op. cit.*, p. 46). Da ausência total, Rimbaud prepara a celebração dos órfãozinhos, desimpedindo-os de qualquer determinismo de classe e de qualquer emoção imobilizadora de luto.

Na parte IV, novos objetos, novas projeções vêm se somar àqueles da dança. Voltando a rememorar os dias passados, eles encontram proteção e calor em torno do grande fogo que "Na chaminé, bem vivo, o lume crepitava" (verso 59, trad. Gaëtan Oliveira: 11). Por meio do uso do verbo no imperfeito, Rimbaud extrai da rememoração um jogo de luz (outro rodopio, outro turbilhonamento) nascido dos reflexos vermelhos lançados pela lareira sobre os móveis envernizados, especialmente sobre o armário "– Sem chave, (...) o armário grande era assim" (verso 63, trad. cit., p. 13). Se antes havia algo incompleto devido à velocidade/vertigem da dança e à cintilação dos objetos, agora o armário sem chaves possui a profundidade e a escuridão dos grandes mistérios. Como indica "Le buffet", poema escrito um ano depois, "quantas histórias não sabes" (verso 12), mas só anuncia descerrá-las quando:

E o reflexo vermelho, emanando das chamas,
Vinha sobre o verniz dos móveis rodopiar...
(Rimbaud; trad. Ivo Barroso, p. 37)

Ainda estão presentes as reticências, a suspensão, a impossibilidade de *tudo* exprimir. Mas é bom lembrar, pensando nas reflexões de Ana Cristina César, que não cabe aqui falar de entrelinhas: "O que existe é a linha" (Depoimento, 1983). As reticências valem não pelo que não se diz, mas pelo que é dito: esta escrita fronteiriça, à beira da palavra e mistério finais, no limite. É esta não-revelação das coisas que compõe a expressão poética das "Festas dos órfãozinhos". Rimbaud não esconde nada; aponta, pelo contrário, para as formas de segredo e segregação dos afetos – conforto materno/amor uterino, calor primitivo e erotismo – contidos no mobiliário da residência burguesa, com todos os fetiches e "*commodités* personificadas" (Murphy, *op. cit.*, p. 42), e também seus símbolos básicos, matrizes da relação pai-mãe. Isto se dá pela luz lançada pelo fogo.

O que importa para Rimbaud é poder captar a expansão e a duração dos reflexos do fogo sobre os objetos, como uma espécie de cena básica do espaço familiar e também como projeção primitiva de cinema – "fascínio por figuras que se movem, uma crença mágica" (Morrison 1987: 67) –, da forma como compreende Jim Morrison esta arte derivada não da pintura, da literatura, da escultura ou do teatro, mas "da antiga tradição popular dos feiticeiros. Trata-se da manifestação contemporânea de uma envolvente história de sombras..." (*ibid.*).

No interior deste *locus* doméstico, materno, sinalizam-se, porém, o incompleto, a privação originais – "sem chave, o grande armário!". O fogo que crepita na velha casa lança suas centelhas para o lado escuro – "*c'était étrange!...*" (verso 65) – das coisas. Vemos a porta negra do armário, e não mais os "*bijoux*" recriados pela dança dos órfãos. Diante da grande peça do mobiliário, o poeta promove a renovação do mundo perceptivo da criança por meio do embaralhamento perfeito entre sono e sonho, entre o que se ouve de mais interior e as formas originárias do mundo de fora – os objetos, as atmosferas e as relações estabelecidas pela família. Um só todo. Um único tempo fixado sob a ação do fogo.

Mas o que se retém no bojo deste lume doméstico resume-se apenas no gesto de imaginar – "E pensavam ouvir, vindo da fechadura/Imensa, um ruído vago, um murmurar distante..." (versos 67-68, trad. Ivo Barroso: 37) – os mistérios guardados pelo armário, peça trancada do mobiliário na qual o limite e o silêncio familiares mostram-se representados. No estudo do poema, o crítico americano Robert Greer Cohn levanta um interessante repertório de atribuições em torno da mãe que não são de interesse exclusivo desta primeira peça conhecida de Rimbaud em língua francesa. A *terrible mother*, colhida em Jung, ou a presença da feiticeira, sábia pagã na qual se tornou a sibila, conhecida por Rimbaud da leitura de Michelet, comparecem em inúmeros de seus escritos, como por exemplo em "L'après le déluge", para ficar com um texto de sua produção posterior. Sobre as representações maternas, diz Cohn:

> *Cremos, durante um tempo, que elas estão enraizadas em uma profunda sabedoria, como Nornas ou Sibilas. Fora deste tempo, tal crença permanece em nossa alma, mas os amargos desapontamentos e o bloqueio emocional* ("noire... sans clefs!") *fazem, por vezes, com que a imagem seja transferida para outras figuras, talvez uma tia muito meiga, ou a Virgem, ou, neste caso, o totem maternal do bufê como uma generosa cornucópia...*
> (1973: 35-36)

A penetração crescente do poeta no campo da luz, de modo a irradiar a cintilação e o calor a partir da materialidade dos objetos – e também, com relação ao grande armário, no revés das áreas iluminadas –, vai encontrar sua plena exteriorização na parte final. Já sucedia, no entanto, a respeito do armário, a projeção de um espectro de símbolos relacionados ao elo das crianças com a mãe, desdobrando os graus de aproximação entre memória-sono-útero-morte. Este armário, salienta R. G. Cohn, "é uma espécie de túmulo, com seus 'flancos de madeira'" (*op. cit.*, p. 36).

É exatamente sobre signos mortuários que se efetivará a projeção final de "Les étrennes des orphelins", trazendo a revelação do ano-novo para estas crianças "bem-nascidas", cujo seio familiar, com toda a pretensa proteção, não promete, segundo a inversão rimbaudiana, votos de renovação e coroamento. Desta vez, o poeta, penetrando mais fundo no campo da percepção imprecisa dos órfãozinhos, constrói algo como uma outra camada de sono sobre o intranqüilo e, ao mesmo tempo, doce repouso, observado desde o início do poema, com todos os seus acessos súbitos, *flashbacks* e *intermezzos*, em consonância com um ritmo-murmúrio onírico. Georges Poulet teve a felicidade de encontrar o termo exato desta ondulação de luz e sombra do sono "*des orphelins*":

> *É sobre esse fundo de noite, de ausência, de separação, de sono surdo e melancólico, que o poeta nos descreve a alma das*

crianças; não se tem um verdadeiro despertar onde tudo de
que se encontram desprovidos lhes seria miraculosamente res-
tituído, mas um despertar sonhado, um despertar imaginário
do qual se tornariam os felizes beneficiários...
(Poulet 1980: 89)

Quando mais se mostra difícil o aconchego interior – "...os pequenos dormem tristemente:/Vendo-os, podeis dizer que adormecidas choram..." (versos 77-78, trad. Barroso: 37) –, Rimbaud intervém e fortalece o plano do sono, entendido como fonte criadora de imagens.

Pois seus olhos estão inchados e soluçam!
Sensíveis corações que têm os pequeninos!
– Mas vem o anjo da guarda enxugar-lhes os olhos
E no sono pesado infunde um sonho alegre,
Um sonho tão feliz que os lábios entreabertos
Parecem murmurar, sorrindo, qualquer coisa...
(Rimbaud; trad. Ivo Barroso, p. 37)

"...*met un rêve joyeux...* / infunde um sonho alegre..." (trad. Barroso: 37). Se a aparição do anjo dos berços manifesta uma dimensão sagrada contida na estratégia interventora do poeta em defesa da promoção da felicidade, da festa de coroação do ano-novo, ela não se nega enquanto estratégia, enquanto construção (com uma certa teatralidade até – "*met un rêve*", "*met une scène*") imaginária. Apesar de importante na poesia rimbaudiana, a espiritualidade não valida por si só a intervenção angélica. Esta não ocorre fora da esfera do sono infantil, onde se projeta a imagem de um "despertar sonhado" (Poulet).

A surpresa absoluta de "Les étrennes...", e também sua "resolução hesitante", na visão de J. F. Massol, reside na absorção, até as últimas conseqüências, desta "magia salvadora" (Massol, *op. cit.*, p. 19), introduzida progressivamente pelo autor graças ao pacto perpétuo mantido com a imaginação e o sono das crianças. Rimbaud instala o "paraíso rosa" (verso 88), as bençãos do fogo e do dia. Executa a passagem intencionalmente imprecisa entre o sono/sonho dos órfãos e o despertar, entre a revelação e a conclusão poemática, cujas fronteiras são reclamadas por Massol.

Tomados por uma mistificação, como diz o crítico, pelos reflexos faiscantes das coroas mortuárias, os órfãos realizam não apenas o que se pode chamar de enterro simbólico da mãe, ao produzirem no sonho, com suas faixas douradas, a cerimônia do féretro, mas a superação do próprio rito da morte, como se pode ler na insígnia com que o poema é encerrado – "À NOSSA MÃE" –, homenagem voluntária e cumprida por parte das crianças renascidas na manhã de ano-novo, capazes de vislumbrar a "terra, seminua, em ânsias de viver (verso 92, trad. Barroso: 37). Justamente este mergulho na falsa luz dos adornos, na "vidraçaria mortuária" (Massol, op. cit., p. 19), no prazer das formas, é que serve de combustível para Massol condenar "Les étrennes..." como poema irrealizado, desviado para uma resolução estetizante, impossibilitado de remeter a algo além de si mesmo. Para o crítico, Rimbaud, ainda tributário das práticas escolares, está saturado de influências, que ele tenta elidir, de modo a evitar as "questões morais" fornecidas pelo tema da orfandade, optando, então, por uma imersão no formalismo, característica dos "partidários da *Arte pela Arte*" (*ibid.*).

Nada mais indicador da particularidade do jovem poeta do que sua opção pelas formas, pelos objetos, estabelecendo desde o início um corte – formalista ou não, é o caso de se ver – com a produção poética de Hugo e Coppée, autores, segundo Massol, decalcados por Rimbaud sem a imposição de uma alternativa ideologicamente transformadora. É exatamente este desvio para as formas, para os fetiches recorrentes ao circuito de objetos de uma residência burguesa, que propicia o contato dos órfãos – elementos segregados das questões morais, típicas da poesia temática de Hugo – com o contexto –, outra fonte de elisão da parte do "pintor" de "Les pauvres gens", e não somente da pequena burguesia esteticista do Parnasianismo, à qual Massol tenta vincular o adolescente que escreveu "Les étrennes des orphelins". Por meio deste pequeno universo de objetos-fetiches, os órfãos de Rimbaud travam relação com planos jamais desenvolvidos pelo temário poético hugoano e pela cena estática do formalismo parnasiano.

Em "Les étrennes...", antes de descerrar as formas-fetiches que circundam o ambiente de seus personagens e revelam a condição de ausência-perda-compensação nelas embutidas, o poeta incursionou nos níveis de sono/sonho, daí extraindo uma sensível conexão com os planos da imaginação infantil, uma grande conexão com o invisível. Massol não consegue compreender que a opção rimbaudiana – tal como atesta, mesmo não concordando com ela – seja elaborada de modo integral, e não como mero formalismo, praticado como "a resolução hesitante de um conflito longamente desenvolvido e suspenso *in extremis*" (Massol, *op. cit.*, p. 19).

Nada há de exterior ao universo contemplado, algo que se desvela ao final como a transparência moral da opção de Hugo ao abrir as cortinas para a redenção dos órfãos, salvos por outra família, em uma resolução parcial e privada, apenas na aparência devotada às questões de ordem exterior. Rimbaud não nega o caráter de projeção, como já vimos, de suas imagens. A luz final do poema mostra-se desdobrada de objetos existentes, não possuindo a nitidez de uma visão pura ou primordial. Justamente a emanação impura das formas descobertas pelos órfãozinhos, dança dos fetiches e das peças mortuárias, assinala-se como ponto de interesse do autor. O que se inscreve como marca da opção e da diferença de Rimbaud é o aproveitamento feito a partir de um repertório de signos poéticos (*topoi*, versos, símbolos) e objetos-coisas conhecidos, sem descarte da ambigüidade, do efeito de estranhamento e de imprecisão, e, finalmente, do nível celebratório a que se erguem. O poeta-estudante quis de fato manter a suspensão ao extremo, como entende Massol de modo negativo. Ele se recusa a "produzir um *happy end,* e recusa também, malgrado o estilo hugo-coppéeano, a dar uma conclusão edificante" (Murphy, *op. cit.*, p. 35). Seus órfãos continuarão órfãos.

Há, atendendo à intenção do autor, uma flagrante irrealização no que se refere às fronteiras entre sonho e revelação no final de "Les étrennes des orphelins", tal como mais tarde sucederá com "Veillées", poema fundamental de *Illuminations*. Rimbaud não deixa clara a passagem entre o sono e o despertar. O sonho trazido pelo anjo dos berços culmina com o grito de júbilo e o ingresso das crianças na realidade ou mantém-se em uma esfera intangível do plano onírico ou, senão, do imaginário?

O poema ganha com esta imprecisão. A não-delimitação dos planos parece que jamais se interrompe. Sob o impacto do verso final, o poeta acrescenta outra linha – vazia, infinita, pontilhada de reticências –, como a mostrar o ilimitável deste intercâmbio entre sinais de sonho e reflexos do real, entre imagens de vida e luzes refratadas de objetos mortuários. Assim fica impossível determinar quando começa a revelação de ano-novo transmitida aos órfãos e quais são os verdadeiros votos de renovação vital, já que se encontram envolvidos pela ausência e, tal como aponta o sonho, pela morte da mãe. O que importa, ao final, passa a ser a revelação em todos os níveis, por meio de todos os sinais, sonhados ou não.

Interessa ao poeta a irradiação das imagens, que no sonho geram o movimento das crianças – "– Sonham que, sobre o braço inclinando a cabeça,/Num doce despertar, o rosto então levantam" (versos 85-86, trad. Barroso: 37). Só importa este gesto, dotado do poder de expansão sobre os objetos e os espaços. Por mais tênue, por mais que seja proveniente de uma ordem imaterial, onírica ou angélica, e a partir disto mesmo, o poeta revela-se capaz de ultrapassar os fetiches e as formas, percorrendo todos os planos, ambientais e abstratos.

Na esfera particular à imaginação dos órfãos, o fogo volta a compor um quadro de aconchego, ocorrendo em toda sua plenitude – "...Na velha habitação tudo é calor e cores:..." (verso 94, trad. Barroso: 39). Enquanto a natureza, em total sincronia com o sonho, desperta e projeta raios, mostra-se inebriante, "...Aos beijos do sol estremece de contente..." (verso 93, trad. Gaëtan Oliveira: 13). Anterior à revelação da morte (real ou não) da mãe, realiza-se este despertar, "uma espécie de paraíso matinal" (Forestier, *op. cit.*, p. 28). Há nestes sinais imateriais força suficiente para presentificar os gestos dos órfãozinhos do poema:

> *Tudo se passa como se o essencial não pudesse advir sem que fosse abolido o que limita e coordena: o quadro, o tempo e o espaço. Parece que a obra, sem jamais renegar o* tableau *inicial, busca dar a ele uma nova forma e uma nova visada. Ela destrói todo espetáculo orgânico possível, para substituí-lo pela evidência das coisas em seu absoluto ou, caso se queira, em seu excedente de realidade.*
>
> (*ibid.*)

Aqui não se registram o choro, os ditames da conformação social em torno do tema da orfandade. O poeta mergulha no símbolo, nas categorias do *fake* (o cromo, os fetiches do Parnaso), para captar – e também raptar, como dirá mais tarde na segunda "Carta do

Vidente": "...o poeta é verdadeiramente ladrão de fogo..." (p. 190) – a luz reveladora da inocência e da celebração, seja esta produzida por obra de um anjo ou de um elemental – "Dir-se-ia que uma fada entrou naquela casa!" (verso 97, trad. Barroso: 39) –, seja originária da cintilação mistificadora dos ouropéis funerários. Rimbaud não se encontra preso à arte estatuária representada pela estética parnasiana, pois sua tendência expressiva é a de vazar os contornos do símbolo, tratando-o como matéria e imagem de uma *projeção* (a incidência de luz e seus revérberos são um fato neste e em outros poemas). O autor não conhece, como se vê aqui, demarcações de espaços e planos do tempo, assim como fronteiras do interdito, para apreender, além do simples uso metafórico ou de adereço retórico usual à imagem literária, a luz particular ao universo contemplado. Luz que cruza, em um paradoxo, com a da anunciação do ano-novo, luz gerada na pura ausência, própria de um lugar vacante. Luz órfã.

Rimbaud sempre fala de um lugar movente e orienta suas imagens nessa direção. No poema de iniciante, ele já antecipa, embora sob o véu de um "quase plágio" da literatura antológica, certas "*illuminations*", onde se pode ler uma espécie de "*slide-show projection*" (Ross 1988: 66). "Les étrennes des orphelins" conjuga todos os sinais possíveis de promover, em um largo campo analógico, a imagem essencial – imagem nova – a um tema, a um quadro ou a uma cena. Todas as coisas revelam, e a partir desta crença deve ser compreendido seu projeto de *poesia objetiva*, que consta da já referida carta endereçada a Paul Demeny. Na perseguição desse amplo espectro de imagens primordiais mescladas a fontes impuras de irradiação, o poeta apresenta-se renovado do peso e da trama dos intertextos (Hugo, Coppée, parnasianos). Em concordância com seus personagens, ele também está órfão.

Não existe mensagem, metáfora reconhecível por trás de suas imagens. O poeta não guarda nada detrás da cortina. Por meio do poder da imaginação infantil gradativamente instaurado no corpo do poema, Rimbaud penetra na luz, não mais circunscrito ao plano da simples metáfora. Como reflete Kristin Ross, a partir do conceito de "*metáfora absoluta*", apreendido de Hugo Friedrich, ela nota que o poeta faz uso de "uma metáfora que não é mais uma mera figura de comparação, mas que, ao contrário, cria uma identidade" (*ibid.*).

Para além dos objetos em foco, "ele se preocupa antes de tudo com a perspectiva dinâmica de suas imagens" (Eigeldinger 1971: 216). O poeta encaminha-se em direção às suas fulgurações visíveis. Não se trata mais do símile, mas da *presença* de uma visão. "A imagem é a metamorfose do objeto", diz Marc Eigeldinger (*op. cit.*, p. 222). Ao poema importa tão-somente o ato/movimento dos pequenos órfãos em direção à luz. Assim como brincaram com os reflexos dos brinquedos revestidos de ouro (presentes da Festa de Passagem) e daqueles lançados pelo fogo, agora, interiorizados pela posse do calor da terra e das coisas, transformam em jogo e júbilo – "– As crianças, numa voz, um grito deram..." (verso 98, trad. Barroso: 39) – os medalhões e efígies funerários irradiados à volta do corpo morto da mãe, corpo até então impenetrável. Corpo agora sutilizado de modo a gerar a nova luz, luz de uma ordem não-nomeada, sem lugar.

O não-lugar da condição órfã provém da experimentação do "paraíso matinal" oferecido pelo sonho, ao mesmo tempo em que ocorre o trabalho da morte, trabalho de luto. Conhecido o arquétipo materno no âmbito vasto da natureza alegre e seminua, os revestimentos do luxo fúnebre não poderão mais interditar a mãe e a morte nela embutida. Os órfãos brincam com as imagens de desmaterialização e ausência. Lêem a luz onde mais se inscreve o desígnio mortal – "À NOSSA MÃE".

As palavras se exibem sobre a coroa mortuária como a afirmação da vitória do Verbo, quer dizer, da ação sobre a morte. Conhecemos bem esse pudor da escrita ante o indizível: evidência e tabu, conjuntamente. Traduz a angústia do último momento, e a incapacidade de transcrever a passagem do ser mortal, a transposição do limiar.

(Forestier *apud* Murphy 1991: 47)

Embora Rimbaud denuncie, como reflete Forestier e também conclui Steve Murphy, a *mise-en-scène* burguesa da morte, espetáculo da inacessibilidade e da segregação do trabalho físico devastador, tal como apreende Walter Benjamin em "O narrador", ele direciona sua escrita para a passagem dos órfãos a um outro plano, onde são valorizados a ação, o sentido de presença e o movimento por eles desencadeados. Passagem por um rito de signos culturais, cultos sagrados e lugares de ordem, metamorfoseados em visões destituídas de um único centro ou de um símbolo final, encerrado na mera proeza estilística, tão comum à *imagérie* parnasiana. Isto é o que lhe possibilita o tema dos órfãos conjugado à simbologia do ano-novo. Vê o poeta o conhecimento interdito, antes sinalizado pela construção metonímica do "*grande armoire*" sem chaves, prévia que é do caixão, outro receptáculo materno, finalmente descortinado. Ainda que sob a aura de uma aparição, as imagens têm espessura em "Les étrennes des orphelins", atendem à fisicidade de objetos/coisas dispostos em uma rede de revelação-analogia-iluminação. Os "utensílios-fetiches", de que fala Massol (*op. cit.*, p. 19) tentando impor limites ao poema, não são adorno para Rimbaud, mas "velharia poética", como dirá depois em "Alquimia do verbo", da qual ele parte para transpor o nível puramente utilitário, puramente verbal, da imagem literária.

Movidos pela lei da própria imaginação, os órfãos não têm camuflado em sua passagem nenhum elemento antagônico à revelação, nenhum daqueles pontos cegos e escuros, intermitentes em Rimbaud. Não conhecem a luz pela via do olhar iluminista e panorâmico de Hugo, mas pelo que há de efêmero e impreciso. Se seus órfãos alcançam um contato progressivo com a rede analógica dos símbolos do mundo, até o plano da manifestação, mesmo que indireta, da luz, esta os orienta para um ano novo/vida nova, embebido do trágico e da ausência extrema.

Sem escapar da esfera do olhar infantil, o autor de "Les étrennes des orphelins" metamorfoseia um daqueles temas, por natureza, ingratos. Sua transposição para um ambiente burguês, pela qual movimenta clichês e imagens-chave, assim como o recuo permitido pela vertente do intimismo e do sonho, acionam o poema para o enfrentamento de questões graves e o ingresso intelecto-sensitivo em uma *visão inocente*. Tal visão aponta não somente para "a infância ao natural", como assinalaria Bachelard, distante de qualquer didatismo, de qualquer "infantilidade" (Bachelard 1986: 121), mas especialmente para o aspecto de completude da poesia de Rimbaud, compreendida como um "*sonho dominado*"*,* como "a possibilidade de uma sobreinfância, de uma infância que toma consciência de si..." (*op. cit.*, p. 122). Cecil Hackett, autor do livro *Rimbaud l'enfant*, ao qual se dedica o ensaio de Bachelard, completa esta reflexão:

Canto para vocês a verdadeira vida, que é una e absoluta, que nasceu inocente e sem recorrer a nenhum deus, recriada de si mesma a cada instante, depois da eternidade, agora, sempre.
(1948: 188)

"Les étrennes..." enfrentam a morte, motivo de pudor na escrita, como disse Louis Forestier, e na cultura burguesa do Ocidente, possibilitando a dissolução da família como único fator gregário positivo, de forma a insinuar pela aliança dos órfãos – quase iguais – a formação de novos pactos afetivos. Penso que a surpresa maior, em decorrência da revelação do Ano Novo/Vida Nova, oferecida pelo poema seja a manutenção da condição de orfandade e de um *olhar inocente*, a despeito da onipresente ausência da mãe, e também do pai, que neste caso, como é possível notar em seus textos posteriores, será sempre motivo de um confronto/contato com a perda original, com a ocultação de Deus (vem aqui a tentação biográfica, com o intuito de expor a orfandade do menino Arthur: a partida definitiva do pai, capitão Rimbaud, sem nenhum sinal posterior de vida).

Em total harmonia com o princípio analógico de uma poética que acumula e metamorfoseia signos-símbolos-sinais de toda procedência – "um título de *vaudeville* suscitava horrores diante de mim", dirá mais tarde em "Alquimia do verbo" –, trabalhando no sentido da soma, mas também no da depuração, o olhar inocente advém de uma experiência que jamais impede a disponibilidade para a surpresa, o jogo, a fé e a alegria. Trata-se de um olhar *inocente*, mas nada ingênuo, que se dirige à maturidade do leitor. As crianças de Rimbaud brincam com os sinais da morte, renovam-se em uma espécie de síntese hermética, provinda do rito regenerador do ano-novo, capaz de reunir a vivência do paraíso e da perda, do sonho e da finitude. Síntese em que está presente o sentido do devir, de modo a contrariar a idéia de acabamento, de planificação apaziguadora das forças contrárias.

Situados no terreno da pura perda, irremediavelmente conscientes de sua condição, estes órfãos iluminam um dos temas-base da poesia da segunda metade do século XIX e continuam a projetar, de modo enviesado, suas luzes para os leitores desta passagem de século e de milênio. O tema só fez crescer em quantidade e em intensidade na obra do autor, assim como na literatura e no cinema contemporâneos. Poemas como "Les éffarés", "Ma bohème" e, em especial, "Ouvriers", dão espaço ao que Kristin Ross denomina "uma espécie não-centrada, não-hierárquica, de mobilidade e aliança" (*op. cit.*, p. 64). Se podemos ler nos textos mais maduros do autor adolescente a diversidade de informações regidas, de modo veloz, por imagens construídas para possibilitar a visão do todo e em todos os lugares, não devemos nos esquecer de que, em "Les étrennes des orphelins", Rimbaud começou, *petit à petit* – o poeta começou *petit* –, conjugando forças a partir de um tema-chavão, para falar de uma relação nova com a ausência absoluta, anterior a qualquer idéia de luz e movimento.

WALK WRITING

Depois de dissolvida, em "Les étrennes des orphelins", a fronteira entre sonho e vigília, em atenção ao rito de passagem dos pequenos órfãos da literatura sentimental – rito também do Rimbaud estudante – rumo à justa, mas nada transparente, imagem de uma poética dotada de luz própria, o autor compõe no ano seguinte – 1870 – uma série de poemas bastante indicativa do que se pode chamar de uma temática, de uma prática. Yves Bonnefoy situa essa produção sob o signo de uma crise:

> *Ele entrou, durante o outono, na turma de Retórica, ainda é o colegial "um pouco afetado, circunspecto e por demais doce, com unhas limpas, cadernos sem manchas e deveres espantosamente corretos, notas de classe idealmente escolares", que acaba de encontrar Izambard. Mas nos primeiros meses do ano uma crise o desorienta. Sua sensualidade se declara, confere ao mundo uma outra ordem e um outro sentido, mostra-lhe a beleza dos corpos como um ouro permanecido intato na obscuridade do lugar triste.*
> (1961: 26)

"Sensation" é o poema inaugural dessa fase. É o primeiro também em que Rimbaud usa o *eu* de um modo direto, integral, à altura da afirmação empreendedora de uma poesia em marcha, revelada como mergulho deliberado na sensação:

> *Mordido pelo trigo, em noite azul de estio*
> *Irei pelos atalhos onde a erva cresça:*
> *Sonhador, a meus pés hei-de sentir-lhe o frio.*
> *Deixarei o vento banhar minha cabeça.*
>
> *Eu não hei-de falar, eu nem hei-de pensar:*
> *O amor infinito em minh'alma se há-de erguer,*
> *Natureza adentro bem longe hei-de avançar,*
> *Boêmio, – feliz como quem leva mulher.*
> (Rimbaud; trad. Gaëtan M. de Oliveira, p. 17)

O caminho tomado em "Sensation", se por um lado traz um Rimbaud instintivo, experimentador do imediato, não deixa de enfatizar o aspecto do sonho ("*Rêveur...*"), combinado à fisicidade marcante no poema. Embora sendo naturais o espaço e o pacto aí travado, o autor – força reiterativa de um *eu* – apresenta-se no penúltimo verso "como um boêmio". Se o "amor infinito" mostra-se como guia desta imersão, destituída de palavra e pensamento, na Natureza, encaminhada "na alma", o impulso nada etéreo para o movimento e a celebração dos sentidos se faz "como em companhia de uma mulher". Ao mesmo tempo, os traços de atividade – "irei... nada falarei... não pensarei em nada... Irei longe, bem longe..." – combinam-se com os acentos passivos – "sentirei um frescor... deixarei o vento banhar... o amor infinito penetrará minha alma...". A natureza despontada nesses caminhos estreitos ("*dans les sentiers*"), em veredas que se bifurcam entre a idealidade de um projeto afirmativo de descoberta e o abandono, a deriva, acontece numa relação aberta à atividade criadora de um sujeito apresentado como "*bohémien*", presente aqui com as marcas culturais próprias de um autor.

"Sonhador", "boêmio", é um autor que nos fala, mesmo quando descarta seus procedimentos usuais – "Nada falarei, não pensarei em nada". No instante em que Rimbaud se oferece à participação no sem-nome da Natureza, produz-se em sua poesia o efeito da caminhada, ou seja, o que pode ser considerado como o contato com um "mundo eternamente nascente" (Plessen 1967: 30). Poema originado de uma vontade, de um *eu* concebido do modo mais amplo, "Sensation" apresenta em sua muito significativa brevidade o aspecto de anotação direta, de captação do gesto do autor submetido à ordem natural, a um só tempo agente e paciente de uma caminhada, que é também atividade poética. Alain Borer diz, com perfeição, que "a viagem não sucede à poesia: uma e outra começam, em harmonia, indissociavelmente" (Borer 1991b: 76).

Começa e mantém-se ao longo do poema, e parece não se extinguir depois de sua leitura, o elo entre escrita e caminhada, entre a mediação de um *eu* e a ação operada sobre ele. Tem razão a crítica, em um certo sentido, quando, na tentativa de cartografar a gênese de um poeta tão prematuro como Rimbaud, dá ênfase às fontes românticas, sobretudo o Rousseau – na verdade, um pré-romântico – de *Les rêveries du promeneur solitaire*. Como diz Jacques Plessen:

> ...*o que importa à crítica literária não é revelar na obra de um poeta todas as fontes possíveis e parar aí, mas descobrir por*

que o poeta faz aquele ou outro empréstimo ao bem comum, que são, quase sempre, as idéias e as imagens, e se perguntar em qual sentido ele as integrou em seu próprio sistema.
(*op. cit.*, p. 49)

Ao nutrir-se da tradição representada pelas *Rêveries du promeneur solitaire*, Rimbaud cria uma tradição própria. Isto para não falarmos de toda uma literatura anterior a Rousseau, que se ramifica desde Homero, na *Odisséia*, e está na matriz da epopéia, gênero que recolhe a aventura de um grupo humano, como lembra Plessen, em busca do novo. Um empreendimento extensivo, aliás, ao livro do *Êxodo*, onde se inscreve a experiência da caminhada de todo um povo, até ir se perdendo no tempo cada vez mais remoto das filosofias e religiões que "emprestaram seus mitos à experiência da marcha" (*op. cit.*, p. 3). De qualquer modo, é precisamente no período pré-romântico que a *promenade* – "*voyage en petit*" (*ibid.*) – alcança expressão literária, ainda que – como sublinha Plessen –, no século XVI, algum poema de Ronsard ou uma e outra passagem de Montaigne façam alusão à alegria do deslocamento gratuito representado pela caminhada.

Da mesma maneira que a literatura de Rousseau significou uma tradição para o poeta de "Sensation", hoje sua obra é representativa de outra – localizar na contemporaneidade os traços desta tradição é, aliás, um dos intuitos deste estudo. Tal perspectiva entende a criação literária como um único e infindável intertexto, dando-nos condição de ver a obra rimbaudiana, por exemplo, sendo gestada no interior de um *corpus* muito preciso, muito localizado, dentro da história da linguagem poética e de uma cultura, favorecendo assim o descarte da genialidade absoluta, do fenômeno artístico precoce, como que vindos do nada, tantas vezes imputados a um poeta tributário de inúmeras leituras, encaminhadas, isto sim – é importante frisar –, com o empenho de um criador integrado ao seu próprio sistema. Jacques Plessen já comentava, aliás, que

> *uma imagem não é operante, a não ser se vivida – mesmo quando vem do fundo das eras – como uma criação nova. Toda erudição, todas as buscas de "fontes" não devem fazer esquecer que (...) toda imagem deve nos comover como se nos fosse apresentada pela primeira vez.*
> (*op. cit.*, p. 49-50)

O poder de se mostrar como imagem vista pela primeira vez vem a ser o *tonus* de "Sensation". Ao afirmar a convocação da Natureza e a sensação capaz de contagiar todos os versos e ritmos do poema, o *eu* articula algo além do que o canto celebrador de uma relação íntima com o espaço aberto que se lhe descortina. Mais que um convite, a "sensação" surge como empreitada, aventura endereçada ao futuro (tal como o emprego do verbo indica), mas sob o embalo de uma repetição, que modula a instantaneidade de uma convocação que se tornou acontecimento.

A "sensação" transformada em acontecimento não ocorre como eco de um esforço melódico originário da artesania poética, em correspondência com a força da relação *eu*/Natureza, invocada pelo sujeito romântico como sonho a conquistar, ao mesmo tempo em que se projetam emoções passadas, constituindo no todo uma espécie de *nostalgia do futuro*. "Sensation" convive com um acontecimento recorrente, sempre nascente. O poeta não estabiliza as sensações, nem o tempo, nem o modo como se dará o convite ao contato natural, pois no mesmo instante em que os define já se põem em ação. Ele não está louvando ou contemplando a Natureza, mas experimentando-a.

Não se vê mais, em "Sensation", a demarcação entre o tempo particular do "caminhante solitário" e o exterior, embora nasça do futuro, bem do interior da idealidade sensitiva de uma projeção, que se lê em Rousseau como a descrição das "contínuas modificações de minha alma" (Rousseau 1986: 27). Posse imediata – não são estados de alma anotados, datados em notas de viagem, na perseguição de um ser progressivo, estirado ao sabor do Eu-Potência, mimetizado na Natureza. A primeira pessoa de "Sensation" é um corpo a incidir sobre o texto, presença visível e dissolvida no instante, marcada desde logo pelo ato da partida.

Lançar-se ao exercício da caminhada aparece para o autor pré-romântico como um prolongamento de suas *Confessions*, impossibilitadas de prosseguir mediante sua crise pessoal, que, levando-o ao completo desgosto da humanidade e da vida social urbana, o impulsiona para deambulações na natureza e para a escrita de *Les rêveries du promeneur solitaire*. As confissões se prolongarão no campo, nos paraísos terrestres alcançados por Jean-Jacques:

> *Minha empresa é a mesma de Montaigne, mas com uma finalidade totalmente contrária à sua: pois ele não escrevia*

> *seus ensaios senão para os outros, e eu não escrevo meus devaneios senão para mim. Se, na minha velhice, próximo à partida, me mantiver, como o espero, na mesma disposição em que me encontro, sua leitura me lembrará a doçura que experimento ao escrevê-los e, fazendo renascer assim, para mim, o tempo passado, duplicará, por assim dizer, minha existência.*
> (ibid.)

Tal projeto de escrita foge à *walk writing* em que parecem se converter os novos poemas de Rimbaud. Em *Rêveries du promeneur solitaire*, a experiência de escrever relacionada com a de caminhar encontra-se identificada com a recuperação de um lugar de origem, da verdade, de um *eu*. Como nota Yasuaki Kawanabe, em ensaio comparativo entre Rousseau e o poeta de "Sensation", não há neste nenhuma busca de legitimidade.

> *Ele não encontra em si nenhuma verdade para cantar com eloqüência, e a origem de sua existência não se acha em nenhuma parte (...) seu eu, longe de encadear um pensamento continuamente, não se serve de palavras, a não ser para rejeitá-las em seguida. O eu rimbaudiano caminha na escrita (...) Cada palavra marca o momento do despertar suscitado pelas paisagens que aparecem umas após as outras.*
> (1991: 84-85)

O poeta de "Sensation" direciona sua caminhada no compasso de um projeto de escrita. Aqui, parafraseando Alain Borer, a poesia não sucede à viagem. Ao mesmo tempo em que a relação existente entre autor e caminhada, poeta e natureza, se dá como *posse*, vem também marcada como *possessão*. Como disse antes, o *eu* de "Sensation" não comparece apenas como força motora, produtora de imagens, mas deixa-se contaminar, sendo possuído pelo movimento e pela paisagem.

Tal postura difere bastante dos "devaneios" de Rousseau, para quem a caminhada não existe em si, consistindo esta em uma abstenção da vida corrente, parte cindida da atividade do espírito.

> *Não podendo mais fazer nenhum bem que não se torne um mal, não podendo mais agir sem prejudicar os outros ou a mim mesmo, abster-me tornou-se meu único dever e o cum-*

pro na medida de minhas possibilidades. Mas, nesta ociosidade do corpo, minha alma está ainda ativa, produz ainda sentimentos, pensamentos, e sua vida interior e moral parece ainda ter crescido pela morte de qualquer interesse terreno e material. Meu corpo, para mim, não é mais do que um estorvo, um obstáculo, e dele me liberto antecipadamente tanto quanto posso.
(*op. cit.*, p. 26-27)

A estratégia de abstenção, esse movimento anulador do corpo em proveito de um enrodilhamento do *eu* em seus domínios imaginários e ilimitados (*origem* e *natureza*), é típica do confronto de Rousseau com os obstáculos apresentados no espaço aparentemente aberto, natural, da forma como o concebe o ideário romântico, cujas bases estão lançadas nas *Rêveries*[1].

Originado do tempo da projeção romântica – *Mais l'amour infini me montera dans l'âme* –, do interior da linguagem, o poema de 1870 efetiva-se, entretanto, como *partida*. É criação e caminhada. O dizer torna-se indissociável do *atuar* desde este Rimbaud de "Sensation". Não há contemplação, nem mediação, entre um e outro plano da atividade experimentadora que é escrever, entre o tempo da palavra poética e aquele da caminhada (*"Je ne parlerai pas, je ne penserai rien..."*). Anticonfessional, a prática deambulatória em Rimbaud encontra sua equivalência pictórica no *Homem andando*, de Alberto Giacometti, onde o apagamento dos traços pessoais faz-se por força da apreensão, da realização do movimento.

Sobre o poema, já expressava Poulet a existência de um contato estreito entre o dentro e o fora, entre os objetos e o sujeito. O crítico fala de *tato* (Poulet 1980: 105), quando, pelo caminhar, a primeira pessoa coloca-se a caminho da descoberta da realidade. Acentuando o movimento, a cena em que se dá a partida, como uma atividade da fala e do corpo, o autor constrói a presença das coisas, fazendo do sujeito agente do plano abstrato

---

1. De acordo com Fulvia M. L. Moretto, tradutora e organizadora da edição brasileira da obra, as temáticas românticas – "a felicidade, a aspiração fundamental da obra de Rousseau, o eu, a natureza" – desabrocharam por toda a Europa sob o influxo de *Revêries du promeneur solitaire* (Jean-Jacques Rousseau: *Os devaneios do caminhante solitário*, 1986: 13).

da linguagem, um elemento materializado, verso a verso, em imagem. A Natureza toma a forma de mulher, e o eu lírico a de um caminhante flagrado em ação.

O que faz do poema uma experiência impressionante de proximidade entre as sensações e as coisas reveladas à primeira pessoa, sempre em ação, diz respeito ao corpo. Por meio dele, a sensorialidade contagiante do texto torna possível atualizar o tempo e o espaço nos quais o poeta/caminhante transmite a inteireza de um contato. Tal inserção do corpo me parece própria e bastante especial dentro da literatura. Integrado a um ato, o corpo, em Rimbaud, mais do que um dado de ordem temática, comparece como presença e influência sobre a escrita.

O dinamismo do texto indica uma mudança no código perceptivo do poeta, assim como o lugar deste diante da cena sempre renovada das imagens que se revelam ao longo da experiência totalizadora, que significa escrever. Findo o poema, o movimento não cessa, tal como indica o verso final. O "amor infinito" perseguido pelo eu-autor-caminhante contamina a construção e a emissão do poema. Em seu aspecto breve, portátil, "Sensation" instala-se como evento, "longe, bem longe" da simples mentação literária. Nas palavras de Bonnefoy, o primeiro Rimbaud "...abre a palavra à vida mais instintiva. A poesia não vem suprir o real, mas evocar nele a riqueza incessantemente, mantendo os sentidos em alerta, preparando o espírito para a conquista próxima daquilo que a linguagem não oferece" (Bonnefoy, *op. cit.*, 26).

A mesma sensação de se ler uma poesia feita em sincronia com o movimento, com o investimento do corpo, estende-se a outros versos de 1870, constantes do que os organizadores das obras completas nomeiam ora como *Recueil Demeny,* ora como *Cahiers de Douai* ou *Recueil de Douai* – como prefere Alain Borer –, títulos que parecem melhor situar o perfil da produção de um autor posto em ação. *Recueil Demeny* é uma coletânea composta de dois cadernos, enviados ao jovem poeta Paul Demeny, elaborada no período das duas fugas sucessivas do autor; a primeira para Paris e a segunda para a Bélgica, resultando ambas em uma estada em Douai (França), na casa das *mademoiselles* Gindre, tias do professor e mentor Georges Izambard.

Em "Les reparties de Nina", por exemplo, pode ser notado o ato de caminhar como a busca de uma inteireza, que não se atinge pela ocultação dos componentes irrealizados, imperfeitos. A primeira pessoa do poema existe em função de seu diálogo com Nina, a quem convida a ocupar um todo, um lugar expansivamente nomeado como "*la grande campagne amoureuse*"/ "o grande campo amoroso" (verso suprimido da edição de Borer, correspondente ao v. 35 da edição de Antoine Adam). Ao seduzir Nina pela fala – pois se trata de um diálogo este convite aberto por um travessão e marcado, logo no segundo verso, por um "Hein?" –, o sujeito amoroso age de modo intenso e inteiro. Tenta obter do convite à aventura e à fuga pelos caminhos desimpedidos do espaço campestre – não mais furtivo, como no Romantismo –, uma visível apropriação do *outro* e dos lugares em que antevê a posse amorosa.

Não apenas no nível imediato esta fala pretende se cumprir; quer a conquista do amor infinito que "Sensation" prometia. Se nesse poema a Natureza se fazia mulher, "Les reparties de Nina" realiza o esforço contrário, mostrando, ao final, frustrado o plano da efetivação amorosa, tal como sucede em "Roman", outro poema de *Cahiers de Douai*. Mesmo colocando esta "*petite amoureuse*" (para citar o título de um poema posterior centrado no desmascaramento da coqueteria, da inacessibilidade das *demoiselles* de sua época) na Natureza, o poeta acaba por ver quanto ela é postiça. Mesmo com todo o fogo da fala, possível de gerar o andamento erótico do texto e uma sucessão/expansão de imagens e lugares de posse/possessão, a mulher reduz a energia com a sua única, e última, réplica: "E meu trabalho?" (p. 146).

Não há lugar para a aventura e o risco, nessas paragens, por mais belamente que sejam cantados "*les grands prés*" (verso pertencente à nona estrofe, suprimida por Borer, presente na edição de A. Adam, p. 25), favoráveis ao colóquio erótico. A mulher, desfigurada de sua força telúrica, opõe-se à livre oferta amorosa, tendo como base hábitos culturais, valores como o trabalho, que a retêm em uma falsa pudicícia, já que se entrega, por mais controlada que seja sua *coquetterie*, e, no mesmo instante, refreia a posse plena dos sentidos e, também, como quer o poeta, a posse do mundo.

O fluxo da fala em primeira pessoa, que se efetiva em imagens/paisagens, convocando o "amor infinito", opõe-se a "*mon bureau*", denominação sagaz do adolescente Rimbaud, pois confunde o recato com o trabalho, impossível de ser trocado pela errância na Natureza, pela extensão do desejo.

Entretanto, não há irrealização para esta conversação erótica e replicante do *eu*. À altura do corte do desejo, Rimbaud age sobre a linguagem realizando operações de prolongamento e retomadas da dicção de um sujeito poético concentrado nos atos de um *outro*: Nina, como aqui é nomeado. A primeira pessoa avança sobre o objeto e o espaço em que se processa o seu *dizer* amoroso. As paisagens, que de modo cada vez mais veloz são percorridas pelo ritmo breve do poema, trazem para o instante da fala os tempos condicionais e futuros até então empregados. Com a extensão de um olhar fílmico, que tudo abrange, a imagem dá movimento e carne aos seres de "*la campagne*":

(...)
E, noutro espaço,
A vaca ufana que defeca
A cada passo...

– As cangalhas da avó que arqueja
Sobre o missal;
E esses canecos de cerveja
De aro em metal,

Que entre cachimbos que fumegam
Vão espumando;
E os brutos beiços que se entregam,
Sempre fumando,

Aos garfos grossos de presunto,
Mais, mais; a luz
Do fogo estende um manto de unto
Sobre os baús.

Nádegas gordas, luzidias,
De carapuça,
Mete um bebê nas taças frias
A branca fuça;

Roça-o rosnante um cão que ronda
Com seu focinho

*E lambe a cara bem redonda
Do menininho...*
(Rimbaud; trad. Ivo Barroso, p. 91-93)

O projeto contido na "Alquimia do verbo" – "eu me vangloriava de possuir todas as paisagens possíveis..." (p. 429, trad. literal) – por aqui se anuncia. O circuito de imagens percorrido em "Les reparties de Nina", com a variedade e a velocidade dignas de uma sensibilidade cinematográfica *avant la lettre*, deve-se à empresa do poeta na condição de caminhante, que, gerando uma ação sobre o exterior – no caso, a Natureza descerrada para o encontro erótico –, contagia-se pelo que vê. Uma nova música – nova musa – irrompe desses versos. Como está em "À la musique": "Mas não digo uma palavra: fico a olhar" (Rimbaud: 148). Ou como diria William S. Burroughs: "A Musa que anima ou inspira o poeta ou o artista não é dele para ser possuída. Ele não pode comandá-la; pode somente esperar que seja canalizada por intermédio dele" (1992: 44). Não há posse sem possessão pela musa, e, no caso da *walk writing*, o criador, como transmissor de uma experiência, é transformado pelo que vê, pelo que se objetiva na paisagem: caminhada, trânsito do sujeito para fora de seus domínios racionados, racionalizados.

Na contracorrente das *"promenades"* ao gosto de Rousseau, o autor se entrega ao espaço natural, desprovido da atividade intransitiva de um corpo que "dispende sua energia sem que sua ação transforme o mundo ou exija uma volta consciente sobre si mesmo" (Starobinski 1991: 239). É forte o elo formado pela poética rimbaudiana entre palavra e deslocamento físico, entre imaginação e o tempo já visível das imagens.

A despeito das réplicas de Nina, o poema dá seqüência (podendo mesmo ser lido como sua conseqüência) a "Sensation", no que este propõe de contato integral com a Natureza, com o corpo. Incompleto, contraditório, tal contato não deixa de existir como experiência e atividade poética. Usando as palavras de Alain Borer em sua reflexão sobre "Aube":

Comme avec une femme: "fazer amor com a alba do verão, conhecê-la. Então ele a anima, ama-a ativamente. Mágico do verbo, Rimbaud torna-se o regente de seu próprio poema..."
(Borer 1991b: 80)

Regente de uma obra concebida como movimento, ato voluntário e suscetível aos obstáculos da caminhada, Rimbaud é o agente pleno de um trabalho poético no qual o uso criativo do diálogo, como em "Reparties...", é orientado como uma única e longa fala, pontuada por intervalos, interrogações e retomadas de fôlego, por meio dos quais se faz legível a réplica final. As paisagens reveladas pelos ritmos curtos do poema materializam a imaginação poética, combinada à imaginação erótica. Posse e possessão da linguagem, extensiva à relação com o objeto amoroso, ainda que este se contraia a tudo que seja intenso e expansivo, optando por se manter a um só tempo fácil e inatingível. Pequena amante: Nina.

Ocorrerá sempre em Rimbaud este corte de origem, operado sobre a posse da mulher/Natureza, marca do movimento a um só tempo aberto e contraído, relacionado à escrita/caminhada, tal como se registra em seus primeiros versos? Não é o que parece dizer "Soleil et chair", um longo poema mítico, ou, como o chama Bonnefoy, "a teoria da vida feliz" (Bonnefoy, *op. cit.*, p. 26). Em "Les reparties de Nina" circulava pela natureza desvelada pelo poeta um "imenso beijo", como nota Lapeyre (1981: 163), ao qual "Soleil et chair" dá fundamento. Em atenção ao título de sua primeira versão, "Credo in unam", o poema deve ser lido como uma feminilização do "Credo", segundo a sugestão de Michel Butor:

> *Em lugar do* Credo in unum Deum, *é in unam Deam, Vênus sob todos os aspectos. Pode-se dizer que para ele todos os deuses, mesmo os deuses antigos (e, em conseqüência, mesmo o culto a Vênus, se realizado efetivamente), têm qualquer coisa de tiranicamente masculino.*
> (1989: 35)

A "*Nature vivante*" (v. 21, p. 132), louvada pelo poeta com contrição e sentido de presença, apresenta-se como feita de carne como a mulher, em núpcias com o Sol, princípio ativo de um *credo* praticado na Terra, de onde são vertidas as origens da vida: o amor e a beleza. A opção por coroar Vênus, como regente da grande arquitetura espiritual e carnal do Universo, não apenas cria bases para a materialização do "amor infinito" projetado pelo poeta boêmio de "Sensation", mas eleva a humanidade inteira "em um imenso amor" (v. 59, p. 134).

II

Eu creio em ti! Eu creio em ti! Ó mãe divina!
Afrodite marinha! – Oh! que duro é o caminho
Desde que nos atou o outro Deus a uma cruz;
Carne, Mármore, Flor, em ti, Vênus, eu creio!
– Sim, sob o céu imenso, o Homem é triste e feio,
E tem que se vestir por já não ser mais casto,
Porque manchou seu busto altivo qual de um deus,
Depois que definhou seu corpo outrora olímpico,
Qual ídolo no fogo, em servidões impuras!
Sim, mesmo após a morte, em esqueletos lívidos,
Quer viver, insultando a beleza primeva!
– E esse Ídolo no qual puseste a virgindade,
Divinizando assim nossa argila, a Mulher,
Para que o Homem pudesse alumiar a pobre alma,
E lentamente erguer-se, em seu amor profundo,
Da terrestre prisão à beleza do mundo,
(...)
                        (Rimbaud; trad. Ivo Barroso, p. 45)

Seguindo a orientação de Vênus, os mitos se animam em função do corpo. Não devem ser compreendidos apenas como herança parnasiana – a começar pelo título original em latim, nobilitário de alguma "igreja" poética representada à época pelo *Parnasse Contemporain*, antologia na qual Rimbaud sonhava ingressar, razão, aliás, de ter enviado a primeira versão de "Soleil et chair", bem como "Sensation" e "Ophélie", a Theodore de Banville, patrono do Parnaso.

Se os mitos integram o poema, isto não se deve à incorporação de um credo poético. Butor lembra que, próximos da arte estatuária ou da pintura, os versos de Lecomte de Lisle, Gautier e Banville comungam da mitologia para estabelecer os fundamentos de uma imagem poética feita para permanecer. Praticando algo equivalente a uma "poesia superparnasiana" (Butor, *op. cit.*, p. 37), Rimbaud dialoga com a estética hegemônica daquela hora, imprimindo na ode, que é "Credo in unam", a conjugação de uma imagem durável à mobilidade característica de sua escrita.

> *O texto rimbaudiano vai se tornar mais e mais visual, mais
> e mais movimentado. A poesia permitirá, pois, ultrapassar a
> oposição móvel-imóvel, fará durar as figuras vivas. É assim que
> os deuses poderão fraternalmente reingressar no mundo.*
> (*ibid.*)

Justamente o caráter móvel destas imagens, uma sucessão cromática de mitos presentificados, indica a apropriação nada *naïve*, nada nostálgica, de Vênus, tomada de modo devotado e distanciado simultaneamente, pois chega à divindade a partir da perspectiva do presente, sem ocultamento das "servidões impuras", dos "esqueletos pálidos" (v. 53-54), a que se reduziu a "beleza primeira" do corpo. Para Otto Maria Carpeaux, o autor se mostra a um só tempo como "o mais moderno e o mais antimoderno" dos poetas.

> *O afastamento do Cosmos é moderno (...) O afastamento do
> mundo cívico ou burguês; volta à primitividade das origens, é
> antimoderno. Rimbaud, o enigmático, fez dois caminhos ao
> mesmo tempo.*
> (Carpeaux 1941: 1)

Vênus, cuja abrangência de atributos eróticos e telúricos aqui apresentados parece mais se corresponder com os desígnios de Afrodite, versão grega da deusa latina, não "desce" em "Soleil et chair" como o efeito puro e simples de uma evocação esteticista. Confrontados com o estado das coisas terrenas, rompidas que estão com a efusão espiritual da matéria, Vênus/Afrodite e um cortejo de mitos comparecem no poema de Rimbaud como elementos visíveis de uma idade de ouro revivida no presente: seres de sol e carne, naturais e recorrentes.

Grandiosa, *"vivante"*, a Mulher/Natureza/Vênus de "Soleil et chair" congrega em um todo dinâmico de elementos eróticos e espirituais as oposições existentes entre poesia e mito, modernidade e divindade (utilizo aqui a dicotomia estabelecida por Carpeaux entre o plano do presente, do poeta, e aquele atemporal, da ordem do Cosmos). Ainda que seu significado arquetípico venha traduzido na atualidade de modo degradado – "A Mulher já não é nem mesmo Cortesã!/ – A farsa é divertida! e o mundo se escarnece/Ao nome sacro e bom da grande deusa Vênus!" (v. 61-63, trad. Barroso: 45) –, Rimbaud insufla sua aparição como deusa do movimento incessante, que, se desdobrando em outras entidades, renova a beleza e os apelos do corpo.

A manifestação do desejo por parte dos deuses de "Soleil et chair" mostra quanto Rimbaud associa a busca de contato com a natureza à perseguição amorosa, da forma como se lê em seus *walk poems,* "a amplificação do desejo pela paisagem" (Plessen, *op. cit.,* p. 84). Jacques Plessen chega a observar que, em "Soleil et chair", as figuras mitológicas "nada mais fazem do que caminhar e perseguir os objetos de seu desejo" (*op. cit.,* p. 85).

Marcada pela ação, a força feminina irrompida do espaço natural contagia a expressão do poeta, que é celebração e passagem livre para esse fluxo de corpos exuberantes, colhidos na seiva de sua elementaridade – "*nouveau corps amoureux*", tal como está dito em "Being Beauteous", texto de *Illuminations* (Rimbaud: 335) – e estetizados (indíce do *superparnasianismo* de que fala Butor) ao grau máximo. Trata-se de uma reconstrução do mito em uma época para lá de estigmatizada pela noção de queda – e por todo o peso do imaginário cristão –; um empreendimento cuja modernidade elabora-se de forma cruzada com o que há de mais primordial.

Uma grande e extremada síntese travada em pólos eqüidistantes do tempo, "Soleil et chair" revive com a Mulher o que um crítico chamou de "sexualidade livre e alegre" (Verstraete 1980: 26), diante da qual o homem se rende, vencido pela inevitabilidade do amor. Torna-se possível ler uma promessa de felicidade – aquela de que falava Stendhal como pressuposto da criação moderna, "O belo nada mais é do que a promessa de felicidade" – por trás da tessitura estética de um poema devotado a Vênus. Nas invocações aos deuses há uma conversa emergente, originada do corpo.

Como diz o título do poema antigo-moderno de Rimbaud, há na fusão "sol e carne" a atividade empreendedora do criador do poema – procura amorosa e caminhada – por trás do canto à terra, à matéria. O *olhar inocente* alcançado pelo poeta/homem/menino[2] possuído por Vênus surge como resultado de uma busca orientada, dentro de uma ampla extensão civilizatória, para a posse de um "novo corpo amoroso", no qual são harmonizados os pólos masculino e

---

2. Diz "Venus as a Boy", canção da islandesa Björk: "He believes in the Beauty/in Venus as a boy".

feminino, antes antagônicos, limitados ao cumprimento de papéis culturais que só fazem acirrar as divisões entre macho e fêmea. Colocada à frente da ação, a mulher energética e eroticamente entregue vive no poema em correspondência absoluta com o homem, "casto e doce" (v. 2), depurado e receptivo à "vida infinita" (v. 29) do desejo. Na visão de Rimbaud, não são anuladas as qualidades integrantes de cada polaridade, mas ganham-se outras, que transformam o que é unilateral e segregador em uma realidade ambivalente e mais rica, por meio da qual a aproximação entre os sexos, sem descartar as diferenças, favorece a troca entre os aspectos positivos de cada princípio.

A renovação do amor – ou sua reinvenção ("*L'amour est à réinventer*", "Délires I", p. 422) –, tal como prega o crente da "Carne", será feita a partir da libertação da mulher. É o que diz na segunda "Carta do Vidente":

> *Quando tiver sido quebrada a infinita servidão da mulher, quando ela viver por ela e para ela, o homem – até aqui abominável – a demitirá, ela também será poeta!*
> (trad. Carlos Lima 1993: 17)

Por meio dela virá a Vida Nova anunciada em "Soleil et chair". "A mulher descobrirá o desconhecido! Seus mundos de idéias serão diferentes dos nossos? Ela descobrirá coisas absurdas, insondáveis repugnantes, deliciosas; nós as tomaremos, nós as compreenderemos" (segunda "Carta do Vidente", trad. cit., p. 17). Papel ativo na criação e na existência, desempenhado de modo exemplar por Vênus/Afrodite, mas marcante para o poeta em toda a sua produção como caminho a ser afirmado pela mulher, ao transformar-se em ser independente e amoroso, elemento essencial e realizador: "*O Mundo tem sede de amor: tu virás aplacá-la*" ("Soleil et chair", v. 80, trad. lit.).

Embora seja lançada ao futuro, enquanto Idéia[3] a ser perseguida para a renovação integral do homem, o tempo remoto do mito é transmitido como uma experiência do momento presente. Rimbaud vaza a cronologia, encarnando no instante.

---

3. Não se pode esquecer, em "Soleil et chair", que o ideal é o esplendor da "carne", faz-se carne (v. 81, Rimbaud: 134).

Ao final do poema, o foco desloca-se dos deuses para o homem, passando este a ser escutado como gerador de harmonias sempre renovadas, tomadas pelo movimento dos corpos em estado de desejo, de ação. A experiência resume-se não mais em revelar a materialidade e o erotismo dos mitos, e sim, como diz acertadamente o estudioso americano Edward J. Ahearn, a divindade humana, "a qual é sentida como inata, interior ao corpo" (Ahearn 1983: 112-113).

Se "Soleil et chair" revela-se como poema fundamental à obra-vida de Rimbaud, tendo em conta sua relação com textos futuros, como os de *Illuminations*, um título deste livro, "Aube", apresenta outro uso no que se refere à posse/possessão da natureza. O poeta, enquanto caminhante solitário, no intento de buscar a "posse feliz" (Plessen, *op. cit.*, p. 85) do "grande corpo" – "*son immense corps*" ("Aube", p. 353) – mítico e carnal que envolve a Terra-Mãe-Mulher, acaba por experimentar o papel de suplicante, andarilho e mendigo do amor ("Les déserts de l'amour", outro poema essencial, posterior a "Soleil et chair", reforça esta caracterização do caminhante/ perseguidor amoroso).

Então, um a um, levantei os véus. Nas alamedas, agitando os braços. Pela planície, onde a denunciei ao galo. Na cidade grande ela fugia entre cúpulas e campanários, e correndo como um mendigo entre docas de mármore, eu a caçava.
(Rimbaud; trad. Lopes e Mendonça, p. 63)

Apesar de erguer "um a um... os véus" da natureza, processo escrito desde a primeira frase – "Eu abracei a aurora de verão" –, o poeta de "Aube" trata de uma subjetividade envolvida com a fuga, a queda e a irrealização da "tentativa fusional" (Borer 1991b: 80) entre corpo e alma, entre mulher e mundo natural, buscada pela marcha ("*J'ai marché...*"). Um dos poemas dados como obscenos, da série "Les Stupra", conhecido como "Sonnet du trou du cul"/ "Soneto do olho do cu", explicita o que chamou Borer de "coito de alma" (Borer, *ibid.*) – "Do coito material, minha alma ciumenta/Faz dele um lacrimal e um ninho de gemidos" (Rimbaud; trad. Barroso, p. 269).

Por mais livre que seja o espaço de contato físico oferecido em "Aube", só se torna possível ao poema flagrar o embate do desejo, procedimento que terá extensão na obra de Rimbaud, com todas as implicações sociais, culturais e corporais, conhecidas hoje em autores tão diferentes como João G. Noll e Kathy Acker (interessados ambos na relação entre mito e erotismo – Afrodite em *A fúria do corpo*, Vênus em *In Memoriam to Identity*, são personagens afirmativas nos escritos destes autores).

Notável é no poema o corpo-a-corpo com a Mulher/Musa/Alba, antigo *topos* literário reativado pela penetração da *walk writing* em seus interditos. O campo evocador, inefável, do poético associado ao canto à Natureza, sofre a aceleração e a errância, características de uma ordem cultural que, não sendo mais a do tempo mítico de "Soleil et chair", adia a trégua da caminhada e o conhecimento do mundo. Em "Antique", outro poema de *Illuminations*, Rimbaud torna nítidos o componente mortal, a marca sexual, animal e inacabada, do ser híbrido da Natureza, ao exortá-lo com o verbo da condenação, que também é o do conhecimento.

> *Passeie pela noite, mexe essa coxa, docemente, mexe essa outra, e essa perna torta.*
> (Rimbaud; trad. Lopes e Mendonça, p. 21)

O "*Gracieux fils de Pan*" evocado em "Antique" não provém mais do âmbito de "Credo in unam", mas do plano presente das cisões entre divindade e humanidade, entre antigo e moderno, entre homem e mulher – "Teu coração bate nesse ventre onde dorme o duplo sexo" (*ibid.*, p. 21). O poeta faz de "*cette cuisse*", da segunda coxa, e da perna esquerda do fauno um elemento "*gauche*", estranho a qualquer ideal de harmonia, de "tentativa fusional" entre sol e "carne". Fica aí assinalada a irresolução da androginia, observando-se o traço conflitivo da afirmação da sexualidade, tal como expõe a *escrita de caminhada*.

O poeta expõe, desde os versos de 1870, uma sexualidade trabalhada na solidão, a partir dos choques, dos cortes originados do contato com o outro. Procedimento próximo, na contemporaneidade, da novelística de Noll, que conta com narradores/personagens caminhantes para a instauração da busca, do movimento, ao encontro com outros corpos, até o ponto de serem experienciados os "desertos do amor" na empresa, já por si, solitária da caminhada. Aliás, um dos poemas mais indiciadores da androginia de Rimbaud, cultivado, inclusive, como uma espécie de ícone de sua homossexualidade (comprovável pela vida com Verlaine), caso de "Délires I – Vierge folle" (presente em *Une saison en enfer*) é, antes, amostra da solidão, causadora de impacto, da viúva que fala sobre/para o amado (o *esposo infernal*), incapaz de preencher a distância – o abismo – que vai do *um* ao *outro*. A realidade amorosa mostra-se como a experiência do que se tem ao alcance do corpo e não se possui: "...estava convicta de jamais penetrar em seu mundo" (trad. Lêdo Ivo: 60).

"Antique" dá forma a um ser/animal nascido de si mesmo, irresolvível (mítico e fisicamente dual, cindido), sob a duração noturna da caminhada, a qual o texto não intercepta, depois de encerrado, por se tratar de uma escrita de passagem, compreendida como violação (como no ato do desnudamento em "Aube") e enfrentamento de obstáculos[4] – a começar daqueles erguidos entre corpo e alma –, de acordo com o sempre surpreendente ritmo expansivo e conflitivo da *walk writing*.

Não por acaso, a natureza reveste-se de um valor negativo em poemas como "Bannières de mai" e "Comédie de la soif"[5] (escritos em 1872, e integrantes da série conhecida como *Vers nouveaux* ou *Projets d'Études Néantes*, como prefere a edição de Borer).

---

4. Em "Bottom", outro poema em prosa de *Illuminations*, o caráter da animalização crescente (reconhecível também em "Antique") sofrida pela primeira pessoa do texto – " Eu fui (...) um imenso urso de gengivas violetas (...) corri pros campos, burro, trombeteando e brandindo minha dor" (trad. Lopes e Mendonça 1994: 95) –, mostra que a dinâmica da posse e da possessão toma um contorno grotesco, o sentido de uma violação e de um aprisionamento no que haveria de entrega ao repouso, a um lugar de pouso, característica do processo da *walk writing*. O espaço feminino, regaço maternal/sexual, como o de "Les chercheuses de poux" – "chez Madame" – exibe-se, então, como antinômico a qualquer direção empreendedora. O verbo usado agora é "correr" (veja-se a relação com "The Celebration of the Lizard", de Jim Morrison, cap. "Rimbaud Pop"), em vez de caminhar, até que Sabinas suburbanas venham encerrar esta anticelebração à "vie heureuse" propiciada pela mulher, conhecida de modo mítico em "Soleil et chair": "... até que Sabinas de subúrbio se jogaram no meu peito". (*ibid.*)

5. Em "Comédie de la soif", percebe-se que no íntimo da natureza úmida, putrescente – avesso de "evocação" –, só cabem o extravio (a ebriedade, em lugar do contato natural) e a morte, em vez do gozo e da fusão (celebrada, por exemplo, em "Au Cabaret-Vert", com um prazeroso copo de cerveja), como súmula da caminhada: "Apodrecer numa/Lagoa quero antes (...) Talvez me espere à frente/Uma tarde à vontade/A beber na Cidade/E morrerei contente:/Porquanto sou paciente! (...) Porquanto só se perde!/E se eu voltar a ser/De novo um ser incerto/Jamais o albergue verde/Vai me ficar aberto." (trad. Barroso: 221-223).

67

Neste conjunto de poemas, a empreitada caminhante traduz-se como consumação e *liberação ao infortúnio*, indicando, então, de modo ambivalente, a convivência com o obstáculo, ao ponto da aceitação e da entrega (ser usado pela Natureza, pelas estações do ano), com o risco mesmo do perecimento, como forma de autoconhecimento, assim como da dinâmica do mundo, presente no espaço da terra. Do não-sorriso à Natureza ("Mas eu não quero rir a nada", trad. Barroso: 229) – avesso da celebração à *walk writing*, contida no poema inaugural que é "Sensation" –, surge a liberação para a caminhada, sem ocultamento de seu caráter de finitude e de infortúnio, fazendo de tal contradição – "*libre... infortune*" – um ato afirmativo.

"*Liberté libre*"? A redundância coloquial, afirmativa, da expressão "a liberdade livre" ("O que você quer? eu teimo terrivelmente em adorar a liberdade livre..."), contida na carta datada de 2/11/1870, endereçada a Izambard – escrita depois de sua primeira tentativa de fuga para Paris –, é considerada por Alain Jouffroy, autor de *Arthur Rimbaud et la liberté libre*, como "o primeiro de todos os programas, aquele que desafia o sedentarismo, o conformismo universais da maioria (...) A liberdade livre não pode ter como lei senão a celeridade (...) e Rimbaud precipita todos seus movimentos por exasperação contra todas as lentidões" (1991: 41-43).

Trata-se de uma "liberdade livre" mesmo a que Rimbaud empreende, a partir de 1870 com sua *escrita de caminhada*, constituindo-se esta em uma reinvenção interminável da liberdade, do poder de deslocamento, até configurar-se pela velocidade urbana nos poemas de *Illuminations*.

Ainda em *Cahiers de Douai*, um poema fundamental como "Ma Bohême (Fantaisie)" mostra que a fantasia tornada explícita em torno do empreendimento da escrita e da caminhada (deixando à mostra os postulados culturais de representação da poesia e do poeta), realiza-se por uma grande ênfase no dilaceramento e no patético subjacentes a tal projeto, que não tem, a não ser no título, "os sinais de uma trajetória clássica da juventude boêmia", para usar as palavras de Jerrold Seigel (1991: 269).

Como se pode ler no conjunto da obra-vida rimbaudiana, os traços boêmios representam apenas a superfície característica de uma prática recorrente ao longo da existência e da cultura modernas. A partir do século XIX, as referências escritas à boêmia passam a existir cunhando uma nova expressão para a palavra francesa *bohémien*, comumente empregada para "cigano", que, como explica Seigel, identificava de modo errôneo a província da Boêmia (na antiga Checoslováquia) como o lugar de origem daquele povo. Este sentido original é que me parece próximo do nomadismo típico do poeta, pois, para o estudioso de *Bohemian Paris*, Rimbaud sempre fez, mesmo durante sua circulação pela capital francesa, distinção entre arte genuína e boêmia, designação àquele momento já carregada de diletantismo. Em Paris, ele era identificado por sua seriedade como poeta, embora dialogasse e convivesse com o modo boêmio de difusão e cultivo da produção cultural.

A fixação do poeta como boêmio mostra-se impraticável, a não ser no aspecto inevitável de boêmia que a criação moderna, por mais anti-romântica que se queira, adota em sua rejeição da vida corrente. O que marca a trajetória do poeta é exatamente "sua continuada distância da vida comum" (Seigel, *op. cit.*, p. 269), durante e depois da literatura.

O uso da palavra "*bohémien*" deve-se, tal como aparece pela primeira vez em "Sensation", à intenção do poeta de agradar Theodore de Banville, a quem envia, como já me referi, o poema em 24/5/1870, atento à breve homenagem que o patriarca da poesia francesa, naquele momento – com o exílio de Hugo –, faz em *Cariatides* a Henry Murger, autor do clássico *La vie de bohème*, transformado em filme pelo finlandês Aki Kaurismäki, em 1992.

Rimbaud volta a empregar o termo em carta a Izambard, enviada em agosto do mesmo ano, fazendo referência ao modo de ser e de escrever atrativo ao jovem poeta ainda retido na província – "Estou desorientado, doente, furioso, embrutecido, transtornado; esperava banhos de sol, caminhadas infinitas, repouso, viagens, aventuras, boêmias, enfim..." (Rimbaud: 105). Não surpreende que, quatro dias depois desta correspondência, ele se ponha em marcha para Paris, numa experiência malsucedida, que acaba levando-o às mãos da polícia por viajar sem passagem e sem dinheiro, mas que irá render, sob a proteção do mesmo Izambard, uma estada em Douai, onde boa parte de seus poemas de 1870 são escritos e reescritos, entre os quais o significativo título desse período de aventura, que é "Ma Bohème". Com este poema, fica clara a predominância do *caminhante solitário*, como projeto da *walk writing*, não obstante experiências como a de "Vagabonds" e "Ouvriers", caminhada com um companheiro ou companheira, e a experiência da grande marcha coletiva em "Génie", já em *Illuminations*.

Soneto da solidão plena, de uma realidade que se encara a despeito da *"Muse"* e *"d'amours splendides"* sonhados um dia, "Ma Bohème" exibe um poeta todo espontaneidade e ação, mas sem qualquer rastro de ingenuidade, a pontuar sua caminhada essencial, assinalando-a com o risco do patético e da indigência – "...de mãos nos bolsos descosidos"; "...meu único par de calças tinha furos" (trad. Barroso: 119).

Pierre Brunel fala, com propriedade, que a "pobreza é como a condição (nos dois sentidos da palavra) da criação poética" (1983b: 60). Tal como um Chaplin, mas antes do cinema, o poeta-vagabundo vai passo a passo despojando-se, sem perder o poder de metamorfosear os elásticos de suas botinas arrebentadas em lira, da forma como o faz Carlitos em *A corrida do ouro*, ao cozinhar seu impagável espaguete.

Onde, rimando em meio a imensidões fantásticas,
Eu tomava, qual lira, as botinas elásticas
E tangia um dos pés junto ao meu coração!
(Rimbaud; trad. Ivo Barroso, p. 119)

"Aller" ("Ir") – *"je m'en allais..."* –, verbo central de Rimbaud, segundo Alain Borer (1991b: 76), apesar de conjugado no imperfeito, dá atualidade ao trajeto do aprendiz de boêmio, "pequeno sonhador" impregnado dos poderes mágicos contidos no termo fantasia. De acordo com Brunel, esta é uma atribuição ao gosto do século XIX, que evoca uma "paisagem de predileção, um castelo de outrora no país da infância" (*op. cit.*, p. 56) e também um culto do fantástico, tal como se pode ler em alguns títulos de Nerval, um autor lido pelo jovem poeta. Ainda que traga marcas de autocrítica, o poema as contrabalança compactuado com o *olhar inocente*, já conhecido de "Les étrennes des orphelins".

Pequeno Orfeu, "rimando em meio às fantásticas sombras" (Rimbaud: 162), o personagem, em plena apresentação de seus dotes rítmicos, anuncia o gesto e as indumentárias de uma cena. Marc Ascione percebe, com perspicácia, o paletó figurando "como um acessório de teatro" (nota ao poema em *Œuvre-Vie:* 1.033). Numa operação extremamente elástica – "um pé próximo a meu coração" – o poeta-personagem posto em movimento mostra-se como boêmio, demiurgo e criança. Torna-se possível visualizá-lo de corpo inteiro, na fronteira entre a revelação e o desencantamento. Seu ato final, repleto de desolação, entende-se também como um enlace celebrador. Como se recolhendo os sapatos junto ao peito, em um gesto impregnado de doída visualidade, igual a certos momentos, a certos desfechos chaplinianos, o Pequeno Polegar desta antifábula arrebatasse as botinas desfeitas "nas pedras dos caminhos" ("Au Cabaret-Vert"), transformadas em um desconcertante signo obtido pelo feito da caminhada.

A escrita mostra estar em sintonia com o ritmo, os passos do poeta, tendo "o passo como unidade de medida do verso" (Buisine 1991: 38). Esta cadência adapta-se ao tom geral do soneto, que se orienta "entre gravidade e sorriso, cada *nuance* fazendo apelo e trazendo a *nuance* inversa" (Jean-François Laurent, nota ao poema em Œ *uvre-Vie*: 1.032).

Pé, em sincronia com o coração, e vice-versa, na estrada. O "bem longe", associado ao rumo paterno em "Les étrennes des orphelins", atravessando, como em ritornelo, o "longe, bem longe" de "Sensation", transmuta-se aqui em uma passagem dinâmica travada sob os auspícios do céu – na vastidão do albergue/Ursa Maior – e a desproteção dos caminhos, por onde a roupa e o calçado se desgastam, lembrando, pela dolorida vivência e a ironia em transmiti-la, uma canção de Noel Rosa[6]. Os versos são criados no compasso entre o ilimitado, que a *fantasia* sustenta, e a *presentação* autoparódica, de imenso apelo cenoplástico. Os planos do ideal e do real se cruzam enformando a pulsação móvel – tensa e aérea, terrena e "fantasista" – do texto.

> *Rimbaud escreve marchando (...) "Pequeno Polegar do sonho ao meu redor/Rimas espalho" (...) Ele marcha, ou masca, em murmúrio, o poema que está vindo, e que parece cumprir um trato em sua chegada (...) A marcha-murmúrio é ouvida no poema em marcha, formulando o segredo no qual ele não permanece...*
> (Borer, *op. cit.*, p. 76-77)

---

[6]. Não posso deixar de lembrar aqui, por mais de um motivo, "O orvalho vem caindo": "*rosée*/orvalho; "meu cortinado é o vasto céu de anil"/"*Mon auberge était à la Grande Ourse*". Adendo de Noel: "E também vão surgindo as estrelas lá do céu".

Na caminhada, que é "ruminação" poética (murmúrio de uma linguagem outra que não diz mais de *si*) e ingresso no *infinito*, no que se demarcou como a distância, a projeção abstrata da lírica (*loin, loin*), o movimento do autor-personagem de "Ma Bohème" não permanece em uma única perspectiva. O poema deve ser lido na passagem e na urgência, de acordo com o espaço aberto deixado ao final, não apenas deste, mas de outros *walk poems*, como aqueles que trazem traços de algo imediato ("Sensation") ou os orientados pelo prolongamento de uma viagem ("Rêvé pour l'hiver") ou ainda pela incitação à deriva ("Roman" e "Les reparties de Nina").

Ao encerrar seus poemas, o autor, em vez de imobilizá-los com o "fecho de ouro" simplesmente literário, abre uma brecha para a ação[7]. Sem crer, de modo idealista, no poder revelador da palavra, mas marcando seus escritos a partir de 1870 com os choques, os obstáculos possíveis a um projeto poético que envolve um conhecimento de si e do corpo, Rimbaud dispõe-se enquanto autor e agente de um processo, no presente e na passagem, durante a posse e possessão da *walk writing*.

---

7. "Isto é o que toda arte deveria ser: a heresia em criar vida. Isto é o que o escritor está fazendo: tentando criar um personagem que possa ser capaz de caminhar para fora das páginas." (Burroughs 1992: 34)

UNE SAISON EN ENFER – PERCURSOS E CORPOS

As dimensões tomadas pela caminhada no *Livre Nègre* de Rimbaud – título original do projeto de *Une saison en enfer* (1873): uma reescrita, sob a condenação infernal, da *Bíblia* – apontam para uma amplificação da *walk writing* no sentido de ser este um livro-percurso, com todo o destaque dado à experiência e às disposições do corpo, em proporções territoriais, crescentemente multitudinais, que a imagem de "*la grande route*" ("L'impossible") bem revela.

O inferno, tomado como lugar de passagem, é uma entre outras estações de pouso dos trajetos desbravados pelo poeta-narrador rimbaudiano em um circuito cerrado de negações e pacificações intranqüilas. Circuito dos lugares possíveis à emissão do verbo poético (como "Alquimia do verbo" bem exemplifica), em um combate com o *Logos*, dentro de um espírito de sondagem dos limites humanos sobre a Terra, e todos aqueles orientados pela ordem do cosmo (em sua versão religiosa, cristã). Em toda a gradação do conflito, empreendida por um livro, que se lê como a busca, entre iniciática e transgressiva, de salvação e de afirmação criativa, bem resumida em um trecho de "Mauvais sang": "...Eu quero a liberdade na salvação" (Rimbaud: 411).

Como se lê no pórtico (sem título), a gênese do movimento em *Une saison en enfer* se encontra na perda de um mundo passado, de um *outrora* mítico onde a comunidade dos homens se congraçava em torno de um rito, de uma festa "onde se abriam todos os corações, onde todos os vinhos corriam" (trad. Lêdo Ivo: 45). Esta perda de origem passa a envolver uma relação insatisfatória com a Beleza – tal como citada no pórtico do livro (Rimbaud: 401) –, levando o poema à injúria. Este é o ponto de ignição, o engenho mais íntimo, aquele capaz de gerar a partida – não a viagem, mas a fuga ("*Je me suis enfui*") – e a seqüência do texto.

Há um "lugar-de-fora" bastante nítido neste momento inicial tomado pelo narrador. Este se posiciona como personagem deslocado, estigmatizado pela perda, desprovido de um lugar na ordem do mundo. A ação revoltosa provém de uma fúria animal, potente para atirá-lo na lama, "ao ar do crime", e nas vizinhanças da loucura, embora desta ele escarneça e lhe pregue "boas peças". Não há condição a ser estabilizada em relação a esta primeira pessoa que se desenha no princípio do relato, atravessada por contradições, por uma polifonia de vozes e recorrências discursivas (visíveis pela reiteração do eu, no início de cada um dos parágrafos-estrofes), entendida, mais à frente, em "Nuit de l'enfer", como um "concerto de infernos".

O que interessa ao sujeito poético configurado no pórtico de *Une saison en enfer* é a afirmação do poder de recusa à situação de perda, contada a partir do corte com o *outrora*, com a antecedência mítica. Vem daí a entrada do inferno no horizonte da revolta, que dobra o estado de queda do homem sobre a Terra, à medida que o poeta-narrador se lança contra o estado de coisas do presente.

A ira com que se dirige à justiça, às feiticeiras do mundo primitivo e supersticioso, à miséria, à esperança e à própria ira, possibilita a materialização do poeta como elemento de estranheza com relação à idéia de unidade, de devoção a um princípio (mesmo o da identidade, possível de se consolidar durante a *estação*, durante o percurso). Esta voz poética, capaz de tudo abarcar e rejeitar com igual vigor, promove o deslocamento para um lugar baixo – o *"là-bas"* – e fora da temporalidade humana: o inferno, avesso perfeito daquele espaço-tempo celebrado com o vinho das origens.

Pode-se dizer, a contar dos *walk poems*, que, agora, realizam-se o enfrentamento da queda, o embate com o plano mais físico, com a mortalidade, a Terra (e seus abismos, seu *inverso* de fusão celebratória com o *corpo amoroso*, paradisíaco), depois de experienciada, nos primeiros poemas, a escrita/caminhada na Natureza.

Se o início de tudo, o ponto original da iniciação vem assinalado com a marca do ideal – um festim humanitário em que se comemora uma comunhão/comunidade de elevada qualidade espiritual –, a incursão contrária, a queda no infernal, também não se afasta da representação de um universo oposto à glória de Deus. O demônio, que se dirige ao personagem-narrador-poeta, transmite a condenação mais primitiva atribuída à passagem pelo Inferno: o permanecer besta, *"hiena"*, segundo o texto. A expiação vem pela repetição dos vícios, dos pecados capitais. No entanto, esta cena do inferno sofre no parágrafo final do poema-pórtico de *Une saison...* o acréscimo de uma experiência vivenciada, de algo não descrito, mas silenciado com a emoção de um "Ah! foi o que fiz e por demais!" (trad. cit., p. 46), não se apresentando, pois, como realidade prévia ou ameaça moral de um fim, exterior ao sujeito.

Por se tratar de um inferno interiorizado, não traduzível em imagens de um *locus,* como o é em Dante, mas por vivências absolutamente compreensíveis no silêncio, não há como estabilizá-lo – é tão movente quanto o espírito de *"une saison".* Impossível tê-lo idealizado, quando o poeta lê o pedido para que Satã desfaça o olhar carregado dirigido para ele, "à espera de minhas pequenas covardias em atraso..." (trad. Barroso: 51). Não por acaso, o papel do *écrivain* é demarcado, assim como nele salientada a ausência de faculdades descritivas e instrutivas.

> ...*para vós que apreciais no escritor a ausência de faculdades descritivas ou instrutivas – arranco estas páginas odientas de meu caderno de maldito.*
> (Rimbaud; trad. Ivo Barroso, 1998, p. 133)

Embora a potência infernal exista no ponto mais interiorizado da razão de ser do poeta, este dialoga com um Satã nada mítico, dentro de uma perspectiva também desidealizada, desalinhada mesmo de um pacto com o Mal. Em "Nuit de l'enfer" e "Vierge folle", por exemplo – seções do livro onde o dado do diabolismo reaparece –, o inferno surge dentro de uma dinâmica de polaridades (homem/mulher; Deus/Satã; eu/outro; autor/leitor) afloradas no limite da despersonificação, em total acordo com as cisões trabalhadas ao longo do livro, acabando por incidir naquilo que expõe o poeta português contemporâneo Herberto Helder como "o teorema rimbaudiano de não estarmos no mundo (...) estamos sempre à beira de uma indefinida identidade (...) Apareço às vezes diante de mim, ou julgo ser eu – eu que vejo ou eu que apareço. Ouço vozes; devem ser as minhas. Poderei dizer que são cenas da minha voz?" (Helder 1987: 163).

Como escritor, pode Rimbaud cruzar e dialogar com o Mal, ou mesmo afirmar seu texto como um "caderno de maldito", mas se tratará de uma danação apartada de um culto preexistente. Explicável, portanto, o aspecto não-instrutivo, não-ilustrativo, do texto de *Une saison en enfer,* compromissado que está com a impermanência de posturas, diante dos índices de particularização da experiência, a partir de uma entonação discursiva destacada pelo dizer a revolta.

Mesmo no inferno seu trajeto mostra-se surpreendente, aberto a outras possibilidades e representações trazidas à tona por uma

75

dicção imprecadora. Pois comparece como lugar prévio a que se recorre no ponto máximo da ruptura com o estado de coisas da vida presente (com seus saberes e itinerários disponíveis), representando, no entanto, o ponto nuclear de um trajeto de aprendizagem, de sacrifício ao conhecimento, ao modo nietzscheano, tal como lido por Foucault em seu ensaio sobre a genealogia e a história. Trajeto que conta com a dissolvência da unidade do sujeito, com o sacrifício do *sujeito do conhecimento*, em favor da "vontade, indefinidamente desdobrada, de saber" (Foucault 1979: 38). O percurso da *Saison* – o inferno como *saison* – mostra-se revelador até mesmo para este Satã de lugar nenhum, mas senhor das páginas de literatura, já conhecido do *leitor hipócrita* de Baudelaire, de quem Rimbaud herda a mesma perda e recusa originais, marca dos itinerários da poesia moderna.

Mauvais sang

Assinalado pela revolta, pela condenação infernal a que se submete fora de um inferno, em "Mauvais sang" o poeta traça uma genealogia no sentido de fundamentar a estranheza e a solidão do "lugar-de-fora" tomado por ele. Seus antepassados gauleses são evocados por força do caráter bárbaro e, assim, postos em realce "a falta de jeito na luta" (trad. Ivo: 47), o esfolamento de animais, o amor pelo sacrilégio e "sobretudo mentira e indolência" (*ibid.*). Endereçados a um tempo e a uma civilização remotos, o aspecto malsão de seu temperamento revoltoso toma a dimensão de um componente inoculado no sangue, de uma danação de origem. Seguindo esta orientação, o clamor de revolta do texto se estrutura de modo mais intenso. O *fora* absoluto em que se situa o narrador do longo relato poético, que é a *Saison*, galga outro plano, ao dimensionar-se como bárbaro no interior da civilização moderna (como se verá, a referência à modernidade é um dado tornado mais e mais explícito, no decorrer do livro).

O contorno de barbárie dado à primeira pessoa do poema favorece a negação do perfil social de seu tempo, por meio da via regulada pela domesticidade e valores de família, e, conseqüentemente, pelos direitos humanos, direcionando-o para caminhoslimite. Seu "lugar-de-fora" não permite adaptações. Ainda que tenha remontado sua origem ao povo gaulês, em certo instante ele é exposto à mais completa inutilidade (à preguiça, para ser preciso), à animalização:

> *Mas! quem me fez a língua assim tão pérfida, capaz de conduzir e proteger minha indolência até agora? Sem me servir para viver sequer do corpo, e mais ocioso do que o sapo, andei por toda parte.*
> (Rimbaud; trad. Ivo Barroso, p. 135)

É aí, na disposição de uma genealogia selvagem, que uma não-representação do sujeito e uma nova orientação da narrativa (com seu centramento na primeira pessoa, aparentemente promissor ao relato confessional, autobiográfico) se articulam de modo mais nítido. Sem que seja esquecido, no pórtico de *Une saison en enfer*, "o salto surdo da fera", que faz banir traços do espírito humano como a esperança e a alegria, com o gesto de armar-se contra a justiça, com a injúria à Beleza.

Essa estratégia regressiva contém a recusa ao programa do progresso, um projeto submerso às promessas emancipatórias da modernidade. Na verdade, o recurso à barbárie soa como uma reação à *marcha para o Progresso* – tal como expressa na segunda "Carta do Vidente" –, não resultando apenas na negação, mas na *multiplicação do progresso* (Rimbaud: 191). Lê-se na primeira "Carta", escrita, como aquela endereçada a Demeny, durante os acontecimentos da Comuna de Paris: "Serei um trabalhador: é a idéia que me retém aqui, quando as cóleras loucas me arrastam para a batalha de Paris –, onde tantos trabalhadores morrem enquanto escrevo a você! Trabalhar agora, jamais, jamais; estou em greve" (Rimbaud: 183).

Ser trabalhador, ser combatente não se apresenta como recusa de atividade, mas sim daquela regida pela divisão social do trabalho que o Estado salvaguarda, como imperativo do avanço da civilização ocidental, por meio da expropriação capitalista da força produtiva, direcionada a um *surplus* de trabalho inútil, alienado, acima das necessidades e desproporcional ao ganho. Modelo de trabalho e de civilização a que a Comuna se contrapõe como experiência singular, compreendida por Kristin Ross (1988: 70) como o momento em que, na história do Ocidente, a sociedade chegou mais próxima do desmonte do aparelho do Estado em sua planificação e apropriação das forças de trabalho.

Como destaca a estudiosa rimbaudiana, a Comuna foi marcante na formação do poeta. É o que mostram poemas e cartas, como as "do Vidente" (consideradas por Pierre Gascard, autor de *Rimbaud et la Commune*, como o grande acontecimento literário da França no curto período de 71 dias em que vigorou a Comuna de 1871), e aquela do Barão de Petdechèvre, atribuída a Rimbaud, publicada depois da experiência *communarde*. Fica claro, no entanto, que, em sua produção posterior – como se vê em "Mauvais sang", e também no "Bateau ivre", assim como em alguns textos de *Illuminations* –, os traços desse acontecimento – mesmo sob o travo da derrocada da revolução – continuarão visíveis.

Compreendido como não-instrumento, o corpo comparece em "Mauvais sang" como elemento articulador de uma mobilidade que não diz respeito mais àquela do trabalhador sob o capitalismo, em migração do campo para a cidade, "livre para mover-se por estar 'livre' para vender sua força de trabalho" (Ross, *op. cit.*, p. 60). O corpo posiciona-se para fora da hierarquia orgânica dentro da qual a mente mantém sua supremacia sobre o trabalho manual (mente que comanda, mão que executa), numa extensão de atividades em que a escrita literária também se inclui:

> *Tenho horror a todos os ofícios. Patrões e operários, todos são camponeses, ignóbeis. A mão que segura a pena vale tanto quanto a que empurra o arado. — Que século manual! Não usarei jamais as mãos (...) quanto a mim, estou intacto, e isto pouco me importa.*
> (Rimbaud; trad. Lêdo Ivo, p. 47)

Da mesma forma que o trabalho, tal como organizado, já no século do poeta, e no bojo de uma redefinição diante dos acontecimentos da Comuna, conduz a um *estar em greve*, a escrita poética-narrativa, de impreciso gênero, produzida pela *Saison* sofre a sublevação desse *corpo intato*, não submetido à ordem do mercado, ao ajuste social do jovem em formação, descrito pelo romance de aprendizagem.

Foi Kristin Ross quem estabeleceu, a partir de sua leitura de "O canto das sereias", primeira parte de *Le livre à venir*, de Blanchot, o traço diferencial marcado pela *narrativa* de Rimbaud com relação ao modelo romanesco e o tipo de subjetividade que aí se descortina.

A operação do "Eu é outro", formulada na carta-programa do visionarismo (aquela enviada a Demeny) durante os eventos políticos da Comuna, atende à "enormidade tornando-se norma" (Rimbaud: 191), ao corpo múltiplo e populoso despontado na Paris de 1871. O que está em plena sincronia com uma primeira pessoa nada restrita à voz de um indivíduo (como ocorre na leitura que atrela a subjetividade do texto da *Saison* a "confissões" de Rimbaud). Mostra-se, ao contrário, insubmissa ao toque da *formação*, à idéia de que a energia jovem, projetada com a urgência e o rastro de uma *transição* sobre o escrito, tenha que chegar a um fim, ao acabamento de uma personalidade (*persona* – máscara social), aculturada, direcionada ao mundo do trabalho, tal como sucede no romance – em sua feição no século XIX –, entendido como "epopéia" da subjetividade burguesa.

Ross fala, com respeito a "Mauvais sang", do efeito contínuo de uma *sobreadolescência* – da mesma forma que se evidencia a *sobreinfância* (Bachelard), a contar de "Les étrennes des orphelins". Dá destaque a uma energia em constante transformação, em total acordo com o que experimenta a narrativa, segundo Blanchot no ensaio citado de *Le livre à venir*:

> *A narrativa começa onde o romance não avança e todavia conduz pelas suas recusas e pela sua rica negligência* (...)
> *A narrativa não é o relato do acontecimento, mas precisamente esse acontecimento, a aproximação desse acontecimento, o lugar onde este é chamado a produzir-se, acontecimento ainda por vir...*
> (1984: 14)

O forte elo estabelecido entre escrita – entre narrativa, considerando-se a prosa não-romanesca de *Une saison en enfer* – e acontecimento diz respeito ao sentido de não-formação, de não-identidade, produzido pelo trajeto do sujeito poético-narrador da obra. O que é próprio do acontecimento, do que se pode entender como a virtualidade – diferente do "que se passa" – das essências, dos "estados do ser" (como estuda o filósofo Sousa Dias, centrando-se sobre Deleuze, em *Lógica do acontecimento*: 89), apontando para a "pura multiplicidade de movimentos absolutos inseparáveis em contínua variação" (*ibid.*). Justamente se destaca na narrativa de Rimbaud o caráter não-prévio do sujeito, que se configura em sintonia com uma escrita concebida como sondagem, feita na pulsação do movimento, montada em linhas que se abrem, entre o poético e o narrativo, para a virtualização de acontecimentos, para *linhas de fuga* da realidade existente.

O poeta deixa eclodir em seu texto uma multiplicidade de vozes, direcionando seu poema narrativo, dentro da compreensão de Deleuze em *Critique et clinique*, para "esse povo que falta..." (Deleuze 1993: 15). "Mauvais sang" encaminha-se, assim, na direção contrária da linhagem, da origem, à invocação de um "povo bastardo, inferior, dominado, sempre em devir, sempre inacabado. Bastardo já não designa um estado de família, porém o processo ou a deriva das raças. Sou um animal, um negro de raça inferior desde tempos imemoriais. É o devir do escritor" (*op. cit.*, p. 14-15).

É aberto um veio – mais uma linha (*linha de fuga*) do que uma linhagem – no interior do espaço literário moderno, que o pensamento de Blanchot contempla e à qual a geofilosofia de Gilles Deleuze dá prosseguimento, tendo no horizonte os escritos de Rimbaud.

A referência à poética rimbaudiana mostra-se, aliás, visível no trajeto filosófico de Deleuze em muitos momentos – das breves menções, em *Diferença e repetição*, e dos muitos traços, não completamente explícitos, contidos em "De la supériorité de la littérature anglo-américaine", ensaio de *Dialogues*, até apropriações de versos e conceitos do poeta para tratar do cinema de Godard, Pasolini, Rouch, Garrel e dos independentes de Nova Iorque em *L'image temps*, e dos escritores modernos nos ensaios de *Critique et clinique*, chegando mesmo a estudar neste livro a "Carta do Vidente" em "Sur quatre formules poétiques qui pourraient résumer la philosophie kantienne".

Há uma afinidade entre o poeta e o pensador que não se limita a uma simples citação, com remissões explícitas. Um verso de "Génie", poema de *Illuminations,* aparece incorporado ao ritmo dialógico-filosófico das entrevistas de *Pourparlers,* quando Deleuze responde a Didier Eribon sobre a relação entre história e geografia em seu pensamento. Ao referir-se aos "movimentos de desterritorialização cósmica tal como nas longas migrações" (Deleuze 1992: 44), o filósofo se expressa a partir dos sinais mapeados por uma escrita radicada em processos cartográficos: "...*les migrations plus énormes que les anciennes invasions*" (Rimbaud: 375).

Uma literatura do homem desterrado – descortinada por Blanchot, em ensaios de *Le livre à venir* e *L'entretien infini*, depois projetada pelo filósofo de *Mille plateaux* –, parece ser formulada, na modernidade, pela poética de Rimbaud, no sentido em que estabelece conexões entre o traçado de linhas textuais e a realização de percursos, dentro de um plano de composição que é também plano de ação. O ataque eficaz ao humanismo eurocêntrico – em um escrito que declina a fala bárbara, básica, tribal, em lugar da autoridade narrativa, autoral/escritural, do eu – a despedida ao "ser francês" – resumida pela frase final de "Mauvais sang" –, sofre também adesão por parte de Deleuze, que trata "De la supériorité de la littérature anglo-américaine" no ensaio de *Dialogues*. A escrita é pensada em termos de linhas de fuga (imagem reiterada) percorridas na direção contrária da viagem, do encaminhar-se às origens, às raízes, tal como se dá no universo europeu, no romance francês.

Partir, partir, evadir-se... atravessar o horizonte, penetrar em outra vida (...) Os franceses não sabem bem o que é isto. Evidentemente eles fogem como todo mundo, pensam que fugir é sair do mundo, mística ou arte (...) Fugir, não é renunciar às ações, nada mais ativo do que uma fuga.
(Deleuze 1997: 48)

Uma literatura do desterritorializado, aí se percebe, a partir de uma subjetividade *em movimento*, sobre territórios, sobre o plano da terra. Em Rimbaud, o alinhamento da escrita com o tracejamento de linhas de fuga lançadas ao ilimitado (como anunciam os primeiros poemas), ao impossível (caso de escritos posteriores, caso de "L'impossible" e de toda a *Saison*), até o *fim do mundo* (Arábia ou África, de acordo com a cartografia do seu tempo). Literatura do homem desértico, que teve seu curso neste século em Kafka, Canetti, Camus, Jabès, Beckett, Lispector, Samuel Rawet e, mais recentemente, em Handke e no brasileiro João Gilberto Noll.

O que se observa em "Mauvais sang", através da insurgência bárbara – "Sou de raça inferior por toda a eternidade" (Rimbaud: 407) – são configurações da subjetividade marcadas pelo caráter de busca, de *iniciação* em um percurso-incursão, estação/via-crúcis ao negativo-essencial a toda *Une saison en enfer*, apresentadas em metamorfose crescente.

Podem ser apontados, em "Mauvais sang", diversos personagens/devires relacionados ao sujeito da narrativa/poema, como variantes da insurgência bárbara, da *genealogia selvagem*:

1. *viajante*, que escapa da Europa rumo à Gália ancestral – a praia armoricana –, e de lá retorna com "membros de ferro", "pele negra", mas ainda afirma no regresso o horror – e também a maldição ("Agora estou amaldiçoado, tenho horror à minha pátria", trad. Ivo: 49) – em possuir pátria, a ele restando "um sonho bem bêbado na praia", o abandono físico mais elementar;

2. *viciado*, preso à circularidade de um gesto de partida, que remonta aos "caminhos daqui", em uma experiência que ruma a um só tempo para o sagrado e para o desilusionamento, para a marcha e o deserto: "Vamos! a marcha, o fardo, o deserto, o desgosto e a cólera" (trad. Ivo: 50). A possibilidade de congraçamento contida na busca, na marcha espiritual, envolvendo o sentido da destinação de uma coletividade, esvazia-se, retornando ao inferno da individualidade (ao vício) tal como territorializado pelo cristianismo, através do acionamento do círculo expiatório, sempre reincidente;

3. *abandonado* ao vício, à deriva, e ao mesmo tempo, "a não importa que divina imagem" (trad. Ivo: 50). A voz poética e narradora do texto continua a lançar-se num ir-e-vir, entre a deserção do solo francês e os caminhos circulares do sangue – "Sobre que sangue prosseguir?" (trad. Barroso: 139) –, com seus espaços e identidades disponíveis. Qual a destinação possível a uma busca que não soe como a oferecida pela alternativa da abnegação, da entrega irrestrita à imagem de Deus: o permanecer "besta" no circuito infernal – "*De profundis Domine, suis-je bête*" (Rimbaud: 408)?

4. *criança*, que vê com o pensamento do outro, o sentenciado, e nele se funde, permitindo tanto a visão – "o céu azul e o trabalho florido no campo" (trad. Ivo: 51) – quanto a *condenação* – "pressentia sua fatalidade nas cidades" (*ibid.*). A projeção afirmati-

va do ser-criança consolida suas próprias *força, glória e razão,* seu visionarismo (não o regramento da *razão iluminista,* nem o centramento divinatório da *iluminação mística*), pondo em prática a itinerância – "visitava as estalagens e as pensões que ele teria santificado ao hospedar-se nelas" (*ibid.*) – e tudo o que o sentenciado tem em excesso: "...mais força que um santo, mais bom senso que um viajante – e ele, só ele! como testemunho de sua glória e de sua razão" (*ibid.*);

5. *sentenciado* – Ao assumir a sentença e a voz – exatamente uma voz "me oprimia o coração gelado: Fraqueza ou força, vê, é a força..." (trad. Ivo: 51) – de tal identidade, a primeira pessoa, anteriormente afirmada como *criança,* mostra outra vez o traço da intermitência quanto à fixação da identidade (quanto à salvação, explícita em sua via-crúcis negativa). Apresenta-se "nas estradas, em noites de inverno, sem roupas, sem pão" (*ibid.*), em cena compatível com o empreendimento da *walk writing.* Mais desorientado, e mais despojado, que o errante de "Ma Bohême", o *sentenciado* experimenta já o deserto (os *desertos do amor,* certamente) e a desmaterialização de seu corpo neste trânsito simultâneo de condenação à deriva e à salvação: "...Não sabes nem para onde vais, nem por que vais; entra em toda parte, responde a tudo. Não te matarão mais do que se fosses um cadáver" (*ibid.*).

Os traços da *visão,* já esboçados como *imagem* no breve trecho narrativo relacionado ao personagem/devir *criança,* são reacentuados: "Nas cidades, a lama me aparecia subitamente vermelha e negra, como um espelho quando uma lâmpada circula no quarto vizinho, como um tesouro na floresta! Boa sorte, gritava, e via um mar de chamas e de fumaça no céu; e, à esquerda, à direita, todas as riquezas ardendo como um bilhão de raios" (*ibid.*).

Só a direção criativa contida na aparição de imagens, como as transcritas acima, somente o que se articula como *visão,* pode evitar a desmaterialização de seu corpo, dissociado do espírito e da razão sobre os quais o cristianismo e a ciência – "Oh! a ciência! tudo recomeçou. Para o corpo e a alma –, o viático... (trad. cit., p. 48) – instalam seu domínio.

As imagens são compostas como uma *aparição súbita,* num encadeamento – ou fusão – próximo da proliferação de identidades relativas à primeira pessoa da narrativa: *lama* das cidades associada a *espelho,* que se fusiona com *lâmpada* em um quarto e *tesouro* na floresta, passando-se à visão do *mar de chamas e de fumaça no céu,* resumida em um arder (supliciar) de *todas as riquezas,* lançadas em analogia com *um bilhão de raios.* Ele *vê,* também, a turba que acompanha seu fuzilamento, de modo a ser reafirmada a inadequação diante da justiça, assim como a consciência de ser irrefreável ao mecanismo do juízo, do circuito viciado da condenação: "não tenho o senso moral, sou um bruto; vós vos enganais..." (trad. Ivo: 51). O *ver com o pensamento,* a visão relacionada a um plano diverso (o pensamento) e ao outro (o sentenciado), tal como expressa a *criança,* cumpre-se, então, sob o andamento afirmativo, não conclusivo, da fala do *sentenciado.* Fala aberta ao vir-a-ser, ao seu raio próprio de *salvação;*

6. *animal/negro* – No processo de fuga à engrenagem do juízo, o sentenciado fecha seus olhos perante o domínio da razão – "vossa luz" (o centramento iluminista do Ocidente) – dos legisladores, dos padres, "professores, patrões", de modo a acionar seu devir simultâneo animal/negro. "Sou um animal, um negro" (*ibid.*).

A imagem ocidental do homem-animal é desafiada por Rimbaud no momento de maior intensidade de "Mauvais sang". O homem-escravo da colonização, do capitalismo, sofre uma verdadeira sublevação, de forma a ser disseminada a condenação, não mais como exclusiva do dito povo escravo-animal: "Contudo, posso ser salvo. Sois falsos negros, vós, maníacos, sanguinários, avarentos. Mercador, és um negro; magistrado, és um negro; general, és um negro; imperador, velha sarna, és um negro; bebeste um licor de contrabando, da fábrica de Satã". (*ibid.*)

Dado como condenado – "inspirado pela febre e pelo câncer" (*ibid.*) –, o povo que promove a escravização, a começar de si, do regramento do próprio corpo em nome do *lugar,* do trabalho alienado, do progresso da ciência e da eternidade da religião – "Enfermos e velhos... pedem para morrer em água fervente" (*ibid.*) –, é deixado para trás.

O melhor a fazer é deixar este continente, onde a loucura ronda em busca de reféns para estes miseráveis. Entro no verdadeiro reino dos filhos de Cam.

(Rimbaud; trad. Lêdo Ivo, p. 51-52)

O *povo por vir* pensado por Deleuze, a partir desta passagem de "Mauvais sang", dá ênfase às possibilidades da literatura como conhecimento – no sentido iniciático, até, de um percurso não-prévio, traçado a partir do regime cristão de signos e processos narrativos de iniciação. *Conhecimento* formulado em relação viva com o *acontecimento*. O que é próprio de uma literatura que se afasta da narrativa de costumes, apostando em novas alianças gregárias.

A mutação em *negro* soa como o chamado – por conter toda uma invocação rítmica da linguagem e do corpo, tomada em sentido tribal – à outra possibilidade de ser e de ocupar um território. Em um sentido de celebração e criação, que chega a expressar os limites, em toda sua exaustão, da palavra – "Chega de palavras" –, para o alcance da *dança*. Por meio da livre enumeração, da repetição sonora-conceitual de sintagmas, sobre o alinhamento do tecido narrativo. Repetições e diferentes ordens do corpo: "Sepultei os mortos no meu ventre. Gritos, tambor, dança, dança, dança, dança!" (trad. cit., p. 52).

A presença do corpo mostra-se visível na dança – a contar dos mortos, dos ancestrais, da invocação tribal –, no próprio descentrar da linguagem sobre si mesma, sobre sua materialidade rítmica até a produção do movimento. Se a escrita de "Mauvais sang" manifesta-se em termos de espacialidade, de territorialidade – no sentido migratório e também no de fuga, de dança –, revela-se sob o compasso do desregramento (o *desregramento de todos os sentidos* articulado na "Carta do Vidente").

Trata-se de um corpo *construído*, ao modo do *corpo sem órgãos* pensado por Artaud, e refeito conceitualmente desde *O Anti-Édipo* como uma peça-chave (criação e pensamento) de Deleuze, ainda a ser experimentada em toda sua extensão ético-estética. Um corpo cuja consistência se produz em função do que se pode entender como o *sobrevôo do acontecimento* (tal como concebe o próprio plano de atuação filosófica, em *O que é a filosofia?*). Corpo lançado para fora da dominação, da organização hierarquizante dos órgãos, para bem fora do traçado de um ser constituído.

Com a chegada dos brancos colonizadores, o corpo da dança, na qual pulsa o sentido de povo em comunhão, provoca uma queda – "cairei no vazio..." (um buraco negro no espaço-tempo da primitividade). Dança que se sustenta pela ritmia indeterminada de uma cerimônia, compreensível também como máquina de guerra,

85

como peça operacional do desertor. Como diz o pensador de *Mil platôs*: trata-se da criação da guerra e de outra coisa ao mesmo tempo. Uma nova terra, não aquela prometida pela metafísica cristã. "Fome, sede, gritos, dança, dança, dança, dança" (trad. cit., p. 52). Vê-se aí, como nunca, na prosa-poema de Rimbaud, a emergência de um verdadeiro corpo tribal, construído a partir de sua desordenação, da conexão máxima com o que se estabelece para fora de um domínio uno – "movimentos cinemáticos, com deslocamento de grupos, migrações (...) os órgãos somente aparecem e funcionam aqui como intensidades puras." (Deleuze e Guattari 1980: 190);

7. *batizado* – Emerge do corpo em desordem a mutação para o pólo do regramento, sob o toque do batismo. É explicitado o efeito da colonização branca: religião, trabalho. O corpo submete-se a "andar vestido".

Em nome da graça, o centramento/regramento se torna manifesto. Parece encontrar, então, a voz narradora uma identidade assinalada pelo rito da sagração, aparentemente consolidada pelo descarte do sofrimento, do arrependimento, nesta adoção do Bem: "Sem dúvida, a devassidão é estúpida; o vício é estúpido; é preciso jogar de lado a podridão" (trad. Ivo: 52).

O estado de elevação, de pacto com a virtude, não se esquadrinha, contudo, no simples professar de uma fé, no louvor a Deus. Torna-se necessário pensar a divindade como "um bem público. Só o amor divino concede as chaves da ciência" (*ibid.*). Ao *batizado* não cabe apenas a salvação de si.

Vós me escolhestes entre os náufragos; são meus amigos os que ficam?
Salvai-os!
(Rimbaud; trad. Lêdo Ivo, p. 53)

E assim, dentro da dinâmica das contradições e afirmações vividas pela subjetividade em "Mauvais sang", relato marcadamente polifônico, outra variante da insurgência/estratégia selvagem é posta em circulação:

8. *inocente* – Antes, sob o batismo, uma *criança* constatava o plano de inocência em um estado paradisíaco – "Vou ser arrebata-

do como uma criança, para brincar no paraíso... (trad. cit, p. 52) –, esquecida dos sofrimentos do mundo – *sofrimentos modernos*, como dirá "L'impossible". Agora o *olhar inocente* se rearticula de modo a ser apreciada "sem vertigens a extensão de minha inocência" (*ibid.*). Livres do dogma, o reencantamento e a sacralização do mundo conjugam a frase-chave de "Mauvais sang": "Eu quero a liberdade na salvação" (trad. cit., p. 53).

A afirmação da inocência depois do batismo mostra-se como uma tática conceitual-nomeadora do poeta capaz de conduzir o personagem-narrador de "Mauvais sang" à conquista da própria razão – a *nova razão* que "A une raison", poema de *Illuminations*, dará acabamento – para fora do elo formado entre ciência e religião na modernidade, no ponto em que estas planificam a predominância da mente e do espírito sobre o movimento nada ordenado da matéria.

A participação no tempo acelerado do progresso e do trabalho se dá por meio da *ação livre*, tal como concebem Deleuze e Guattari no capítulo "Tratado de nomadologia: a máquina de guerra", de *Mil platôs*. Por meio do *corpo livre*, adquirido pelo trabalhador-militante da Comuna, segundo Ross, compreendido como um cidadão-átomo desgarrado da multidão serviçal e da cidade planificada, mercantilista, transformado em agente urbano surpreendente, elemento vivo, atuante nas barricadas, capaz de redesenhar toda uma topografia.

Pela velocidade absoluta de um gesto, compreensível como próprio ao combate, dado por meio de um *perpetuum mobile*, o sujeito-corpo de "Mauvais sang" se processa pela ação/iniciação a contrapelo do *credo* constituído do cristianismo e daquele da ciência (o "moderno *Eclesiastes*", como é dito, ainda na *Saison*, em "L'éclair"), assim como na contracorrente do romance familiar:

> *Quanto à felicidade estabelecida, doméstica ou não... não, não posso. Sou muito dissipado, muito fraco. A vida floresce pelo trabalho, velha verdade: no meu caso, minha vida não é bastante pesada, ela voa e flutua longe, acima da ação, esse precioso centro do mundo.*
>
> (Rimbaud; trad. Lêdo Ivo, p. 53)

Em "Mauvais sang", intensificam-se todas essas metamorfoses, entre recuos e abandonos significativos da identidade no tempo moderno da civilização, de forma a não apenas potencializar, mas também a depurar um estado básico de barbárie.

O fortalecimento do primitivo, representado como genealogia de um não-lugar diante do mundo, não desfaz o contato com um pólo mais extremo: o da divindade, tomado como inerente ao movimento do corpo mediatizado no *agora*. A fusão *liberdade na salvação* é o ponto de encontro das forças em jogo na trajetória do narrador e poeta da *Saison*, do homem envolvido com o desígnio de sua iniciação, como portador de uma fala a um só tempo atribuível ao plano iluminado, visionário, e à entrega ao instinto, ao instante.

Vidência do instante. Multiplicação do progresso. Os itens do "programa" traçado nas famosas cartas de 1871 encontram-se agora na mesma instância da visão de Deus fora da religião – *"liberté dans le salut"* –, fora das fronteiras determinadas pelo conhecimento científico. Dentro de uma seqüência livre, imprevista (bem demonstrável pelo texto de *Une saison en enfer,* montado entre o alinhamento narrativo e a rítmica poética), na qual os gestos mais viscerais do humano aliam-se à busca da plenitude, de um acesso ao plano da *elevação*, do espiritual, concebendo-se como os mais modernos.

No entanto, a fala do sujeito em "Mauvais sang" é movimento e choque, afirmação de um eu e a entrega a metamorfoses ininterruptas entre o bárbaro e o civilizado, entre a condenação e a liberdade. É sempre dada em uma posição intermediária, que não se deixa fixar em planos do pensamento distantes de uma dinâmica própria à negação, em que se virtualiza a próxima afirmação/mutação (por sinal, a última desta seção narrativa de *Une saison en enfer*);

9. *castigado* – "Basta!" A estratégia da inocência não eleva, não redime o trajeto de uma (e muitas/outras) vida(s) dos ditames do mundo. Os gestos mais pulsantes tendem a se tornar cifra sobre um mapa preciso, francês – "...a vida francesa, o caminho da honra!" (diz a frase final).

Entre a destruição dos valores vigentes em seu século – século da modernidade – e a instauração conturbada da escrita no *agora*, este, como os outros sujeitos da narrativa realizam um percurso irresoluto no que se relaciona à negação e à afirmação do tempo presente.

O que poderia se encaminhar como negação conclusiva – na ação final de "Mauvais sang" – "Eu me mato! Jogo-me diante das patas dos cavalos!" – o narrador transforma em estratégia de um corpo que não cessa de empreender seu aprendizado – "Ah!... Habituar-me-ei a isto" (trad. Ivo: 54). E apresenta a conclusão, a rendição final do *sujeito em devir* (sua "reterritorialização" definitiva), como mais uma possibilidade de ação: "Seria a vida francesa, o caminho da honra!" (*ibid.*).

* * *

A contar dos choques sofridos pela consciência do *fora de lugar* extremo ocupado pelo poeta, pela problematização do corpo e do movimento (a *ação livre* apontada pelos *Communards*) no ingresso à modernidade, Rimbaud radicaliza, com seus sujeitos/ devires, a crítica de Baudelaire aos valores cristãos – à sobrevivência da idéia de pecado original, sobretudo – como o grande entrave às promessas presentes. Promessas atravessadas sempre pelas "recompensas futuras, eternas" (tal como expressa em "L'éclair", um dos poemas finais da *Saison*), que o conhecimento científico e o século do progresso – "Ah, a ciência não progride o bastante para nós!" ("L'impossible") – acabam por projetar ao fim do tempo, da história, como crença pretensamente contrária ao dogmatismo e à superstição. Como está dito em "Matin", penúltimo texto do livro:

> *Quando iremos, além das praias e dos montes, saudar o nascimento do trabalho novo, a sabedoria nova, a fuga dos tiranos e dos demônios, o fim da superstição, adorar – os primeiros! – os primeiros! – o Natal na Terra?*
> *O canto dos céus, a marcha dos povos! Escravos, não amaldiçoemos a vida.*
> (Rimbaud; trad. Lêdo Ivo, p. 75)

Considerando-se o poder de visionarismo implícito ao subtexto religioso de *Une saison en enfer*, por uma via que caminha entre a condenação e a profecia (com os elementos de ruptura, de precipitação, tomados pela palavra profética rimbaudiana, segundo

Blanchot em *O livro por vir*, p. 87-94), a existência do dado da graça, da iluminação, apresenta-se em uma configuração próxima à da *luz órfã*[1], assinalada no estudo a "Les étrennes des orphelins". Melhor seria conceber, ao modo de Gianni Vattimo, como uma *meia-luz*, essa que cada "estação", cada linha projetam como própria da atividade da escrita entendida como evento, e não como estrutura estável da verdade.

> *O âmbito que se abre no evento não tem as características de luminosidade desdobrada – da evidência – da verdade metafísica (...) O verdadeiro que acontece, e cujo acontecer se dá antes de mais nada na arte (primeiro e mais fundamentalmente que na ciência, onde talvez vigore exatamente o princípio da evidência metafísica) é um verdadeiro de "meia-luz"...*
> (1987: 64)

Movimentos errantes da metafísica... O papel profético tantas vezes ameaçado de ser cumprido pelo poeta – "através do ritmo e do selvagem acento (...) essa palavra sempre dita e nunca ouvida que a dobra com um eco prévio", como diz Blanchot, (1984: 94) –, melhor se entende como trabalho iniciado a partir de seu próprio lugar autoral e da subjetividade que se defronta na desordem – o que se pode chamar de *cisões iniciáticas* –, envolvendo o partilhar de experiências extremas, características de um estado básico de ruptura.

Como bem apontou Soshana Felman, a partir da frase clássica, tornada senha de todos os – incluídos os *pós* – modernos, contida em "Adieu", o poema final do livro em estudo – "*É preciso ser absolutamente moderno.*" –, só se mostra possível para a pessoa poética de "Adieu" realizar a repetição das rupturas (ou a circularidade infernal da *negação da palavra*, na visão de Octavio Paz, 1972: 99).

---

1. Quando critica o horizonte contemplado pela França romanesca, opondo a fuga à viagem, Deleuze dá realce à qualidade desbravadora da escrita, que não se direciona para um ponto original, mas na direção contrária a um princípio, substância única para todos os atributos. Não à toa, subjaz a todos os sujeitos/ devires de "Mauvais sang" a figura do órfão, com toda a marcação de posturas, atos, vozes/gestos no que se refere à deserção da idéia totalizante de nação, observável na configuração do espaço físico e no modo como é trabalhada a noção de identidade por uma verdadeira *escrita de linhas de fuga*.

"Como o moderno, que é, por excelência, histórico, relativo, pode escapar à história e ao tempo, e reivindicar um estatuto de absoluto?", pergunta a estudiosa americana de Rimbaud (Felman 1974: 4). A obra rimbaudiana antecipa um esforço de saída da modernidade, cuja efetividade vem sendo discutida à exaustão há algumas décadas. Texto que já contém o futuro de fugas e o silêncio do poeta, e por isto compreensível como maquinação imaginária de uma busca individuadora, certamente *não pessoal*, não exclusiva a um único *eu*, *Une saison en enfer* tem em vista uma insatisfação primitiva no que diz respeito à complexa conquista do presente, à sua anunciada materialização.

A modernidade – absoluta – de Rimbaud é precisamente esse impasse, essa tensão, por meio dos quais o texto descobre a impossibilidade de ser "absolument moderne".

(Felman, *op. cit.*, p. 20)

Como conciliar o conhecimento com a sabedoria? Como trabalhar a ciência sob o dinamismo inerente ao corpo humano? Como harmonizar modernidade e eternidade? Como unir iluminação e *logos*? São estas as indagações prementes e duradouras de Rimbaud.

Mais do que propulsor do novo, aquele que arrebanhado pelas vanguardas do século XX incentiva a sucessão "evolutiva" de descobertas poéticas, Rimbaud torna gritante a falta essencial vivenciada na experiência desestabilizadora de toda a *Saison:* selvageria, inferno, delírio ("Délires" I e II), alquimia e repetição da crise, da irresolução das identidades e das promessas coletivas modernas.

O caráter inaugural, o que transparece como profético, em Rimbaud, faz-se marcar por seu aspecto errante, falível, pelo que se *quebra*, pelo que mostra de terrestre, de mortal, a linguagem da poesia. Diferentemente do mundo – sistema de significados que se lêem de maneira desdobrada na obra –, "a terra é o elemento da obra que se apresenta como sempre novamente se fechando, como uma espécie de núcleo, nunca consumido pelas interpretações, nunca esgotado nos significados..." (Vattimo, *op. cit.*, p. 60).

Assim é que o possível traço profético em Rimbaud – traduzido por Blanchot como "gênio da impaciência e da pressa", (*op. cit.*, p. 94) – não se vislumbra pela transparência classicizante ou pela revelação arrebatadora, apaziguadora, de um acordo final. Da passagem contínua pelas tensões, comuns a toda a *Saison*, o poeta promove, em "Adieu", um ingresso à vigília, à condição inevitável de um pacto com o presente, depois de reconhecido o percurso pelo "*là-bas*" da condenação.

As três últimas estrofes de "Adieu" dão conta do estado incompleto da luz que lança à constatação da aurora, da vigília. Marcado pelos signos cristãos, vigentes e irremovíveis de sua experiência terrena, mortal – a "horrível" árvore da Paixão, a cruz –, Rimbaud, no entanto, mune-se de um *olhar inocente*, possível de captar o influxo de vigor, a ternura, a "ardente paciência", capazes de mover as vozes poéticas da narrativa para fora do circuito condenatório, no ato da marcha. "E, com a aurora, armados de uma ardente paciência, entraremos nas esplêndidas cidades" (trad. Ivo: 77).

Os versos finais do único livro publicado em vida pelo poeta conduzem a primeira pessoa do texto rumo às *esplêndidas cidades* em formação na modernidade – que os textos de *Illuminations* colocarão em foco (como, por exemplo, nos poemas intitulados "Ville" e "Villes") –, e ao encontro (o que implica ação) de uma verdade possuída em um corpo e uma alma desencontrados, inseparáveis, do errante que habita neste e em outros *eus* do livro/transcurso, como um gesto atualizado pela reiteração do movimento, pela realização intermimente de percursos.

Embora assinalado pelas contradições religiosas de seu tempo, o autor de *Une saison en enfer* não fica sem enunciar a fala profética à meia-luz: repetições e cisões de um sujeito em circularidade vertiginosa, confrontado com a "morte de Deus" e uma era pós-metafísica, que não deve ser simplesmente pensada como "o inferno da negação do humano" (Vattimo, *op. cit.*, p. 16).

IMAGEM ILUMINADA

Cintilações, sóis duplos, ó grandezas,
(...) um dom dos anjos informados
que eu sou antes de mim...

(Jorge de Lima, *Invenção de Orfeu*, Canto VII)

A leitura de *Illuminations* pressupõe o enfrentamento de alguns debates, primeiramente daquele em torno da data de sua escrita, essencial para a compreensão do percurso, não apenas poético, do autor. Situada como anterior a *Une saison en enfer*, a obra favoreceria o aspecto não somente de testemunho, mas de testamento, contido em "Adieu", último poema do volume, passando com isso a ser entendido como o adeus literário de Rimbaud. Tal tese, esposada por Paul Claudel e René Etiemble – só para dar dois exemplos fortes; o primeiro enraizado em uma interpretação espiritualista, o outro na desmistificação desta e dos "outros" Rimbauds –, vem sendo desmontada desde 1949, pelo pioneiro e consistente estudo de Bouillane de Lacoste (*Rimbaud et le problème de* Les Illuminations) e, mais recentemente, com o reforço de *Poétique du fragment* (1985), de André Guyaux.

Illuminations deve ser compreendido como um livro escrito durante viagens realizadas na Europa – principalmente na Inglaterra, desde o ano de 1872, quando o poeta esteve lá pela primeira vez em companhia de Verlaine. Apesar da imprecisão no que se refere à localização da obra na trajetória de Rimbaud, o período em que ele elaborou seu último conjunto de textos varia entre o ano de sua viagem a Londres e 1875 (ou 1878?, um pouco antes da partida para a África, como indaga Alain Borer demarcando na criteriosa edição das obras completas a datação impossível da obra, embora prefira situá-la anteriormente à *Saison*).

Penso que o motivo maior de tal indeterminação, responsável pela polêmica mantida acerca do lugar e do tempo das *Illuminations* na obra/vida do autor, diz respeito à sua composição demorada e fragmentada, já que foi entremeada ao longo desses anos pela escrita e a publicação, em 1873, de *Une saison en enfer*, um arrebatador *intermezzo*, suficiente para turvar o entendimento da

93

longa e especial preparação da obra. Este processo de escrita realizado aos pedaços imprime seu caráter fragmentário, assim como também o *continuum* nada linear de sua recepção e edição. O mais certo a dizer sobre o lugar das duas obras no tempo seria, como o faz Patrice Loraux, que "*Les Illuminations* e *Une saison* são, cada uma sucessivamente e simultaneamente, anteriores uma à outra" (Loraux 1993: 79). Compostos de folhetos não datados, não numerados, não submetidos, pois, a uma ordem, os manuscritos de *Illuminations* chegaram às mãos de Felix Féneon, encarregado de publicá-los na revista *La vogue,* editada por Gustave Kahn, em 1886, "sob uma espécie de maços de folhas (...) volantes e sem numeração – um jogo de cartas!", segundo o depoimento do próprio editor em carta a Bouillane de Lacoste (Lacoste 1949: 138). Foi Féneon quem estabeleceu a ordem dos poemas, diferente daquela publicada na revista, quando os reuniu, meses depois, em uma *plaquette*. A partir dessa organização, Bouillane de Lacoste, o primeiro grande estudioso e editor do livro, propôs outra, que passou a ser seguida pelas edições das obras completas, não obstante seus critérios subjetivos.

O arbitrário regula a apreensão dos textos concebidos, entretanto, pelo autor para serem publicados conjuntamente, tal como se observa à leitura de alguns títulos bastante avizinhados em espírito e composição, formando núcleos no interior do livro. Há afinidades entre os poemas, uma "força de ligação" possível de indicar uma seqüência de leitura, como a que se nota na série composta por "Ville" e dois poemas intitulados "Villes", ou entre "Jeunesse", "Vies", e também "Enfance", formando, neste caso, o que Antoine Raybaud chamou de "Idades da vida" (Raybaud 1989: 167-186).

No entanto, Dominique Noguez faz lembrar a não-continuidade promovida pelos textos em prosa – com a exceção dos versos livres de "Marine" e "Mouvement"[1] –, refratários à urdidura de uma narrativa, diferentemente do que ocorre em *Une saison en enfer.* Tal como faz cada novo crítico, ao apropriar-se do texto móvel e fragmentado, escrito e recopiado pelo autor – e também por outro, como Nouveau –, Noguez também sugere uma ordem, no caso a simplesmente alfabética, na tentativa de atenuar o arbitrário da ordem dos poemas por meio de uma simples convenção, "que coloca cada fragmento na mesma distância do centro invisível da totalidade" (Noguez, nota em *Œuvre-Vie,* p. 1.186).

O que importa na ordenação que se dá à obra é a possibilidade de os textos serem lidos em uma outra disposição, permitindo um deslocamento que "rompe amarras invisíveis, afinidades 'enferrujadas' com os textos vizinhos, e que cria novas vizinhanças". (*ibid.*) O estabelecimento de outra ordem de leitura pode criar, como percebe a estudiosa, "novas afinidades, novas similitudes, e aclarar novamente o sentido do conjunto" (*ibid.*). Outra matéria de debate diz respeito ao título da obra, que, embora não haja provas de que tenha sido dado pelo autor – a não ser por testemunhos como o de Verlaine, próximo de Rimbaud quando da gênese do projeto –, fez-se acompanhar da indicação em inglês – *painted plates* ou *coloured plates*. Por ser "*enluminures*" a tradução francesa de "*painted plates*", a confusão entre a palavra e "*illuminations*" acabou surgindo, de modo a estimular por parte da crítica a escolha por uma ou outra interpretação do sentido nuclear do livro fragmentário de Rimbaud – de um lado, a adoção tãosomente do dado pictórico, presente nas "iluminuras" (designação que resumiria, em parte, o traço religioso contido na palavra "*illuminations*"); de outro, a ênfase espiritualizante, que agarra a revelação, as "iluminações", como via majoritária.

André Guyaux percebeu muito bem a feliz fusão que traz o título do "*recueil*" inacabado de prosa/poesia, ao unir o ato de "*enluminer*" (ilustrar) ao de "*illuminer*" (aclarar). Há entre os dois verbos ou, melhor dizendo, entre os dois termos da escrita de *Illuminations* um intercâmbio profundo, sempre surpreendente, aproximando o traço definido, fixo, da visualidade da iluminura ao da instantaneidade epifânica, resultando em uma terceira possibilidade, que conjuga *luz* e *imagem*, como bem exibem os pictogramas dinâmicos de que se constituem os 42 escritos poéticos do livro.

A obra parece ser bem compreendida quando Jean-Luc Steinmetz, ao estudar as variantes da expressão "*painted plates*", nota, mais do que em "*enluminures*", algo próximo a uma sucessão de quadros em movimento – "*plaques coloriées*" projetadas em uma tela ou uma parede lisa.

> Plates *quer dizer pratos pintados (?), "placas" ou ainda "pranchas". Coloridas? Pintadas? Sou tentado, da minha parte, a ver a indicação de um dispositivo mais complexo, muito próximo do trabalho do sonho (...)* Em Une saison en enfer*, Rimbaud*

95

faz referência uma vez à lanterna mágica ("La lanterne nous le montra [...]")... Pergunto-me se um certo número de Illuminations *não funcionam segundo um tal mecanismo – por analogia. Sem recusar o sentido primeiro de iluminuras, que assegura o gosto de Rimbaud (atestado por seus poemas de 1872) por certos espetáculos ingênuos, por histórias populares, por cenas de contos, percebo mais precisamente nesses "pratos pintados" ou nessas "iluminuras" uma luz, colocada por trás, que os projeta aos olhos do leitor e, talvez, deste primeiro leitor que foi Rimbaud...*
(Steinmetz, prefácio a *Illuminations* 1989: 12)

Embora ressaltável, o dado pictórico contido em títulos indicadores de paisagens, quadros ou cenas como "Les ponts", "Fleurs", "Marine", "Aube", "Scènes", "Fête d'hiver", expande-se para além da coloração, das dimensões da iluminura. O poeta faz uso de uma imagem dinâmica, de uma "escrita projetiva", como define Steinmetz, muito mais aproximada de um sentido de maquinismo, de um dispositivo técnico da luz.

Em *Le poème en prose de Baudelaire jusqu'à nos jours*, obra que desde a época de sua publicação se constitui na mais acabada reflexão sobre o poema em prosa, Suzanne Bernard destaca o autor de *Illuminations* entre os praticantes desse gênero literário, a começar pelo pioneiro *Gaspard de la nuit* (1842), de Aloysius Bertrand, por tê-lo tornado forma aberta à inclusão de outros gêneros (a relação entre literatura e pintura é trabalhada, de modo inaugural, por Bertrand) "e de contornos muito variados" (1959: 178), como praticou também Baudelaire em *Petites poèmes en prose* (*Le spleen de Paris*). No entanto, Bernard observa em Rimbaud a disparidade de tom e forma, a descontinuidade, o aspecto não-conclusivo de seus poemas em prosa e o deslocamento perpétuo do *décor*. Chega ela assim ao ponto-chave dos textos rimbaudianos:

...e onde Baudelaire bane o vegetal irregular, Rimbaud, transbordante de vitalidade, faz apelo a todas as formas de existência, não banindo nada, nada selecionando. Ele não constrói por eliminação, acolhe o maior número de elementos possíveis (...) com uma 'telescopagem' que reduz os mais vastos espetáculos às dimensões de um breve poema em prosa.
(*op. cit.*, p. 187)

Projeção de imagens, lanterna mágica (na visão de Steinmetz), o certo é que esses poemas têm luz "projetada por trás" (*op. cit.*, p. 12), ampliam o campo da visualidade na literatura, mesmo aquele aberto pelo poema em prosa nas dimensões de Bertrand e Baudelaire, de forma a constituir um gênero ou uma modalidade de escrita cuja capacidade de operar deslocamentos no espaço e no tempo só se mostra viável ao cinema – arte da luz –, que o poeta, então, intuía. Rimbaud, em *Illuminations*, não antecipa apenas o cinema experimental, como pensa Dominique Noguez, vendo os filmes de Kenneth Anger, Brakhage, Tougas ou Teo Hernandez e afirmando que hoje "ele teria sido também cineasta underground" (*op. cit.*, p. 1.184), mas tão-somente o cinema. Ou o vídeo. Ou o computador, ou qualquer outro equipamento que produza imagens em movimento, considerando-se o envolvimento da arte de *Illuminations* com a luz, dentro de um espectro de possibilidades técnicas bem apontado por Paul Virilio, que vai desde os fogos de artifício, passando pela lanterna mágica de Athanase Kircher e pelo diorama de Daguerre,

> *até às recentes manifestações de "luz e som", sendo o próprio nascimento do cinema inseparável do desenvolvimento da luz artificial e das famosas "lâmpadas de arco voltaico", necessárias tanto à captação de imagens em estúdio como à projeção nas salas das obras filmadas.*
>
> (1993: 23)

As referências a técnicas e espetáculos "inseparáveis da luz", informam, como veremos, os textos poéticos de Rimbaud, e encontram hoje correspondência com os efeitos produzidos pela *videoscopia*, além da *telescopagem* proposta por Suzanne Bernard. O que representa um forte indício da ligação do poeta com os aparelhos de instrumentação ótica, com as técnicas de aproximação e concentração do que é distante ao olhar, extensiva a toda série de artefatos, de que foi pródigo o século XIX, precursores do cinema, como o panóptico, o cinetoscópio e outros aparelhos que realizam a ampliação, a profundidade, o relevo e o movimento dos objetos.

As transformações trazidas recentemente pelo vídeo no campo da visão acabam por viabilizar a "constituição de uma localização instantânea e interativa, de um 'novo espaço-tempo' que nada tem em comum com a topografia, com o espaço das distâncias geográficas ou simplesmente geométricas" (Virilio, *op. cit.*, p. 13).

Mostram-se estar, pois, em sincronia com a exposição/revelação das dimensões tomadas pelo espaço e pelo tempo, da forma como estão dispostas no interior da forma curta, concentrada, do poema em prosa rimbaudiano. Dimensões de profundidade, por exemplo, referentes ao "tempo de exposição" – *cronoscopia*, em lugar do tempo da sucessão cronológica clássica –, a um "instante-presente" que "não tem outro limite além da rapidez de emissão dessas 'ondas de realidade' que constituem não apenas a imagem, mas também a coisa representada..." (*op. cit.*, p. 84).

Interessante é observar que, se o complexo dispositivo imagético de *Illuminations* torna-se progressivamente esclarecido sob o foco técnico da luz, vertido desde os fogos de artifício presentes nos espetáculos públicos, passando pela lanterna mágica, até a *luz indireta* videográfica, a *iluminação* lê-se também como fulguração de uma ordem interior, reveladora, conectada com o autoconhecimento por meio de sinalizações míticas, mágicas. Há, certamente, na obra fragmentária de Rimbaud, textos que se ajustam mais ao traço expositivo do espetáculo, das radiações dinâmicas da luz, e outros que se situam na esfera da epifania; existem outros que conseguem conjugar os dois vértices projetados pelo termo *illuminations*, chegando, nesses casos, a constituir o que se poderia chamar de uma *techgnosis* (por exemplo, "Veillées", a série "Villes", "Promontoire", "Mouvement", "Soir historique", "Métropolitain" e "Marine").

Resultam na aliança entre o conhecimento gnóstico – acepção autônoma do misticismo, que marca a formação do poeta na trilha dos escritores e mestres da tradição ocultista do século XIX – e aquele propiciado pela técnica. A relação *gnose* e *tecnociência*, como bem estuda o sociólogo Hermínio Martins, é inerente à ciência moderna, que nasceu sob a égide de correntes "místicas, mágicas e míticas" (Martins 1996: 177), o que a alquimia aponta, no que diz respeito ao estudo, às experiências do verbo em Rimbaud.

Conhecimento por meio de imagens, a *gnosis* em *Illuminations* deve ser apreendida como *informação*, no sentido contemporâneo que o termo possui. Como frisa Hermínio Martins, "informação e luz estão estreitamente relacionadas – a informação da tecnologia eletrônica é transmitida à velocidade da luz" (*op. cit.*, p. 181).

Observando as conexões multidimensionais efetivadas pelo espaço da informática, no qual já se encontra acessível todo um aparato aberto à imaginação por parte dos *designers* da computação, ao configurarem, não por acaso, referências mitológicas, metafísicas e aquelas provenientes dos arcanos do esoterismo, o estudioso americano Erik Davis constata a existência de uma "memória mágico-mecânica" (1993: 590).

Para ele, a presença da *techgnosis* conduz à reflexão de que o vínculo com o que chama de "anjos da informação" mostra-se mais e mais acentuado na era da alta tecnologia como processo inevitável das conquistas do campo da informática, ao contato com dimensões imateriais, essenciais ao conhecimento.

Gnosis *surge também sob a forma de* informação*: uma explosão súbita de dados que é idêntica ao reconhecimento imediato de que tal informação existe.*

(*op. cit.*, p. 604)

O que importa desde logo ressaltar a respeito de Rimbaud é o fato de que sua época, como a nossa, caracteriza-se por um *misticismo assistematizado* (o termo é do crítico inglês Wallace Fowlie), devendo-se as intuições do poeta mais ao fato de que "ele é antes emocionalmente cegado do que espiritualmente iluminado pela visão" (Fowlie 1953: 146). Não pode ficar sem realce o caráter de vertigem, de delírio – como bem demonstram as *alucinações simples* componentes de "Alquimia do verbo" –, tomado por essas iluminações, antes de tudo, modernas. Cabe, no entanto, dar ênfase ao aspecto de conhecimento que toda sua obra comporta, acrescido em *Illuminations* das proporções técnicas e imateriais, coletivas e individuais, sagradas e profanas, alcançado sob a metáfora/metamorfose da *luz.*

O sentido de *informação* diz respeito à visão plurissignificante de um texto envolvido com "uma estranha e memorável energia", apta a "conectar e unir todas as forças divergentes do universo" (*op. cit.*, p. 140). Sob a intensa marcação imagética de poemas em prosa, Rimbaud compõe e recompõe a ordem do sagrado – como diz W. Fowlie – "rápida e flamejantemente" (*op. cit.*, p. 137), entre outros planos do conhecimento contidos no estoque de referências, citações e associações acionado por uma sensibilidade, por assim dizer, informacional.

Daniel Grojnowski lembra o importante papel desempenhado por revistas na formação do poeta, álbuns publicados em fascículos, "jornais ilustrados" tais como *Tour du Monde, Journal de la jeunesse* e, sobretudo, *Le magasin pittoresque* (também apontado por Augusto Meyer como leitura imprescindível para a compreensão de um poema como "Bateau ivre". V. "Bibliografia sobre Rimbaud"). Nos textos de *Illuminations*, Grojnowski nota uma "acumulação de seqüências que parecem projetadas pelo prazer de ver e sonhar: países, paisagens, edifícios, etnias de toda espécie (...) a imagética em ruptura com o academicismo reivindica sua dependência a tudo que venha inspirar a fábula dos tempos modernos" (1984: 107). O crítico acentua que: "O material de *Illuminations* concerne a um campo cultural de amplitude maximal, aberto ao presente..." (*ibid.*).

Embora a poesia, em *Illuminations*, formule-se como escrita acessível à rede de referências as mais variadas do texto-mundo e a seus sinais-imagens – uma intervenção recriadora sobre a matéria iconográfica e textual de seu tempo –, o autor segue um pressuposto básico da "Carta do Vidente" ou "Visionário", que é o de dar imagem ao que ainda não a possui, de dar a forma ao *informe* – "Se se trata do informe, o poeta lhe dá a forma". É marcante na obra a disponibilidade do poeta para a captação das esferas mais obscuras da razão – em franca oposição à tradição iluminista dos séculos XVII e XVIII – "e o mais luminoso mundo das visões" (Fowlie, *op. cit.*, p. 135).

No caminho contrário ao do "intelectual", que é o da redução do inusual, do "sobrenatural", como nota Wallace Fowlie (*op. cit.*, p. 147) – em uma estratégia que o situa em um espaço que é "algo além da literatura", disse Félix Fénéon ao reunir pela primeira vez os textos de *Illuminations* (*apud* Noguez, *Œuvre-Vie*: 1.185) –, o poeta possibilita a visão, a "hora das maravilhas", no dizer de Jean-Luc Steinmetz[1], eternas e modernas, *agora* (em uma paráfrase da frase final do poema "Dévotion").

Magia e técnica, postulados da ensaística benjaminiana, são levadas a termo de exposição e experimentação por Rimbaud, que intenta ver o todo imagético e imaginário da civilização. Visão das

---

1. "A l'heure des merveilles", prefácio a *Illuminations – Œuvres III*. Paris: Flammarion, 1991. p. 7-39.

maravilhas – colossos, enormidades, massas de informação e acessos – e de "*malheurs nouveaux*" (tal como expressa "Génie"). Instante-luz, nascido sob um "horrível" (da forma como está proposto na "Carta do Visionário") e tortuoso trabalho – "*aux supplices* (...) *aux tortures*", como ocorre em "Angoisse" (Rimbaud: 358). Sua poesia opera, desde "Les étrennes des orphelins", com grande domínio técnico, a *luz*, a contar da imersão na obscuridade e da supressão de fronteiras do que se erige como real.

Poesia/Cinema/Cidade

...as imagens são um misterioso tráfico...
(Al Berto, "Vestígios do poema morto/Arthur Rimbaud")

Em artigo publicado na *Folha de S. Paulo*, o cineasta Arnaldo Jabor evidenciou a antevisão do cinema em uma fotografia tirada por Rimbaud em Áden (Arábia). No interior da foto (1883), que retrata um homem sentado – não se sabe bem se um vendedor ambulante de café ou se um mendigo –, entre utensílios e objetos em ruínas, há, por um segundo, o movimento de seu rosto, "um leve desfoque na cabeça do abissínio", (Jabor 1991: p. 5-3) tornando o quadro focado pelo poeta-fotógrafo "um flagrante, mas não de um fato ou ação" (*ibid*.), e sim de uma imobilidade.

Mas uma imobilidade que parece mover-se, ferver nas moléculas como um quadro de Van Gogh ou o trecho de um travelling *de Resnais. Não capta o movimento de algo precioso; apenas um homem no chão, parado. A foto quer sugar o inerte. Diz-se que a foto foi tomada do balcão da loja em que o poeta trabalhava, em Aden. Isto transforma a foto num "contracampo", um espelho do mundo de Rimbaud, um avesso. De um lado, um europeu fugitivo com um aparelho moderno, de outro, o milênio. Na hora da foto, Rimbaud está de respiração suspensa, captando este painel do Tempo à sua frente (...) O indício de que existe o Tempo é seu rosto em movimento. O cinema está ali no seu rosto; o resto é fotografia.*

(*ibid*.)

Este trecho do artigo de Jabor demonstra que, na fase posterior à escrita e à vida na Europa, Rimbaud continua em ação, interessado pelo conhecimento, pela técnica – como comprovam as várias cartas enviadas de Áden e Harrar (Abissínia, atual Etiópia), nas quais solicita à família e a conhecidos o envio de obras como *Manual completo do fabricante de instrumentos de precisão* e *Construções métalicas*, para falar apenas de duas, entre inúmeras outras listadas –, exercitando já a fotografia. "Encomendamos um aparelho fotográfico, e enviarei a vocês vistas do país e das pessoas", diz uma carta de 15/1/1881 (Rimbaud: 492), início do projeto de um livro, intercalado de fotos, sobre Harrar e os Gallas (muçulmanos dos platôs abissínios), a ser submetido à Sociedade de Geografia. E, na prática fotográfica, como bem percebe o cineasta, ele deixa escapar um interesse em sua própria superação, pois a captação do homem sentado, na Arábia, orienta-se na direção de um flagrante fílmico.

Nada mais de acordo com a apreensão do movimento a partir do que é estático e fotográfico do que a prosa/poesia de *Illuminations*. O aspecto dinamizador da escrita presentifica-se na mescla criativa da prosa com a poesia, pelo uso que faz do narrativo, das descrições intencionais de lugares e cenas, integrantes de um grupo formado por "Scènes", "Villes", "Les ponts" e "Ornières". (Ou de *quadros* intencionalmente pictóricos, que desbordam de suas molduras, caso de "Mystique" e "Marine").

A partir da precisão detalhada de um lugar, de sua espacialização, vai sendo aberta uma trilha – um foco perceptível desde o início de "Ornières", que, sem interrupção, culmina nos "mil rastros rápidos" (trad. Lopes e Mendonça: 47).

À direita a aurora de verão desperta as folhas e os vapores e os ruídos deste canto do parque, e as encostas à esquerda retêm em sua sombra violeta os mil rastros rápidos da trilha úmida.
(Rimbaud; trad. Lopes e Mendonça, p. 47)

Culminação do movimento: no interior de uma mesma frase, são apreendidos, sem cortes, os ruídos e os recantos do parque, assim como a luz/cor da sombra violeta até a imagem final, ininterrupta, de "*mille rapides ornières*", à maneira dos "turbilhões de luz", trazidos por "Marine".

Texto centrado no *descritivo*, "Ornières" deixa ver a rápida circulação dos elementos, que prolongam as informações iniciais sobre um espaço, uma cena, amplificando-as em um efeito vertiginosamente visual. O presente da narração de "Ornières" significa apenas o tempo de uma *passagem*, do trajeto de imagens – um verdadeiro cortejo, deve-se dizer – que nada têm de precisas no que diz respeito às suas fronteiras e à sua duração.

A informação, logo a seguir, de que esta seqüência inicial se resume como um *"Défilé de féeries*"/"Desfile de encantamentos", vai permitir o surgimento de imagens em cortejo, relacionadas a espetáculos de parques de diversão – "De fato: carros carregados de animais de madeira dourada, de mastros e telas de cores berrantes, no grande galope de vinte cavalos de circo malhados" (trad. cit, p. 47) –, definidas, após um travessão, como integrantes de uma "pastoral suburbana" (*ibid.*). A frase final de "Ornières" acaba por incluir no trânsito dos "mil rastros rápidos da trilha úmida" a surpresa de um desfile funerário:

> — *Até caixões sob seus dosséis noturnos ostentando penachos de ébano, na cadência do trote de grandes éguas azuis e negras.*
>
> (*ibid.*)

Féerie e féretro, a seqüência promovida por "Ornières" combina descrições naturais com a sucessão de gestos e cores provenientes dos espetáculos populares, sob o andamento da *multiplicidade* e da *velocidade*, como sugere a imagem-chave – "*mille rapides ornières*". Chega mesmo a conter "caixões sob seus dosséis noturnos" (trad. cit.) este breve espaço textual, ágil o suficiente para registrar a imprecisão quanto ao real/irreal, ao dia/noite, à vida/morte, tendo em vista as passagens bruscas de um a outro plano. O caráter de construção imagética é mantido até o final do texto – até mesmo a cerimônia de sepultamento ostenta sua reverência ao espetacular –, sendo aí privilegiado, como em um flagrante, o desfile dos cavalos no féretro, de modo a ser captado o ritmo dos percursos, a sucessão rápida dos rastros/sulcos, não interrompidos mesmo com o ponto final – plano de uma seqüência em aberto, "*au trot...*".

Escrita contínua, multiplicada e sem cortes – "letra hostil à clausura", diria R. R. Hubert (1984: 154), é esta de "Ornières". O texto parece conduzir-se pelo puro movimento das linhas/frases, que formam seqüência a partir de um único gesto, da imagem-núcleo aberta em *sulcos*, a mil, sobre a superfície da página. Gesto tornado imagem, acrescentar-se-ia, de olho nas espirais formadas pelas faixas horizontais do enunciado verbal, narrativo-descritivo. Para ser visto. A combinação de prosa e poesia resulta na elaboração de um texto-imagem no qual se manifesta a presença "de uma certa luz, de uma radiação interna, como se o texto irradiasse seu próprio brilho" (Steinmetz 1990: 66). Nele, torna-se visível a passagem de um tempo simultâneo, "aberrante" (pensando com Deleuze, estudioso do cinema em *L'image temps*), misto de morte e festa, de um dia – "*A droite l'aube d'été...* –, que deixa projetar em uma única e súbita seqüência sua própria noite.

Tempo existente em função da transmissão de imagens – tempo de invocação e transfiguração coetâneas (mostram também "Après le Déluge" e "Dévotion", no mesmo livro) –, em função de um olhar possível apenas à velocidade e à luz internas da escrita, ao concentrar-se em sua "potência performativa" (Steinmetz, *op. cit*, p. 67).

Ele deixa ver o invisível não através do velho procedimento retórico da simbolização, da personificação, mas por seu modo de cercar fisicamente, coloridamente a essência das coisas, dos instantes (...) Projeção de um novo mundo, como sem antecedentes (malgrado todos os materiais paródicos e intertextuais). É, a cada vez, uma placa colorida que aparece animando tudo.

(ibid.)

Se em outros poemas de *Illuminations* as referências à luz apresentam derivações que vão do verbo "*allumer*", primitivamente relacionado, em "Après le Déluge", à Feiticeira – "*qui allume sa braise dans le pot de terre*" (Rimbaud: 328) – e chegam a alcançar o efeito de um diapositivo (segundo a leitura de Steinmetz no ensaio citado), de "*éclairage*", no sono/vigília de "Veillées", o que se nota no espaço complexo tecido ao ar livre de "Ornières", assim como no circuito não-linear das passagens urbanas de "Villes (II)", é aquilo que Rimbaud define, neste último texto, como "*air de lumière*" (Rimbaud: 348). Trata-se da luz-ambiente interiorizada pelo poeta dentro da compreensão de uma *ótica ativa* (Virilio 1993: 20), plenamente configurada com "*l'air de temps*" populoso das metrópoles modernas, cujos "colossos" e, também, "barbáries", a escrita de

Illuminations expõe: "A acrópole oficial excede as mais colossais concepções da barbárie moderna" (trad. Lopes e Mendonça: 53). O texto de "Villes" monta-se como o longo e único percurso de um narrador que, em sua função intencionalmente descritiva, pode ser compreendido como um narrador-apresentador. O poema atinge aqui o raio de uma *circulação* por ambientes e monumentos variados de uma metrópole (semelhante a Londres, como ocorre também em "Ville", no mesmo livro), nada distante do rastro deixado pelos sulcos em "Ornières", de uma *escrita em ação*, que se concebe como *performance*. (Antes do ensaio de Steinmetz, a obra do americano Nathanael Wing -- V. "Ref. Bibliográficas" – já se centrava sobre este fundamento em sua leitura de *Illuminations*.) Gesto, imagem e movimento de uma seqüência de frases, que se lê como *percurso* no interior do espaço de excesso, proliferante, representado pela cidade moderna.

> *Com um gosto singular para o exagero, todas as maravilhas clássicas da arquitetura foram reproduzidas. Assisto a exposições de pintura em locais vinte vezes mais vastos que Hampton Court. (...) Com o agrupamento de edifícios em squares, pátios e jardins privados, eles dispensaram os cocheiros. Os parques representam a natureza primitiva trabalhada com arte soberba. O bairro alto tem partes inexplicáveis: um braço de mar, sem barcos, estende sua toalha de granizo azul entre o cais estocado de candelabros gigantes. Uma pequena ponte conduz à uma passagem secreta logo abaixo da cúpula da Sainte-Chapelle. Essa cúpula é uma armação artística de aço com cerca de quinze mil pés de diâmetro.*
>
> *(...)*
>
> *O bairro comercial é um circus num só estilo, com galerias em arcos. Não se vêem mais as lojas, mas a neve na calçada está pisada; alguns nababos, tão raros como os passeantes em Londres domingo de manhã, dirigem-se a uma diligência de diamantes. Alguns divãs de veludo vermelho: bebidas polares são servidas a um preço que varia de oitocentas a oito mil rúpias. À idéia de procurar teatros nesse circus..."*
> (Rimbaud; trad. Lopes e Mendonça, p. 53)

A revolução tecnológica ocorrida na arquitetura, a transformação do espaço operada pelo urbanismo, em Londres – hipótese lançada pelo próprio poema –, ou qualquer outra grande cidade moderna, no século XIX, comparecem em "Villes (I)", ao modo explícito de uma construção – descrição de cenários metropolitanos –, e também de uma encenação, o teatro das ruas, em seu sentido de circuito/circulação, onde *circus* é a palavra básica. A arquitetura da cidade é projetada pelo poema/descrição em prosa com todos os seus recursos de detalhamento, apresentados de modo sucessivo e labiríntico, ao servir-se de um personagem – um *descritor* (como o define Raybaud) – tomado pelo movimento, passante da cidade e força atuante sobre o texto.

O que já se observa na primeira produção poética – os chamados "escritos de Douai" – como *walk writing* continua a exercer em *Illuminations* – e neste exemplo menos transparente, que é "Villes", imerso nas camadas descritivas, textuais – sua força de atualização, desta vez no circuito das grandes metrópoles modernas: uma escrita concebida em função do trajeto físico, dos percursos e das passagens.

Escrita, à altura de "Villes", irrompida da construção objetiva e objetal – para se falar nos termos do artista plástico Hélio Oiticica, quando ele pensa não mais "na obra antiga, peça única (...) a totalidade de uma idéia-estrutura" (1986: 118), e sim na transformação do conceito do objeto – a própria cidade como objeto –, de modo a torná-lo um processo sempre nascente de participações e significações –, alcançada pela combinação entre prosa e poesia em *Illuminations*. Assim, é dado cumprimento ao projeto baudelairiano, já existente no *Spleen de Paris*, de criação de uma

> *prosa poética, musical, sem ritmo e sem rima, bastante maleável e bastante rica de contrastes para se adaptar aos movimentos líricos da alma, às ondulações do devaneio, aos sobressaltos da consciência... É sobretudo da freqüentação das grandes cidades, é do cruzamento de suas inúmeras relações que nasce este ideal obsessor.*
> (Baudelaire 1995: 275-276)

Lembrando-se de que este "ideal obsessor" está configurado para Baudelaire em "The Man of the Crowd" de Poe, a presença do contista americano também pode ser notada na leitura de "Villes (I)", seja pelo esquadrinhamento da "cidade enorme" (técnica do conto moderno e variante do poema em prosa, ao mesmo tempo em que é método de conhecimento da vida urbana) realizado pelo apresentador/descritor, seja pelos obstáculos com o "não-saber", enfrentados pelo sujeito lírico e personagem do poema em prosa – "Impossível exprimir o dia fosco produzido por este céu imutavelmente cinza (...) acreditei ter uma idéia da profundidade da cidade! Eis o prodígio que não pude explicar: quais os níveis dos outros bairros acima ou abaixo da acrópole? Para o estrangeiro de nosso tempo, o reconhecimento é impossível" (Rimbaud; trad. Lopes e Mendonça, p. 53).

Tal confronto, surgido em Poe, quando da perseguição ao "homem da multidão", conclui-se como enigma diante da enormidade e complexidade da metrópole. Do mesmo modo como Baudelaire se forma poeticamente como leitor/tradutor/autor, a partir da obra de Poe (como estuda Michel Butor no livro *Histoire extraordinaire*), pode-se dizer que Rimbaud segue, na trilha da perseguição/iniciação ilustrada por "The Man of the Crowd", os passos deixados por Baudelaire na metrópole parisiense, só que os alargando em outras *cidades enormes*. Ao acompanhá-los, o jovem poeta mostra um reconhecimento de todo o processo que envolve *escrita* e *caminhada* na literatura moderna, fazendo, então, outra tradução de Poe, na qual é predominante a imagem do *maelström,* turbilhão marinho ou vórtice, comum nas regiões nórdicas ("A Descent into Maelstrom", conto de Poe, já se mostrava presente no Rimbaud de "Bateau ivre" e também em peças do livro em estudo, como "Marine" e "Ornières").

Só se torna possível falar, a respeito da leitura/escrita de Rimbaud, de uma *flânerie* radical – considerando-se o curso de 24 horas de caminhada por uma grande cidade (Londres, no caso de "The Man of the Crowd", e também no de "Ville" e, claro, de "Villes I"), em seus pontos centrais e nos mais retirados – alcançada pela perseguição ao homem da multidão, a ponto de mostrar que, no interior desta, não há enigma a ser revelado, ao final. Ou, melhor dizendo, o enigma do personagem-título do conto é não ter outro enigma senão o de habitar a multidão, sob a variação de seu passo impreciso e contínuo, não possuindo, pois, um lugar de pouso, um lugar determinado dentro dela.

O que é valorizado por Rimbaud na leitura de "The Man of the Crowd" trata-se justamente da desorientação quanto ao lugar de observação a respeito da multidão urbana. Deve se registrar que *Illuminations* são marcadas por uma escrita em trânsito, realizada em um período de viagens européias (Londres, Stuttgart, Milão, Bruxelas), nas quais, em continuidade à *walk writing* realizada no espaço da natureza, a deambulação amplifica-se, passando a ocorrer um "desdobramento de aparições" (Raybaud 1987: 113), bem próximo do "simultaneísmo tumultuoso" (*op. cit.*, p. 115), característico da nãodelimitação de lugares e referências diante dos choques citadinos.

O poeta inaugural que é Baudelaire, interessado no aspecto técnico-científico do conhecimento, do novo *élan* criador do homem na idade industrial – como nota Jauss, em estudo essencial sobre a modernidade e a poesia (1978: 206) –, tem muitas de suas intuições ampliadas, poucos anos depois, por *Illuminations,* em um andamento mais próprio à *"vitesse irréelle"* (Sacchi 1986: 121) com que as imagens se sucedem na tela – não mais *tableau* (*Tableaux parisiens*) – da grande cidade.

Antoine Raybaud observa nesses textos, com propriedade, a presença de um maquinismo "processado como o regramento de uma dispersão" (*op. cit.*, p. 112). O crítico nota que uma "engenharia" está presente na obra, fundada sobre o modelo das máquinas mecânicas ou dos módulos estandartizados, exibidos no Palácio de Cristal montado por Paxton em Londres, para a "Exposição Universal" de 1852.

> *Esta fábrica, aqui, do poema, segundo a fórmula paradoxal de uma* Meccano *do heteróclito, é um exercício de representação, uma contribuição ao trabalho poético, cujo "ideal obsedante", segundo Baudelaire, vem da freqüentação das cidades "enormes": e-normes (fora de normas), ao mesmo tempo nova racionalização e nova desmesura urbanas, mecânica de um caos de épocas e memórias, de aparições e surpresas, de escala e de percepção.*
>
> (*op. cit.*, p. 112-113)

A adesão de Rimbaud à multiplicidade, indissociável de um mundo regido pelos maquinismos, pela produção em série (aspecto da reprodutibilidade, que para W. Benjamin dissolvia a aura da obra única e autônoma do artista), orienta-o para a aplicação sistemática do contágio entre natureza e técnica como conhecimento da cidade e da poesia, amplificando as intuições pioneiras do autor de *Fleurs du mal*.

O que mais se faz notar nos textos explicitamente urbanos de *Illuminations* é o modo como incorpora em sua composição as dimensões desmesuradas da metrópole, onde as multidões afluem e a evocação do mundo comparece como *dado*, informações em massa, percursos mais ágeis no espaço e no tempo, operados pela "força produtiva da vida moderna", salientada por H. R. Jauss (1978: 206) como interesse existente na poética de Baudelaire. Daí a espessura urbana, o aspecto massivo, e maciço, deste texto informacional (não à toa, o poeta atua como *descritor*, tanto no aspecto da objetividade contido na descrição, quanto na demolição da escrita descritiva, no ato de "desescrever"), produtivo, no sentido que fala Antoine Raybaud do "regramento de um desregramento, por meio do qual é produtivo (de representações novas)" (*op. cit.*, p. 114). E isto feito em um andamento no qual não mais se reconhece o sentido de representação.

A presença de Rimbaud ressoa quando Benjamin observa em "A obra de arte na era de sua reprodutibilidade técnica" que, à medida "que as obras de arte se emancipam do seu uso ritual, aumentam as ocasiões para que elas sejam expostas", (Benjamin 1980: 173), vendo o cinema como o maior exemplo do "valor de exposição" (*ibid.*) adquirido pela arte na era da técnica.

> *O filme serve para exercitar o homem nas novas percepções e reações exigidas por um aparelho técnico cujo papel cresce cada vez mais em sua vida cotidiana. Fazer do gigantesco aparelho técnico do nosso tempo o objeto das inervações humanas – é essa a tarefa histórica cuja realização dá ao cinema o seu verdadeiro sentido.*
>
> (*op. cit*, p. 174)

Ao expor, como dado icônico, a realidade urbana dele contemporânea, exibindo o texto como *informação* sobre um mundo cifrado em imagem, o autor de *Illuminations* não o faz em um andamento melódico proveniente de uma lógica da harmonia, como Baudelaire ainda perseguia. Rimbaud trabalha com dados que introduzem no interior da escrita poética o aspecto expositivo, o traço da projeção e da reprodutibilidade de uma era técnica: as novas percepções, a abertura da "experiência do inconsciente ótico" (*op. cit.*, p. 191).

Trabalho concebido sob o efeito da iluminação pública – não a luz, mas um "*air de lumière*" – é o que resulta da exposição cenográfica, arquitetônica, produzida pela escrita de "Villes (I)". O poeta, em "Les ponts", realiza semelhante operação de desdobramento e "desrepresentação" em torno da paisagem urbana, na qual interfere de modo a entrever um ambiente inteiramente diverso, chegando a construir um objeto movente, autonomamente visual, passível de uma exibição como espetáculo:

> *Céus de cristal gris. Bizarro desenho de pontes, estas retas, aquelas em arco, outras descendo em ângulos oblíquos sobre as primeiras, e essas figuras se renovam nos outros circuitos iluminados do canal, mas todas tão longas e leves que as margens, cheias de cúpulas, afundam e encolhem. Algumas dessas pontes ainda estão cheias de barracas. Outras sustentam mastros, sinais, frágeis parapeitos. Acordes menores se cruzam, e somem, as cordas escalam os barrancos. Distingue-se uma roupa vermelha, talvez outros trajes e instrumentos musicais. São árias populares, trechos de concertos senhoriais, restos de hinos públicos? A água é gris e azul, larga como um braço de mar. — E um raio branco, desabando do alto do céu, aniquila esta comédia".*
> (Rimbaud; trad. Lopes e Mendonça, p. 43)

Se os céus surgem como emanação de transparência (*cristal*) vinda do cinza –, as pontes, ícones da enormidade/"desenho bizarro" do moderno, encaminham-se, com sua dimensão plena de percurso, para os outros "circuitos iluminados do canal". Projetam figuras que se renovam e deixam inscrever todo um grafismo de cruzamentos e movimentos (da expansão à retração), transformando-se no interior de um texto, compreensível tanto como desenho ("*bizarre dessin de ponts*") quanto arquitetura (no que envolve o detalhamento e a montagem das "pontes"), teatro (cenas, alusões a vestuário, "comédia") e, também, música ("acordes menores... instrumentos de música... árias populares... hinos públicos") do espaço urbano reinventado – espaço-performance.

Não sendo "*descrição*" da vida moderna ("ou, antes, de uma vida moderna e mais abstrata", como quer Baudelaire no prefácio citado, p. 277), algo equivalente à "pintura da vida antiga" (*ibid.*) realizada por Aloysius Bertrand, pioneiro experimentador do poema em prosa, em *Gaspard de la nuit* (livro produzido por volta de 1830 e publicado posteriormente), a escrita de Rimbaud torna-se autônoma em relação aos modelos verbais e pictóricos antecedentes, justamente por potencializar seus textos pela descontinuidade, pelo inacabamento e pela criação de um espaço híbrido – *lieu* entre as artes (nobres ou não, em total acordo com o repertório de "Alquimia do verbo") –, visando à combinação de narratividade/musicalidade/visualidade em tempo breve.

A partir de referências declaradamente modernas, os textos de *Illuminations* erguem uma verdadeira *ponte* entre arte e técnica, entre a literatura e as outras artes (além das visuais e musicais, sintonizadas pelo autor de *Le spleen de Paris*, e outras como o cinema, ainda em gestação ao tempo de *Illuminations*), que só vem viabilizando sua proximidade com trajetos os mais criativos, no decorrer deste século.

À medida que "passam" no transcurso da leitura do texto, as pontes sofrem uma verdadeira transformação *objetal*, próxima das concepções de artistas plásticos como Hélio Oiticica. "Algumas dessas pontes ainda estão cheias de barracas, outras sustentam mastros, sinais, frágeis parapeitos" (trad. Lopes e Mendonça: 1994). Tomadas como objeto urbano digno de uma intervenção criadora, as pontes são entendidas como *ambiente* no qual se instalam barracas e "as cordas escalam barrancos" (trad. cit.), numa antecipação do que criadores como Oiticica, rompidos com o espaço pictórico, viriam a realizar, potencializando a cidade como lugar de imagens, de *passagens* entre linguagens (ver Brissac Peixoto 1993: 237).

Ao extrair do que Benjamin observava nas galerias parisienses do século XIX como *passagens* para o *flâneur*, à maneira de "um dispositivo ótico" (*ibid.*), Brissac constrói uma reflexão sobre o entrelaçamento entre as artes, e entre *arte* e *cidade*, oferecido pelo vídeo, na atualidade. Dinamizando-se nos *circuitos de luz*, a poética de *Illuminations* já se mostra sintonizada com muitas das observações do estudioso acerca do vídeo como "lugar de composição das imagens", por meio do qual se efetivam as passagens entre todas as formas artísticas "e a arquitetura, que se confunde com o imaginário da cidade" (*ibid.*).

Da forma como se vê em "Les ponts", a velocidade visual do poema, combinada a seus elementos arquitetônicos (temáticos, como é o caso) e composicionais, revela muito de sua luz mais oculta no grande "cruzamento que constitui a paisagem de imagens contemporâneas" (*ibid.*). A idéia mesma de cruzamento[2] está contida no texto – "*Des acordes mineurs se croisent...*"/ "Acordes menores se cruzam..." –, quando se lê a referência à música ("O que faço é música" – diz a conhecida senha do *performer* Hélio Oiticica). O texto parece seguir uma gradação que vai do desenho, expondo-se, em seguida, como arquitetura dinâmica e intrincada, e depois como circuito de luz, até não designar mais "*ces ponts*", e sim cruzamentos sonoros. Aqui caberia a reflexão de Valéry de que "nem tudo na arquitetura é concreto, nem tudo na música é sonoro" (*apud* Pignatari 1987: 31). Pontes são acordes, linhas gráficas tomadas de luz e som, balé cinético (como fez Shirley Clarke com as pontes de Nova Iorque, em *Bridges go round*, e, mais recentemente, Joan Jonas no vídeo "Brooklyn Bridge"), que vão repercutir na cena em que se distingue "uma roupa vermelha, talvez outros trajes e instrumentos musicais" (trad. cit.).

"Comédia" declarada no ato *branco* – "*rayon blanc*" –, final, a música do poema em prosa buscada pelo *Spleen de Paris* acaba por impor sua modulação, construindo-se sobre a idéia de cruzamento, redes extratextuais, que se concebem sob a forma de frases-circuitos-seqüências óticas-sonoras, projetadas a partir do narrativo. Música das imagens – da forma como entende hoje o cinema um criador como Godard –, definida, com relação às projeções, às inervações (como já entrevia Benjamin) e cintilações do universo eletro-ótico. O que se faz notar pelo ritmo e pela visualidade peculiares à irradiação de frases, cenas (como se intitulam os poemas "Phrases" e "Scènes") e instantes relacionados velozmente. Pontes = circuitos luminosos = acordes = braço de mar. Raio branco. Velocidade da difusão da luz (diria Virilio), de instantes-luz. Deslocamentos e derivações da prosa – com seus pressupostos narrativos e o papel ocupado pela *descrição* –, a serviço da prática de uma

---

2. Em "Métropolitain", é observável a ação dos "*boulevards* de cristal" que "*viennent de monter et de se croiser*", como extensiva à idéia de percurso, de cruzamento, que envolve o poema desde o título.

linguagem poética correspondente a um mundo concebido como espetáculo, dado como *imagem* e *desrepresentação*.

Deslocamentos – Derivações

> ...*dia órfão contornado
> por todos os estremecimentos.*
> (Herberto Helder)

A condução da narrativa em "Ouvriers" parece ser feita para se chegar a esta compreensão do mundo convertido em imagem. Embora se pontuando por afetos, gestos de partida e recusa à miséria, provenientes do casal de trabalhadores, tudo se resume ao alcance de "*une chère image* (uma imagem querida)". Vamos ao texto:

Ó a quente manhã de fevereiro. O vento Sul, importuno, veio despertar nossas lembranças de indigentes absurdos, nossa jovem miséria.

Henrika trajava uma saia de algodão, de quadrados brancos e escuros, que deve ter sido usada no século passado, um gorro cheio de fitas e um lenço de seda. Era mais triste que um luto. Dávamos uma volta pelo subúrbio. O tempo estava enevoado e esse vento do Sul excitava todos os incômodos odores dos jardins devastados e dos prados ressequidos.

Isto não devia causar a minha mulher tanta fadiga quanto a mim. Numa poça deixada pela inundação do mês anterior numa vereda bastante alta ela me mostrou peixes pequeninos.

A cidade, com sua fumaça e seus rumores de ofícios, seguia-nos muito longe nos caminhos. Ó o outro mundo, a moradia abençoada pelo céu e as sombras das árvores! O vento Sul me fazia recordar os miseráveis incidentes de minha infância, meus desesperos de verão, a excessiva quantidade de força e de ciência que o destino sempre afastou de mim. Não! não passaremos o verão neste país avaro onde não seremos jamais senão órfãos noivos. Quero que este braço endurecido não arraste mais uma imagem amada.

(Rimbaud; trad. Lêdo Ivo, p. 99)

Se à leitura de "Ouvriers" entramos em contato com uma narrativa quebrada aqui e ali por explosões exclamativas, que induzem à subjetivação tipicamente lírica, o apagamento das marcas precisas de espaço e tempo mostra-se favorável ao surgimento de imagens pelas quais são orientados os gestos e os movimentos do casal protagonista. Onde vive esta Henrika, de nome alemão ou flamengo, em uma manhã de verão passada em fevereiro? Por outro lado, ela é identificada pela cor e pelos detalhes de uma roupa que causa surpresa primeiramente por ser apresentada como possível de ter sido usada no século passado sem seguir uma moda e hoje como manutenção de um signo de pobreza e, depois, por ser resumida como "mais triste do que um luto". Afora a composição visual, de um caráter descritivo que alguns críticos percebem como presença do romanesco no Rimbaud leitor de Flaubert (certamente "Un cœur simple", onde a criada Félicité, protagonista da novela, é talhada, no primeiro capítulo, como imagem de madeira a portar uma veste imemorial), o que importa ao poeta é situar a existência de Henrika por uma imagem, que a roupa constrói como ícone da indigência absurda, secular, contra a qual se indispõe a prematura, "jovem miséria" do casal itinerante.

Órfãos e trabalhadores, os amantes de "Ouvriers" sintetizam em todos os seus atos a condição de falta – e também de desejo – propulsora do deslocamento, esboçando-se este em uma rede de sinais que os regula e os ultrapassa. A ação captada pelo poeta-narrador descortina o casal de camponeses retido em uma região devastada e limitado a voltas circulares pelos subúrbios, às margens de uma "esplêndida cidade", em iminência desde, pelo menos, "Adieu".

O que faz vibrar na leitura mais atenta de textos como este explica-se pela conjugação da *iluminação* – que trazem os peixinhos na poça d'água formada pela inundação do mês anterior –, com a *projeção*, de forte impacto visual, que embala o alumbramento da mulher: um misto da miragem dos peixes com o horror da inundação. Mais do que tematizar a miséria no campo e a problemática da migração ou o que se pode resumir esquematicamente como tensão entre periferia e centro, o poeta dá a *imagem* dos personagens, que não se apresentam apenas como "operários", mas "órfãos noivos". Projeta-se a condição de desterro dos órfãos-noivos-trabalhadores em núpcias interrompidas com o real, perseguidores da comunidade, do amor e do trabalho novos, atribuíveis à cidade/sociedade moderna.

Em vez de partirem para a cidade, é esta que os segue, invocando-os com o fervor fabril, no mesmo instante em que os paralisa, sob a ação do vento Sul, trazendo a miséria de um verão sem desfrute. Já a frase seguinte – linha poética – superpõe à voz narradora uma invocação ao "outro mundo", nem Sul nem Norte, sob o céu e o refresco de uma sombra. Narração/fala poética/imagem. Não será esta a primeira e a última vez que em *Illuminations* Rimbaud desenhará suas frases/linhas de ação como marcações de uma seqüência visual sincronizada com subjetividades postas em confronto com seus limites pessoais e territoriais.

Em cada linha uma nova cena é introduzida, à maneira de um *take*. Ao lado dessa construção do poema em prosa, Rimbaud introduz a cada descrição, a cada exclamação/voz narrativa, informações que intensificam e amplificam o campo da ação, campo da imagem. Como aqui, paralisados ainda na "quente manhã de fevereiro", os trabalhadores alcançam um espaço-tempo de virtualidades míticas e sensoriais – "Ó o outro mundo, a moradia abençoada pelo céu e as sombras das árvores!" (trad. cit.) –, à sombra da exclamação/projeção de imagens.

Interessa ler em "Ouvriers" o lugar que o poeta abre entre prosa e poesia para esta *projeção* irradiada das mais variadas origens – um espectro que abrange desde o que diz respeito aos signos da miséria social (a indumentária secular de miséria/luto do humano) como aos mínimos sinais da interioridade dos sujeitos, postos em ação dentro da cápsula de espaço e tempo que é o poema/prosa em *Illuminations*.

Já havia assinalado, em "Les étrennes des orphelins", como a tensão existente entre o tempo das visões dos personagens e as condições reais não deixava de produzir a irradiação de imagens a eles caras, compactuadas com sua interioridade, em oposição aos clichês de conforto e proteção contidos no espaço doméstico. Em "Les ouvriers", a diferença de anos entre o primeiro e o último Rimbaud não só se pronuncia quanto à conformação do casal de órfãos como noivos e trabalhadores[3]; a situação de base agora se

---

3. Como acréscimo à experiência solitária da *walk writing*, as caminhadas em *Illuminations* são feitas aos pares (veja-se "Vagabonds", "Royauté", a viagem de "Mouvement", além de "Ouvriers"), não ficando sem acentuar o aspecto da orfandade moderna que a obra vem consolidar, ao apreender os deslocamentos inerentes a estes casais, situados entre irmãos e amantes, tornados iguais na busca do *lugar* e da *fórmula* bem resumida por "Vagabonds", mas essencial

define por uma recusa voluntária ao lugar de origem: "Não! não passaremos o verão neste país avaro..." (trad. cit.).

O ato dos órfãos, com todo o andamento contraditório de um ir-e-vir entre a cidade anunciada e o quadro desolador da vida no campo, marca-se como luta. O gesto final de "Ouvriers", fixado entre a determinação de uma atitude e o enrijecimento do imobilismo, torna suspensa a busca no instante mesmo de sua exclamação enfática. Despossuídos que são de um lugar e mesmo do gozo da condição de marido e mulher, e situados como "órfãos noivos", estes trabalhadores encontram no gesto de afirmação e suspensão do movimento, que também celebra o encerramento do poema, um ponto de coroamento. A imagem enigmática, não-conclusiva, ao final, prolonga-se como única conquista do mundo (não o amor, mas uma imagem), entremostrado, apreendido apenas pela vacância.

Sempre de partida, os personagens encontram eco no mais que sintomático título que é "Départ", resumo da poética de *Illuminations* e programa de uma conquista nas instâncias mais variadas:

Visto demais. A visão foi reencontrada em todos os ares.
Possuído demais. Rumores das cidades, à noite, e ao sol, e sempre.
Conhecido demais. As paradas da vida. — Ó Rumores e Visões!
Partida na afeição e no ruído novos!
(Rimbaud; trad. Lêdo Ivo, p. 93)

Poema invocador dos sons e das visões, escrito exclamativamente, "Départ" conta com o ato da partida para a captação das imagens e dos ruídos novos. Como já lembrava Borer: "O novo nunca é por demais novo, fica por ser reinventado. Resta ser encontrado." (1991b: 53). O que é próprio da "iluminação" — "a irradiação de uma graça fugitiva..." (Bonnefoy, *op. cit.*: 36-37) — conjuga-se, pois, com a atividade do deslocamento. Revelação na busca, que se lê, ao modo de um conto ("Conte", aliás, é o título de outra *iluminação*), em "Royauté", cujos traços de relato primitivo combinam-se

---

também à conquista dos viajantes de "Mouvement", entre os quais se inclui "Um jovem casal" (Rimbaud: 371). Busca que se expande do abandono na casa materna, tal como sucedia com o casal infantil de "Les étrennes des orphelins", até os territórios onde são inscritas – caso de "Ouvriers" – as marcas problemáticas da migração, da miséria, da vida errante, enfim, em seu grau mais intenso.

116

com o movimento de personagens emergentes de um mundo desprovido da aura de realeza:

> *Numa bela manhã, numa terra de povo muito dócil, um homem e uma mulher soberbos gritavam na praça pública. "Meus amigos, quero que ela seja rainha!" "Quero ser rainha!" Ela ria e fremia. Ele falava aos amigos de revelação, de experiência terminada. Ambos desmaiavam de emoção, um contra o outro.*
>
> *Realmente, eles foram reis durante uma manhã inteira, em que os estofos escarlates se ergueram sobre as casas, e toda a tarde, quando avançaram do lado dos jardins de palmeiras.*
> (Rimbaud; trad. Lêdo Ivo, p. 94)

Torna-se possível a sagração do instante em "Royauté" sem a menor omissão do sinal provisório deste querer ser nobre, reforçado pelos gritos do casal. Os gritos, que também sucediam em "Les étrennes des orphelins" – "As crianças, numa voz, um grito deram" (verso 98, trad. Barroso: 39) – como revelação, vêm também sublinhados como manifestação originada da desordem, do aspecto não regulamentado do querer ser rei e rainha, por meio dos risos e dos tremores. Desejo de uma *"Nature princière"*/"Príncipe natura" (na feliz tradução de Ivo Barroso, 1994: 239), expresso em "Age d'or", possibilitado pelo trabalho desregrador/descentralizador das funções usuais de um homem e de uma mulher, transeuntes de uma praça pública. Grito e consagração, que o texto consegue apresentar, em compasso, com a duração interior de *"toute une matinée"*.

Apesar de efêmera, a revelação do rei e da rainha por uma manhã, "e toda a tarde", por um dia apenas – em "Heroes", canção de David Bowie, ouvimos "*I will be king/And you/You will be queen... Just for one day*") – obtém continuidade por obra do poeta na prosa e no tempo evocativos do "era uma vez...". Em um gesto ininterrupto de coroamento, ainda que reportado ao passado (ao tempo remoto da lenda), o casal permanece no *momento iluminado:* "...De fato, foram reis durante toda a manhã (...) e toda a tarde, quando se encaminharam para os jardins plantados de palmeiras" (Rimbaud; trad. Ivo Barroso, 1988, p. 227).

É próprio do uso dos fragmentos por parte de Rimbaud o movimento aberto, em seu final. Como estuda Guyaux:

...o texto, por inteiro, gostaria de escapar de si mesmo por essa brecha de ar que as últimas palavras abrem. O fragmento é uma forma literária inacabada, ou definida pelo inacabamento.
(op. cit., p. 197)

Sendo assim, a já fragmentária revelação dos homens/reis de "Royauté" sofre um corte no auge do movimento, tornando a "incompletude" da forma literária "experiência terminada" (trad. Ivo: 95). Trabalhando sobre a lógica e a duração do fragmento, o poeta imprime nos 42 títulos de *Illuminations* as mais variadas e livres configurações. André Guyaux aponta, aliás, a indiferença quanto ao tamanho dos fragmentos poético-narrativos de Rimbaud, observando a unidade própria a cada um deles em correlação com a diversidade da coletânea. Certa proximidade dos textos com gêneros convencionais como a fábula (caso de "Bottom"), o conto primitivo ("Royauté" e "Conte") ou o relato de inspiração romanesca ("Ouvriers"), cedem a experiências como "Génie", por exemplo.

Nesse poema, a conjugação entre *luz* e *imagem* não contém apenas o universo urbano, moderno, ao qual o autor irradia graus de velocidade, de multiplicidade, apenas intuídos pela estética baudelaireana. Não obstante o traço espiritualizante, perceptível na evocação a um ser imaterial e totalizador – "Génie"[4] –, o poema estabelece a possibilidade da *revelação* na *busca*. "E nós o invocamos e ele viaja..." A religiosidade de "Génie" encaminha-se para uma plurivalência de atributos ao Nome Uno (tal como ocorre, por exemplo, em "Dévotion", no mesmo livro), que aponta para possibilidades, linha a linha nomeadas, de aliança com a vida humana, sem supressão do que esta tem de errante e efêmera. "Ele é o encanto dos lugares em fuga e a delícia super-humana das estações" (trad. Lopes e Mendonça: 105).

Se a adoração à imagem fugidia da divindade ocorre como visão – "*sa vue, sa vue*", diz o texto –, isso se deve à sincronia com o trabalho de deslocamento, no que tem de físico e populoso – "as

---

4. A ligação com o Gênio, personagem de "Conte", logo se estabelece. Contudo, para Margaret Davies, em estudo sobre o poema, não se trata do mesmo gênio. O que expressa "Conte" como "a promessa de um amor múltiplo e complexo" (Rimbaud: 332), "é agora plenamente realizado como criação e descoberta conjuntas, imagem divina inspirada no que foi reconhecido em si mesmo como o mais próximo da divindade, atributo e finalidade, no mesmo tempo da sua criação" (Davies 1980: 49).

migrações mais vastas que as antigas invasões" (trad. cit.) –, que é deslocamento também da palavra poética, tomada aqui, na plenitude de seu suporte rítmico, como entonação do sagrado.

Emerge do corpo do texto – disposto entre alíneas convocadoras, próximas da estrutura do texto de uma oração –, uma dicção/devoção nova em sua autonomia, com a força inteira da conclamação e invocação de um "chamar e ver" o Ser agregador e ausente, este que se experimenta na duração de uma "terrível velocidade da perfeição das formas e da ação" (trad. cit.).

Desde a *walk writing*, feita em solidão, passando pela marcha coletiva de "Le forgeron", escrito visionariamente um ano antes da eclosão *communarde*, e pelos trajetos populacionais em "Mauvais sang" até o transcurso do corpo célere e numinoso de "Génie", Rimbaud vai pontuando seu itinerário poético com incursões no plano do que se pode conceber como *razão iluminada*.

Não mais circunscrevendo a presença do *Gênio* nos domínios do *eu* romântico, mas tratando de um *Ele* a que se segue, para o qual se projeta, o poema tenta abarcar seus signos de *iluminação* não apenas no campo da *gnose*. A luz, configurada de modos variados em *Illuminations* e, em "Génie", como possibilidade inerente a uma devoção positiva, só é alcançada como resultante de uma ação: um movimento da fala (dicção) e da escrita, coordenado com o corpo e seu trajeto, que une velocidade a revelação.

Sendo validada a religiosidade como forma de contato no plano do "agora", e não mais como estática, teleológica abstração, o poeta exerce o poder de "chamar e ver o Gênio". Como se, depois da sondagem dos saberes e dos limites humanos praticada em *Une saison en enfer*, fossem liberadas em *Iluminações* as potências e promessas de seu tempo, materializando-se através de um presente intensivamente reiterado pela irrupção/projeção de imagens, quase de vírgula a vírgula.

É como se a entidade – a "pura direção, a pura dimensão" que é o universo, finito mas sem bordas (Virilio 1993: 119) – subjacente aos percursos da velocidade presentes nos poemas urbanos de *Illuminations* tomasse em "Génie" a forma variada, erguida em celebração linha por linha, de uma imagem-música-movimento, apreendida tanto nos percursos humanos, com suas marcações corporais, quanto nas pulsações múltiplas de luz.

Magia: essa que o ferreiro do poema pré-*communard* "Le

forgeron", compreendido também como visionário, como alquimista, forja com a força material de um clarão – "Esplêndidos fulgores das forjas!", trad. Ivo Barroso 1994: 71). "O poeta é ladrão de fogo", diz prometeicamente a "Carta do Vidente", mas a partir dos poderes da vida material. Magia e técnica – de modo mais intenso do que em Baudelaire –, vidência e revolução, escrita e corpo, nunca se estranharam em Rimbaud.

"No despertar fraterno de todas as energias corais e orquestrais", tal como está no poema "Solde", também de *Illuminations,* é que a espiritualidade – a porção impossível da razão iluminista – lança-se, segundo a poesia de Rimbaud, como pólo transformador da relação humana com a Terra e com o cosmo, no sentido da *elevação,* da *projeção.* Tal dimensão recentemente concebeu Jacques Rancière a partir de *História(s) do cinema,* de Godard, em um paralelo com Mallarmé, nada estranho ao autor de "Génie" (ainda mais quando se pensa em "As vozes e os corpos", percuciente ensaio rimbaudiano incluído no volume *Políticas de escrita*):

> *Não se trata de reconduzir o distante para a esfera do próximo, mas sim de projetar o homem o mais longe de si mesmo, a ponto de fazer com que uma outra luz possa iluminar sua passagem pela Terra – uma luz cuja origem não sejam os antigos deuses, mas o próprio lar que os viu nascer (...) Não o divino recuperado, mas sim o homem projetado. A luz posta a uma distância capaz de incidir sobre a vida humana como sua própria luz, como a luz apropriada ao homem.*

(1997: 7)

A luz, configurada de modos variados em *Illuminations* e agora como possibilidade inerente a uma "devoção" (lembrando "Dévotion", no mesmo livro), só é alcançada como resultante de uma ação. Ação sobre a palavra ao celebrar, sob o peso do Verbo, o seu próprio poder invocatório, um "Faça-se a Luz" simultâneo a todos os sentidos, capaz de operar um movimento livre, materializado a cada passo terrestre, no contato com o sagrado.

A escrita efetiva-se por seu poder rítmico e invocatório, em uma espécie de frase-música, a partir da declinação tomada da oração, trazendo para o primeiro plano a sonoridade interna, celebradora, própria ao texto religioso, feito para memorizar, eternizar o sagrado.

O poeta leva à "música mais intensa" a melodia da religiosidade, combina contrastes no andamento sonoro da frase/verso/oração – "Ó ele e nós! o orgulho mais bondoso que as caridades perdidas./Ó mundo! cristalina canção de novas sinas" (trad. cit.) –, de modo que soem como *aplicações instantâneas*, às quais se refere o poema "Solde". Ele realiza a oração de um tempo sem oração, a possível *iluminação moderna*, neste que é seu poema máximo sobre o deslocamento, ocorrido a partir de mínimos sinais – breves sintagmas de invenção verbal –, de "mil pequenas liberdades irreprimíveis à conquista de um mundo absolutamente aberto". (Richard 1978: 226)

A leitura de "Génie", no conjunto dos outros poemas do livro, parece apontar para o fato de que a obra de Rimbaud é um ensaio *produtivo* da *iluminação moderna*, na medida em que só se realiza enquanto processo, enquanto atividade textual, não mais montada em critérios de representação do sujeito como entidade acabada, e da escrita como mentação do lugar ideal da verdade, do *cogito: "sou pensado"* ("contrapropõe" a "Carta do Visionário").

Na escrita de Rimbaud, não é destacado apenas o processo de autoconsciência da linguagem, comum ao criador de poesia na modernidade, mas à crise – Blanchot já havia assinalado o texto da *Saison* como o mais crítico que uma literatura pode dar (1969: 428) – de sua própria *representação* (ou de sua estratégia de anti-representação, de autoposição construtiva), o que também envolve o lugar cultural do poeta no tempo, dentro da constelação de linguagens de uma época (em uma especulação radical sobre as virtualidades cognitivas da escrita, da poesia).

Não cabe, neste sentido, entendê-lo como poeta caracterizado apenas pela experiência, em oposição, por exemplo, a Mallarmé, entendido – em outra estratégia ou facção – como *poeta da linguagem*. O nítido rigor da construção textual dos textos rimbaudianos, além de conter o sentido metalingüístico de problematização da escrita, lança-se a um verdadeiro embate – tal como exigido pela modernidade, pela tecnização das forças em produção –, a um cruzamento gerador de signos poéticos configurados entre os discursos e as linguagens de um tempo anunciado de materializações e invenções.

A impessoalidade "pura" buscada pela linguagem poética, em seu cortejo moderno de rupturas, deixa projetar em seu espaço a luz da técnica/tecnologia, ao mesmo tempo em que se expõe pela corporalidade. Uma série infindável de mediações e mediatizações entre diversas artes e áreas do conhecimento faz-se marcar, em Rimbaud, pelo traço da caminhada, pela gestualidade da escrita enquanto ato, por um corpo que se põe visível, e se move, ante a auto-refração da palavra e do poético. Mesmo diante da transformação ambiental, intuída pelo poeta a partir dos dispositivos técnicos conhecidos em seu século, não é denegado o corpo como eixo mínimo e último, do qual o poeta parte, a ele retornando, para estabelecer todos os elos cognitivos-sensitivos, como força atualizadora, indagadora da poesia enquanto linguagem e enquanto saber.

O corpo, em Rimbaud, insurge-se, como referência nuclear[5], contra os usos redutores do controle técnico sobre as criaturas, tudo o que marcou uma uma ciência pretensamente universal, "que extingue uma a uma (...) cada uma das nossas reverências exteriores, incluindo a de um criador..." (Virilio, *op. cit.*, p. 110).

Seus textos podem ser lidos como uma conquista técnica e plurissignificante da poesia, dimensionada entre os saberes do presente – em uma era de *presentes, agoridades* (para citar Octavio Paz), como a moderna –, dotada, contudo, das marcas mobilizadoras, incitadoras, de uma experiência integral. Escrita capaz de lançar-se ao visionarismo, em um tempo problemático para a criação poética, no instante mesmo em que exibe os traços de sua contingência. Poesia que não se constitui numa mística, nem é pretensamente científica, ou simplesmente técnica, mas que *acontece*, em seu poder revelador, dando, assim, cumprimento à *imagem* e à *iluminação modernas*, em um desbordamento e devir que não cessam.

> O *"dar a ver"* oferecido pelo texto se inverte em um texto dado a ver, sem que jamais uma tal operação seja reduzida a um gesto metalingüístico. O texto propõe ver qualquer coisa além de si; é transitivo, a despeito dos bloqueios que impõe e dos comentários que acompanham o que foi produzido.
> (Steinmetz, prefácio a *Illuminations* 1989: 15)

---

5. Este debate é atualizado na literatura americana contemporânea, envolvendo as obras de Kathy Acker – autora estudada no próximo capítulo – e William Gibson, escritores centrados na discussão dos limites da mutabilidade e do significado do corpo "no contexto da informação em excesso" (Rucker 1992: 170). Não se pode esquecer, claro, a experiência precursora de William S. Burroughs nesse campo, declarada como fundamental por parte destes ficcionistas.

Em "Génie", desponta um *corpo célere-numinoso*, próprio a um poema-súmula dos percursos humanos e das pulsações múltiplas de luz do universo, a contar de suas renovadas, sempre renomeadas estratégias de ruptura e celebração musical/imagética, e de tudo o que dá conta do lugar movente, transfigurante, do poeta em seu constructo/criação de linguagem – *trouver une langue* (está na "Carta"). Em consonância com uma "nova razão" ou – como diz em "A une raison" – uma "nova harmonia": "...*Um passo seu é o levante de novos homens e sua marcha*... Sua cabeça se vira: o novo amor! Sua cabeça se volta, – o novo amor!... O sempre chegando, indo a todo canto" (trad. Lopes e Mendonça: 33).

A qualidade de evento adquirida pela poesia rimbaudiana dentro do universo da metrópole moderna, ganhando a dimensão do espetáculo, como antes foi visto, mantém em "Génie" seu sentido textual múltiplo, capaz de combinar o ritmo da oração com livres *irrupções ótico-sonoras* (segundo conceituação de Deleuze para o cinema moderno, em *L'image temps*). O que o leva a produzir uma espécie de canto – "*chant clair*" –, capaz de invocar o espírito congregador das festas públicas (festas de luz), amorosas (como está em "Villes II"), celebradoras da humanidade e do cotidiano reinventados.

O habitar a cidade é um ponto a se destacar neste poeta e inventor do espaço urbano, que vê na música, na arte, na *celebração orquestral*, presente numa série de poemas em prosa, o ponto de encontro de uma amorosidade insurgente, passante, pedestre, essa materializada por "Génie" por meio de um movimento em aberto.

Amorosidade e comunidade expressas pelo deslocamento, como o cumprimento migratório, cartográfico, de uma obra construída sob a sensibilidade do geógrafo. Atividade que o Rimbaud da África tentou consolidar, ao tentar sua inscrição na Sociedade de Geografia, depois de experimentá-la, desde sua *escrita de caminhada* até a desertificação da página, da escrita, em consonância com todos os lugares arriscados, desbravados, durante a obra-vida, que se dá a ler mesmo no território mais extremo, no silêncio. Desertificação, realizada na *Saison*, do Ocidente moderno até a não-pátria da barbárie, até a promessa de revelação no deserto, promessa de um *povo*, tal como ocorre na tradição hebraico-cristã ("Adieu"), até ser assinalado o nome concreto e tribal da África ("Mauvais sang").

Em "Génie", as passagens se multiplicam de modo *enorme* – "as migrações enormes"... "enormidade tornando-se norma" (como fundamenta a "Carta do Vidente") – para os seres-populações, tomados nas extensões do universo e da Terra, sob o tempo intensivo do movimento e da luz.

Rimbaud não desfaz o elo entre a visão e a ação (concretizado por passos e movimentos marcados para além do texto – "O sempre chegando, indo a todo canto" – trad. Lopes e Mendonça: 33 –, como está em "À une raison"). Seria vago dizer que as "iluminações" do poeta complementam-se no ato mais largo da existência? Penso que não, ao notar nestes fragmentos poético-narrativos um descolamento da mera função de objetos estéticos, potencializados que são por sua breve fulguração dentro de um conjunto móvel e portátil – "folhas volantes"/"jogo de cartas" (Fénéon) –, pronto para acompanhar leitores em trânsito entre a página e o momento, inteiramente sincronizados por um livro como este, escrito entre abandonos e retornos, em viagens, livro de partidas. Livro aberto a conexões, a informações provenientes do lido e do vivido, dos saberes do mundo e de outros desconhecidos (mundos e saberes).

Philippe Sollers sublinhou o fato de ter relido *Illuminations*, "o livro que permanecerá quando ninguém mais se lembrar dele. Nesse tempo aí, alguns raros passantes poderão caminhar no pós-mundo como se se tratasse de um volume aberto a cada momento" (Sollers 1994: 232). (Tal afirmação torna claro o fato de Burroughs ter criado muitos dos *cut-ups* a partir desse livro.)

Está sempre se endereçando à busca do lugar e da fórmula (de que trata "Vagabonds"), o Rimbaud dos fragmentos. Mesmo apresentados como originários do sono/sonho ("Veillées", "Nocturne vulgaire", "Villes II"), de uma antevisão, como revelação iluminada ou por uma via profana (caso flagrante de "Matinée d'ivresse"), ou como *insight* – e também *Ersatz* – do mundo técnico (a série "Villes", por exemplo), seus textos são feitos para atuar no presente, tempo reativado a cada retorno à leitura. A forma fragmentária da obra, que define tanto a sua gênese quanto a sua recepção, determina o sentido sempre nascente de cada texto e, conseqüentemente, do todo no tempo, na fração mínima e instantânea de sua *luz*.

Parte II

Rimbaud da América

> *We're*
> *Rainbow-Colored*
> *Knights*
> *In spastic boats*
> *Upon a whirl-*
> *Pool*
> (Michael McClure)

> *Ce n'est qu'onde, flore,*
> *Et c'est ta famille!*
> (Rimbaud, "Age d'or")

O título desta segunda parte de *Iluminações da modernidade* dialoga com as obras *Rimbaud na Abissínia* e *Rimbaud da Arábia*, de Alain Borer, dedicadas aos percursos reais do Rimbaud viajante e comerciante, como também com as possibilidades imaginárias de Rimbaud na América, mais precisamente nos Estados Unidos, tal como projeta o crítico no primeiro dos livros citados. Segundo o estudo de Borer, desde sua estada na Arábia o poeta havia pensado na possibilidade de deslocar-se até o canal do Panamá.

> ... *lá longe acontecia exatamente tudo com o que ele sonhava: a conquista dos grandes espaços, a aventura, a atração da novidade, a corrida do ouro, as armas, o sol do Colorado, os desertos do Arizona, o enriquecimento desabrido na liberdade livre, um pouco livre demais: era a época do* Far West, *dos cowboys e dos índios (...) Qualquer que tivesse sido a sua vida, imaginemos o que seria sua posteridade se aquele que tentara se inscrever na marinha americana sob o nome de John-Arthur Rimbaud, em Bremen, em 1887, tivesse participado da mitologia moderna da conquista do Oeste, da* Ilíada *do Novo Mundo? Qual teria sido a influência de um dos maiores poetas europeus sobre a literatura americana que, mal saída da época dos almanaques, tivesse descoberto rapidamente sua obra, enquanto nem ousava ainda pensar nos seus dez primeiros clássicos?*
> (1986: 102-103)

Borer, entretanto, não vai mais longe com este Rimbaud legendário do Oeste, ao observar que seu sonho de aventureiro livre se dirigia para o Oriente.

> ...*Rimbaud só pensa no Oriente, na "pátria primitiva" (...) Os Estados Unidos em gestação lhe teriam sido muito convenientes, ele poderia ter-se dado bem lá. Talvez Rimbaud tenha se enganado sobre a América. Podemos substituir algumas palavras de suas cartas, mas elas não podem modificar o seu destino (...) Todos os caminhos que toma são becos sem saída, mas ele tem o dom de fazer recuar os limites conhecidos e de marcar a nossos olhos a impossível satisfação que faz de sua vida um destino protegido por um mistério. Parece que Rimbaud se banha no mesmo lugar de vários rios. O aqui e o alhures tendem a coincidir...*
> (op. cit., p. 104)

O complemento do estudioso rimbaudiano à última frase é: "tendem a coincidir sem esperança". Ainda que sabendo da impossível onipresença, mesmo de um poeta e viajante como Rimbaud, e das inevitáveis cisões que acabaram por arrancá-lo de suas viagens pelo fim do mundo (segundo as cartas geográficas da época), mutilado e confrontado com um *não-lugar* levado a um termo absoluto, prefiro deixar a justa frase de Borer interromper-se com as reticências, lendo sua obra-vida como uma realização não-linear de um projeto íntimo de expansão e presença no tempo: Rimbaud da América, agora, real, a partir de suas palavras, durante a escrita da poesia e depois.

As primeiras tentativas de aproximar o poeta francês da literatura americana são feitas em torno do nome de Hart Crane, leitor, também, de Whitman, em quem se inspira a ponto de desbravar a América "profunda", vivendo experiências como a de trabalhador comum na construção de navios em Cleveland. Aliás, Rimbaud e Whitman mantêm, segundo Harold Bloom, afinidades possíveis de detectar por meio de um cotejo entre *Une saison en enfer* e *Song of myself.* A ação do corpo, os influxos do vigor e de "ternura real" em passagem pelas novas, "esplêndidas cidades" (Rimbaud, "Adieu": 453), unem os dois poetas de modo mais estreito quando se conhece a obra de Crane. Apesar das restrições feitas por Bloom – dedicando-se a comparações entre a obra de Rimbaud, significativa para ele apenas no âmbito da língua francesa, e uma plêiade formada, em inglês, por nomes como William Blake, Wordsworth, Browning e Whitman[1]–, ele acaba por afirmar:

> ... podemos nos lembrar da igual devoção de Hart Crane a Whitman e a Rimbaud, e seremos gratos de novo a Crane por ensinar-nos algo a respeito de nossa ancestralidade. (1988: 6)

Em um importante ensaio[2], Marjorie Perloff estudou a presença rimbaudiana não apenas na poesia produzida na América, mas junto a autores de língua inglesa e francesa como Samuel Beckett, e também em ficcionistas como Jack Spicer (*Fake Novel about the Life of Arthur Rimbaud* – 1962), Gilbert Sorrentino (*Splendide Hotel* – 1973) e Keith Abbott (*Book of Rimbaud* – 1977). Perloff realiza um minucioso inventário de nomes, como, por exemplo, o de Robert Lowell, cujo anti-simbolismo inspira-se, segundo ela, em *Illuminations*, e o de Jack Kerouac. Para ela, o autor de *On the Road* está mais próximo do Rimbaud de Henry Miller (a quem, aliás, a difusão da obra-vida, em *The Time of the Assassins*, muito deve no contexto da cultura americana), dos contornos gerais e de tudo que envolve sua aura "mítica", do que por uma experiência propriamente textual.

Mas não só neste sentido orienta-se seu estudo comparativo. Ela vê se inaugurar na obra de Rimbaud uma vertente que denomina *poetics of indeterminacy* (*poética da indeterminação ou indeterminância*), que vai repercutir no músico-poeta John Cage, passando, também, por autores como Gertrude Stein, William Carlos Williams, Ezra Pound, o já citado Beckett e John Ashbery. Contrariamente ao que se convencionou chamar de "*High Modernism*", concretizado a partir de Baudelaire e Mallarmé, por poetas do século XX como Yeats, Eliot, Auden, Wallace Stevens, Robert Frost e – surpreendentemente – Hart Crane[3], a linhagem aberta por Rimbaud, na opinião

---

1. Whitman cria, por outro lado, uma vertente de "visionarismo poético" na literatura americana, que tem em Allen Ginsberg, inspirado também na obra de William Blake, um grande exemplo contemporâneo.
2. *Poetics of Indeterminacy: From Rimbaud to Cage* (1986).
3. A visão de Perloff diverge da de Augusto Campos, que vem estudando e traduzindo a poesia de Crane há trinta anos. Para Campos, é com Rimbaud que o autor de "The Bridge" encontra suas maiores afinidades – e não com Eliot e Pound, em quem

de Perloff, torna mais pronunciada a crise da representação no espaço da poesia, com a criação de formas indeterminadas.

No entender da estudiosa americana, há uma grande distância entre a criação dessas formas e a referência à indeterminação, que em Eliot e Yeats, por exemplo, ocorre de modo que não se rompa a compreensão de um repertório de símbolos preexistentes, organizados em um discurso "coerente" (*op. cit.*, p. 18).

Sem querer entrar em paralelos de grandeza e importância sobre as poéticas desbravadas desde Baudelaire, tento apenas apontar para a trilha oferecida por Rimbaud à produção contemporânea, a partir dos traços de *indeterminância* valorizados pelo *approach* de Marjorie Perloff, passando a ver outros com relação à América – de língua inglesa, inicialmente –, onde o poeta de *Illuminations* vem encontrando diálogo e um dilatado lugar de pouso. Antes, porém, preciso deter-me sobre o nome de Edgar A. Poe, autor que está na fonte de qualquer rastreamento de *influência* que se faça no território da modernidade literária.

É exatamente o conto "A Descent into the Maelstrom" que vai abrir um novo campo receptivo para a presença de Poe na imaginação literária moderna, já que o texto constitui-se, ao lado de *Narrative of Arthur Gordon Pym*, numa das maiores referências da poesia rimbaudiana, especialmente no que se relaciona a "Bateau ivre". Apesar de a crítica não estabelecer um vínculo mais profundo entre os dois autores, é reconhecida a difusão de Poe na França, via Baudelaire, seu tradutor, e mestre, como se sabe, do jovem poeta ardenês.

O emprego da palavra de origem nórdica *maelström* – que alude ao fenômeno do turbilhão, redemoinho ou vórtice marítimo que ocorre na Noruega –, conhecida pela geração de Rimbaud por intermédio da obra do escritor americano, revela-se como um dos poucos vestígios de uma leitura de Poe sobre Rimbaud. O emprego da palavra ocorre em "Bateau ivre" – "O cio dos Behemóts e dos Maelstroms febris", verso 82 (trad. Augusto de Campos 1992: 35),

---

se inspira, sem sucesso, segundo ele, para escrever no poema citado a moderna epopéia dos Estados Unidos. O poeta-crítico-tradutor destaca nos versos de Crane, entre outras características, uma "gramática ambígua e cheia de idiossincrasias e uma metáfora arrevesada, nem sempre clara na relação entre os seus termos e às vezes até mesmo impenetrável" (*Folha de S. Paulo*, p. 6-11, 1994).

desdobrando-se em "Mouvement", um poema posterior, integrante de *Illuminations*, sob a forma contraída *strom* – "Os viajantes rodeados pelas trombas do vale/E do strom" (trad. Lopes e Mendonça: 99).

Destaca Augusto Meyer, em fundamental análise ao poema ("*Le bateau ivre*, análise e interpretação", publicada em 1955), a existência de uma correlação de temas e imagens entre o "Bateau ivre" e a parte final de *The Narrative of Arthur Gordon Pym* (Meyer 1986: 36), tal como evidenciada pelo crítico Léon Lemonnier, na obra *Edgar Poe et les poètes français* (1932), e depois reforçada por Gaston Bachelard, em seu estudo sobre Gordon Pym[4].

Um elo entre o poema e *The Narrative of A. Gordon Pym* pode ser estabelecido quando se considera a aventura que fundamenta a série de relatos experimentados pelo protagonista. Em companhia do amigo Augustus Barnard, ele encontra seu primeiro revés quando os dois rapazes perdem a direção do barco Ariel, devido à bebedeira de Augustus. O ponto de partida do texto está nesta primeira experiência marítima do narrador, de modo a marcar as aventuras subseqüentes do seguinte modo:

> ...*nunca senti um tão ardente desejo por conhecer as estranhas aventuras que preenchem a vida de um navegante, tendo apenas passado uma semana sobre o nosso miraculoso salvamento. Este curto espaço de tempo foi mais que suficiente para me apagar da memória as partes sombrias e para me aclarar todos os pormenores de cores deliciosamente excitantes, todo o lado pitoresco do nosso perigoso acidente.*
>
> (Poe 1988: 25)

Poe deixa, então, à mostra alguns dados que perseguirão Arthur (como Rimbaud) Pym na extensão de sua longa narrativa: o estado de um "*ardent longing*" (ardente desejo "por conhecer..."), capaz de conceber as incursões náuticas como delírio, a contar com os momentos de febre e ebriedade por que passam os personagens, entre a inconsciência, o sono e o sonho do ilimitado que a viagem de barco aponta. A continuidade da aventura marítima é dada como conquista de um lugar suspenso, flutuante, propício a

---
4. "Edgar A. Poe: As aventuras de Gordon Pym", *in*: *O direito de sonhar* (Ver "Bibliografia Geral").

revelações, por meio de "todos os pormenores de cores deliciosamente excitantes".

Em "Du vin et du haschisch comparés comme moyens de multiplication de l'individualité", Baudelaire refletiu sobre o que Rimbaud só iria intensificar na escrita de "Bateau ivre", ao modo de uma apropriação integral de Poe: a embriaguez como "método literário", "método mnemônico, um método de trabalho" (Baudelaire *apud* Butor 1961: 159). Compreendida por Baudelaire como "bebedeira solitária e concentrada" (*op. cit.*, p. 165), a ebriedade de Poe possui todo um sentido de busca, desempenhando, por outro lado, "uma atividade e uma economia tipicamente americanas, como cumprimento de uma função homicida, como havendo nele *quelque chose* a matar, uma peste "that would not die" (*op. cit.*, p. 167).

O que Butor chama de "arma mortal" (*op. cit.*, p. 166) obtida com o uso do álcool, rendeu, no caso de Poe, sua própria destruição, tendo em vista a adoção do dilaceramento quanto ao seu lugar de poeta, situado entre algoz e vítima no processo íntimo da criação e em sua relação com a América. Ou seja, tudo o que pode lhe ser apontado como elementos de seu antiamericanismo e ao mesmo tempo seu profundo enraizamento ao país, ao qual já se referiu o crítico argentino M. Lancelotti – V. "Bibliografia" –, quando estuda em sua escrita a prática do conto e do poema como técnica de composição, em correspondência com o desenvolvimento da ciência nos EUA, no século XIX.

A embriaguez como "método" apresenta-se, pois, como modo perceptivo essencial à investigação de processos intelectivos, sensitivos, próprios à existência e à consciência modernas, para além do que pode significar destruição pessoal; processo, aliás, inevitável a um "desbravador" como Poe, observando-se toda a carga, todo o risco que significavam tal postura na sociedade americana, àquela época.

O que se pode dizer acerca da exploração do delírio, do desregramento como método na obra de Rimbaud (advindo, entre outras práticas, do uso do haxixe, tal como já foi exposto por inúmeros estudiosos), encaminha-se para um sistemático, "horrível" trabalho de descentramento para alcance da alteridade, da diferença constitutiva do ser, da forma como expõe a "Carta do Vidente". Deixa, assim, de limitar-se ao embate escravizador entre algoz e vítima aflorado com a embriaguez pelo vinho; oposições e conciliações que incidem a fundo na poética baudelaireana, ao modo de uma "tradução", como demonstra Michel Butor no estudo *Histoire extraordinaire*. Favorecendo a exploração "não-mortal" de que trata "Alquimia do verbo" (onde se acompanha o *renascimento*, a execução do processo alquímico) e que terá expansão na técnica dos *cut-ups* desenvolvida por W. S. Burroughs – técnica de incorporação do acaso para o autoconhecimento e a revivificação dos sentidos, da inteligência (como se verá no capítulo seguinte) – a *embriaguez como método* – ou, no caso deste autor, *a drug addiction* – torna-se arma de investigação e de sobrevivência. O que se mostra bem ilustrativo com respeito ao escritor americano da segunda metade do século XX, que, no curso de seus oitenta e três anos de vida, a maioria dos quais passada como *junky*, realizou uma obra diversificada e atuante, no que contém de sondagem sobre os circuitos psico-sensitivo-cerebrais implicados no conhecimento e daqueles relacionados à ciência e à tecnologia (seja em suas formas de controle, seja nas de antevisão), no espaço preciso da América.

Ao transformar, pelo *topos* do barco desorientado de sua rota, a *indeterminação original* – própria a um ser livre, "não predeterminado pelo que quer que seja", como afirma Georges Poulet (1987: 215) – em *determinação livre*, Rimbaud encontra na imagem do turbilhonamento, já lida desde "Les étrennes des orphelins" (presente também no poema *communard* "Qu'est-ce pour nous, mon coeur"), o caráter não-regulamentado da viagem (mais apropriada ao desgarramento e à descoberta da deambulação, visíveis na *walk writing*).

Sempre à volta de seu *equilíbrio ameaçado* (apontado por Augusto Meyer, *op. cit.*, p. 54-55), o poema – "*o Poema/Do Mar*" (versos 21-22) – encontra no *maelström* da escrita de Poe a divisa dos barcos embriagados: "E vi algumas vezes o que o homem acreditou ver!" (v. 32). O chamado à direção descendente, em vertigem, do vórtice, contém a possibilidade reveladora pelo que turbilhona a visão e a perspectiva da identidade.

Como ocorre em outro poema "marinho" de Rimbaud, "Marine", presente em *Illuminations*, os "sulcos imensos do refluxo/ Fluem circularmente para o Leste" (trad. literal), acabando por alcançar a direção múltipla dos "turbilhões de luz". O interesse do autor está em captar a poesia do livre movimento, colhido na natureza pelo que esta tem de excessivamente veloz, pelo que contém de *não-natureza*, quando vista para fora do ângulo humanizante, da distância em que é colocada como referência difusa e originária – em seu remoto e corrente fluir –, bem dentro do hábitat poético-perceptivo pioneiramente instaurado por "A Descent into the Maelstrom":

"...*o aspecto picado do oceano, lá embaixo, rapidamente se mudava numa corrente, que se dirigia para leste. Mesmo enquanto eu a contemplava, essa corrente adquiria monstruosa velocidade. A cada momento, aumentava sua rapidez, sua impetuosidade vertiginosa (...) As descrições comuns dessa voragem de modo algum me prepararam para o que vi.*"

(Poe 1944: 92-93)

Em Rimbaud e Poe, os possíveis traços da escrita como conhecimento (sem exclusão da aventura) se articulam a partir da visão. Ao final da narrativa de *Gordon Pym*, a possível unidade com a *Sombra Branca*, fenômeno (uma cortina de vapor) típico das regiões polares, aparição tanto terrorífica quanto iluminada pela alvura da neve (ser da beleza e da mortalidade que lembra aquele do poema "Being Beauteous", de *Illuminations*), é obtida pela imersão em uma natureza em revolta, dentro de uma completa correspondência com o estado de ebriedade vivido pelo protagonista, a partir de sua primeira viagem marítima. O caminho descortinado pela *luz branca* mostra-se como aventura e salvação a um só tempo, como dissolução da unidade do sujeito (investigador e protagonista) e encontro com uma dimensão mais vasta, irresolúvel se procedente da natureza, de um sonho, de um desregramento da razão ou de uma manifestação numinosa.

A matemática ou filosofia da composição, não obstante seu domínio sobre a matéria verbal, inclui sua própria dissolvência em face do indeterminado da linguagem: um vácuo inevitável deixado à especulação. O "Ser Tenebroso", tal como inscrito nos hieróglifos revelados ao final da narrativa, lê-se também, por meio de uma superposição de novas letras, como "*o ser branco*".

É assim que também são concebidos os versos de "Bateau ivre", esse concentrado de espaço/tempo, fragmento de metáfora disposto às mais inesperadas confrontações, "jogado às tontas em todas as direções" (Meyer, *op. cit.*, p. 54-55), e inconcluso em seu movimento de choque e expansão, de visão e risco. O sujeito/ *barco bêbado* aponta para uma verdadeira poética dos fluxos, numa radicalização da *escrita de caminhada*, ao dispor-se nesse espaço flutuante e suspenso do mar, no qual se metamorfoseia em criança, mulher, pantera, "quase ilha" (verso 65), criando uma figuração de múltiplos eus, amplificada em *Une saison en enfer*.

É entendido, como quer Allen Tate, como a figura de transição da literatura moderna "por ter descoberto nosso grande tema, a desintegração da personalidade, mas tomada por uma linguagem desenvolvida na tradição da unidade e da ordem" (Tate 1985: 39). Ou como o vê D. H. Lawrence – mais um cientista do que um artista, pelo fato de ter posto em prática a desintegração da velha consciência, fornecendo, de maneira sutil, novos elementos para o erguimento de outra –, Poe tem estabelecida a continuidade de seus projetos através de Rimbaud, em uma vertente oblíqua, diferente daquela reconhecida por T. S. Eliot em Baudelaire, Mallarmé e Valéry, no clássico ensaio "De Poe a Valéry". E também mais descontínua, já que dispersa no tempo e nos gêneros literários variados que hoje a cortejam, relacionando técnica e imaginação, desregramento e método. Itinerários possíveis a um país – e, quem sabe, um continente – de artistas inventores, situados entre o acaso (ou acidente) e o conhecimento, "*horribles travailleurs*"[5] do Mar e do Poema.

---

5. A crítica ressalta, no estudo das fontes de "Bateau ivre", o romance *Les travailleurs de la mer*, de Victor Hugo.

NARRADORES

William S. Burroughs

Ao estabelecer, em seu importante estudo *The Poetics of Indeterminacy – Rimbaud to Cage*, uma possível rede de influência da poesia de Rimbaud sobre a literatura americana, Marjorie Perloff faz menção aos escritos de Burroughs e Gregory Corso intitulados "Two Cut-Ups", publicados em 1961 na revista *Locus solus*, criados com os versos/frases de "À une raison". O contato de Burroughs com o poeta não terminará aí. Embora, como se verá, a aproximação do universo de Rimbaud com o do autor de *Mistérios e paixões* possa ser observada já nesse segundo romance do escritor, publicado em Paris no ano de 1959, apenas a partir da realização dos *cut-ups*, datada desse mesmo ano, como se lê em sua biografia – *El Hombre Invisible (A Portrait)*, de Barry Miles –, é que Burroughs tornará explícito seu interesse pela obra do poeta francês.

Quando expõe o método criativo oferecido pelos *cut-ups*, que têm origem nas pesquisas plásticas do artista Brion Gyson, o escritor utiliza-se dos textos de Rimbaud, ao lado dos de Shakespeare, como exemplos básicos de sua demonstração:

> *O método é simples. Eis um caminho para praticá-lo. Pegue uma folha de papel. Como esta página. Agora corte-a ao meio. Corte no meio das duas partes. Você tem quatro pedaços: 1 - 2 - 3 - 4... um, dois, três, quatro. Agora rearranje as partes, colocando a parte quatro com a parte um e a parte dois com a três. E você tem uma nova página.*
>
> *Algumas vezes isso acaba dizendo a mesma coisa. Outras vezes, algo muito diferente – o corte de falas políticas é um exercício interessante – em qualquer caso você acabará por considerar que isso diz alguma coisa, e alguma coisa bem definida. Pegue algum poeta ou escritor de sua admiração. Poemas que você tenha lido muitas vezes. As palavras acabaram perdendo significação e vida após anos de repetição. Agora pegue o poema e digite alguns trechos selecionados. Encha uma página com esses excertos. Agora corte a página. Você tem um*

novo poema. Como acontece com muitos poemas de Shakespeare / Rimbaud, se você os aprecia. Tristan Tzara disse: "A poesia é para todos". E André Bréton chamou-o de policial, expulsando-o do movimento. Diga de novo: "A poesia é para todos". A poesia é um lugar, e livre para todos os cut-ups *Rimbaud e você está no lugar de Rimbaud. Aqui está um poema de Rimbaud* cut-up.
Visita de memórias. Somente sua dança e sua casa de voz.
Na atmosfera suburbana improváveis deserções (...) todo harmônico pinheiro a guerrear.
Os grandes céus estão abertos. Candura de vapor e tenda praguejando sangue riso e penitência bêbada.
Caminhada de perfume de vinho abre a lenta garrafa.
Os grandes céus estão abertos. Clarim supremo incendiando carne de crianças na neblina.
(Burroughs 1978: 29-31)

Mais do que um exercício, um jogo com o aleatório, o método dos *cut-ups* representa um avanço nos planos da leitura e da escrita, pois seu objetivo é produzir um pensamento efetivado por imagens, por processos analógicos, e não mais pelo circuito lógico-sintático imposto como primeira instância reflexiva pela linguagem. Embora se origine das colagens de Tristan Tzara, o *cut-up* de Brion Gyson e W. Burroughs expande e sistematiza o gesto iconoclasta e provisório do desconstrutor/destruidor cultural do início do século.

Os cut-ups *estabelecem novas relações entre imagens, e o nosso campo de visão conseqüentemente se expande (...) os* cut-ups *tornam explícito um processo psico-sensorial que está acontecendo o tempo todo de qualquer jeito. (...) Eu estava sentado numa lanchonete em Nova Iorque tomando meu café com roscas. Estava pensando que a gente realmente se sente um pouco encaixotado em Nova Iorque, como que vivendo numa série de caixas. Olhei pela janela e lá estava um grande caminhão de mudanças. Isso é um* cut-up *– uma justaposição do que está acontecendo fora com o que você está pensando. Faço disso uma prática quando ando pela rua. Digo: Quando cheguei aqui, vi aquela placa, eu estava pensando nisso, e quando volto para casa datilografo tudo isso. Uma parte desse material eu* *uso; outra não. Tenho literalmente milhares de páginas com anotações aqui, cruas, e mantenho um diário, também. Num certo sentido, isso é viajar no tempo.*

(Burroughs 1988: 142-143)

Torna-se potencializada pela prática dos *cut-ups* uma sensibilidade que opera por conexões, aproximando todos os níveis possíveis de informação – dos mais imediatos aos mais recuados no tempo e no espaço –, passando tudo a possuir significação e um sentido ativo de presentificação.

Burroughs não trabalha apenas com recortes, colagens, fazendo a tesoura desempenhar uma verdadeira e substancial função de corte sobre a mesa de montagem do escritor, mas também com o gravador, a máquina fotográfica, a *still camera*... podendo, a partir daí, serem acrescentadas outras possibilidades técnicas e tecnológicas.

O método cut-up *traz aos escritores a colagem, que tem sido usada pelos pintores há quarenta anos. É usada por câmeras de imagens em movimento e de imagens paradas. Na verdade, todas as tomadas de rua feitas por câmeras em movimento ou paradas são fatores imprevisíveis de transeuntes e de* cut-ups *por justaposição. Os fotógrafos dirão a você que os meus melhores flagrantes são acidentais. E os escritores dirão a você o mesmo. O melhor escrito parece ter sido feito quase por acidente até que o método* cut-up *tenha se tornado explícito – toda escrita são na verdade* cut-ups.

(1978: 29)

A técnica de escrita desenvolvida por Burroughs de modo mais demonstrativo na trilogia de romances *The Soft Machine/The Ticket that Exploded/Nova Express*, publicada nos anos 60, busca explorar todo o campo da consciência, abrangendo as zonas de indeterminação não cobertas pela linguagem. A escrita *cut-up* abre-se também para o acaso de relações não estabelecidas com outros planos culturais e outros de ordem cotidiana, vivencial, que impregnam a feitura e o resultado final do texto. Não se trata de uma filosofia da composição – como a de Poe –, na qual o controle da consciência do criador sobre o escrito pretende-se completo até o abarcamento do "inominável". O método de Burroughs funda-se, ao contrário, sobre um diálogo sistemático com os processos não-conscientes, o que não deixa de soar como uma ampliação da "filosofia" de composição seguida por Poe, sendo mesmo possível ler a produção dos *cut-ups* como uma espécie de síntese entre a atividade prática e analítica do autor de *Gordon Pym* e a "Alquimia do verbo", de Rimbaud. Nota-se, contudo, que a técnica desenvolvida por Burroughs vai provocar o rompimento com a idéia de autoria absoluta, pela forma com que, entendendo a rede ilimitada de informação na qual se estabelece a atividade criadora, é considerado impossível a qualquer texto ganhar espaço no mundo, se não produz o seu corte/recorte sobre o já existente. Neste sentido, a literatura (como já disse ele em entrevistas) deve ser compreendida como um grande intertexto ou, melhor dizendo, um grande *cut-up*.

> *Os escritores devem liberar as palavras – não acorrentá-las nas frases. Quem disse aos escritores que eles têm que pensar? Os escritores são feitos para cantar e fazer cantar palavras. Os escritores não têm palavras "de sua propriedade". Não possuem as suas palavras. Desde quando palavras pertencem a alguém? "Suas próprias palavras", de verdade! E quem é você?*
> (*op. cit.*, p. 34)

O escritor faz uma reescrita de Rimbaud, que é como deve ser entendida hoje uma *leitura viva* do poeta. Como se nota em *Illuminations*, a forma fragmentária e o dado combinatório compareçam, linha por linha, reforçando a função da imagem em sua poesia como prática desembaraçada de um simples código lingüístico, incorporando gestos, música e movimentos sempre presentificados, que contêm já a descentralização e a amplitude características dos *cut-ups*. Isso para não falar do "decalque paródico", da descontextualização, com respeito ao legado romântico e parnasiano, trabalhados desde "Les étrennes des orphelins", até a folia intertextual do *Cercle Zutique*.

> *Shakespeare/Rimbaud vivem em suas palavras. Corte linhas de palavras e você ouvirá suas vozes. Os* cut-ups *vêm muitas vezes por meio de mensagens codificadas com significados especiais para aquele que recorta* (the cutter) *(...) Toda escrita é, na verdade, feita por* cut-ups. *Uma colagem de palavras lidas,*

ouvidas e passadas adiante. O que mais? O uso da tesoura torna este processo explícito e sujeito à extensão e à variação. A prosa clara clássica pode ser composta inteiramente de cut-ups *rearranjados. O corte e o rearranjo de uma página de palavras escritas introduz uma nova dimensão à escrita, habilitando o escritor a modular imagens numa variação fílmica. Imagens mudam de sentido sob o corte da tesoura, de imagens de odor à visão do som, ao som do som e à cinestética. E é para esta dimensão que Rimbaud estava indo com a sua cor das vogais. E seu "sistemático desregramento dos sentidos".*

(*op. cit.*, p. 32)

"*Derangement/arrangement*", a capacidade de ser a escrita uma arte de operar conexões, a contar com o descentramento do autor em seu sempre surpreendente encontro com a rede analógica das imagens do mundo, mostra a grande afinidade de Burroughs com o "não-método" encampado por Rimbaud em "Alquimia do verbo" e aplicado integralmente em *Illuminations*. Em Rimbaud, mostra-se visceral esta disponibilidade combinatória, pela qual ele extrai imagens de outras imagens, assim como cores e atributos não-determinados de átomos verbais/sonoros como as vogais. O que chamou de "alucinações simples" (Rimbaud: 431) já contém os germes dos *cut-ups* em sua lógica relacional feita de palavras/imagens justapostas, que Rimbaud recolhe do repertório cotidiano, assim como daquele arsenal entendido como "*vieillerie poétique*" (*ibid.*), celebridades "*de la peinture et de la poésie moderne* (*ibid.*).

O que se resume das ilações possibilitadas pela estrutura fonético-cromático-icônica de "Voyelles" é a potência analógica contida nos menores segmentos da escrita. O autor expressa logo ao início do poema original, citado e recriado em "Alquimia do verbo" (com sentido de montagem, de rearranjo), o estado propício a "nascimentos" (para ser mais literal), os "mistérios latentes" (trad. Augusto de Campos 1992: 37), de cada unidade verbal:

A negro, E branco, I rubro, U verde, O azul, vogais,
Ainda desvendarei seus mistérios latentes:
A, velado voar de moscas reluzentes
Que zumbem ao redor dos acres lodaçais;

E, nívea candidez de tendas e areais,
Lanças de gelo, reis brancos, flores trementes;
I, escarro carmim, rubis a rir nos dentes
Da ira ou da ilusão em tristes bacanais (...)
(Rimbaud; trad. Augusto de Campos, p. 37)

Ainda que o poema possa se submeter a uma leitura fundamentada em correlações cabalísticas, como o faz Jean Richer, é necessário assinalar as ligações arbitrárias estabelecidas entre as "séries de objetos" e as vogais. Trata-se menos de uma simbolização estrita entre vogal e cor do que uma livre associação entre os elementos. A ligação da primeira vogal com, por exemplo, "negro espartilho aveludado de moscas reluzentes", numa tradução literal, atende à construção de um núcleo imagético que prima muito mais pelo caráter de invenção, de *revelação*, do que pela confirmação de um significado prévio, ressaltando-se seu traço básico *significante*.

O fundo analógico sobre o qual se erguem os signos do alfabeto poético de Rimbaud aponta, na verdade, para a condição de um contínuo e latente nascimento da linguagem, dentro já de uma compreensão semiótica contemporânea. Ao estabelecer o significado de um signo (vogal) por meio de outro (cor), Rimbaud reveste tal *"traduction"* de uma marca icônica, que conta para essa operação metalingüística, melhor dizendo "metassígnica" (Pignatari 1987: 157), com uma independência em relação ao código verbal. Prova disto é a subversão da hierarquia das vogais[6], que no poema terminam em *o*, em atenção ao apelo visual, circularidade/espiralidade que a letra imprime e faz prolongar findo o poema, por meio de

---

6. Se a fonte imediata de "Alquimia do verbo" encontra-se em "Correspondances", de Baudelaire, é importante assinalar a antecedência dos *Works,* de Poe, que já observava as modificações de som e cor no interior de seus poemas ("Usamos a palavra forma em sua acepção mais larga como as modificações que envolvem som e cor", *apud* Cambiaire 1927: 123). O templo da Natureza, onde *"L'homme y passe à travers des forêts de symboles"* (Baudelaire 1968: 92), é perseguido em "Alquimia do verbo" dentro de um campo relacional mais vasto. Tendo sua prática incorporada ao conjunto de poemas que deu forma a *Illuminations,* acabou por influenciar um largo espectro de experimentações da modernidade poética, desde os simultaneísmos e futurismos das vanguardas (os caligramas de Apollinaire; as colagens de Tzara; a escrita automática surrealista; a arte concretista brasileira e alemã) até chegar aos *cut-ups,* em igual busca de inter-relação entre palavra e imagem em contextos os mais variados, a contar de seus elementos gráfico-sonoro-textuais.

uma nova cor/novo ser de linguagem: cor-luz, tendo o olhar como radiação – "raio violeta dos seus Olhos!".

Com respeito, ainda, à última vogal do alfabeto rimbaudiano, o crítico Daniel Grojnowski captou, em sua leitura de "Sonnet du trou du cul", uma verdadeira "História do O", com foco sobretudo no verso: *"Obscur et frOncé cOmme un Oeillet viOlet"*. Além de subverter a hierarquia vocálica, o "O" acrescenta às fonações básicas da língua o circular, o movimento em espiral, para todos os usos da linguagem. O *olho do cu*, relacionado ao "O", é deslocado da condição obscura de "antro" inabordável do corpo humano para doar-se à experiência leitora, em sincronia completa com a matéria porosa de seus fonemas e grafemas, comparecendo, à maneira do outro soneto (o das vogais), como unidade fônica/visual/sensorial.

Não se assiste na página/pauta de "Voyelles" à legibilidade, ao resguardamento da identidade entre os signos combinados, não pertencentes mais – "verdes como os pradarias" (Baudelaire, "Correspondances") – ao campo da correspondência, da operação simbólica. Uma vogal é mais do que uma cor e um símbolo a ela correspondentes. "Voyelles" atuam como extensões de cores em fusão com ritmos internos e variados, designando mais de um objeto em uma expansão crescente de imagem/som, dentro de uma seqüência não-linear. Mostra-se, pois, inviável a categorização da obra de Rimbaud, um poeta em estado de experimentação, dentro de uma "escola", mesmo a simbolista, tendo por base o exaustivamente copiado e cultuado "Soneto das vogais", no Brasil inclusive.

De qualquer modo, a sintonia com as formas visuais, sinestésicas, sensitivas mesmo, fica demonstrada pelo empenho do poeta na criação de palavras e imagens, cruzadas dentro da grande atividade combinatória que significa para ele a escrita. A começar pela conjugação de narrativa e poema no conjunto da "Alchimie", passando pelas camadas menos evidentes das analogias trabalhadas pelos versos, entramos em contato com o poder relacionador do que Calvino chamou de "imaginação visiva" (1990: 112).

Lê-se, na "Alquimia", a eclosão auto-referencial da cultura, por força da utilização feita pelo autor do próprio material poético incluído no corpo experimental do poema-prosa. Para ele, a onipresença autoral já passa a sofrer seus primeiros deslocamentos na busca do "lugar e da fórmula" ("Vagabonds") de um verbo poético "acessível a todos os sentidos" ("Alquimia do verbo").

Entretanto, não só na "Alquimia do verbo" Rimbaud revela esta disposição intrínseca aos choques/contatos de várias fontes de informação – todo o repertório textual-iconográfico inventariado, estocado, do mais nobre ao lixo, todas as paisagens possíveis. Como se observa em *Illuminations*, o papel que a *informação* (jornalística, literária, turística, topográfica, arquitetônica, urbanística...) adquire é significativo. Pode-se notar que Rimbaud não só pensa e cria por imagens, mas também se utiliza das imagens do mundo, imagens preexistentes, rearticuladas, rearranjadas, pela operação da linguagem poética compreendida como procedimento investigativo, experimental, tomando a literatura dentro de amplos circuitos relacionais e culturais (poemas como "Villes (II)", "Promontoire", "Soir historique" são exemplo disso).

Já em "Bateau ivre", Augusto Meyer fazia notar como o *Magasin Pittoresque*, espécie de *National Geographic* da época, era apropriado pela aventura náutica do poeta. Já existe da parte de Rimbaud a sensibilidade informacional que vai nortear o trabalho de Burroughs no sentido da estocagem (em suas reflexões sobre a escrita e os *cut-ups*, ele esclarece sobre o uso de arquivos de textos, imagens e *tapes*) e da circulação de dados criativamente combinados.

Como afirma Burroughs, a feitura dos *cut-ups* não atende simplesmente a justaposições ocasionais de palavras, mas intervém na ordem da percepção e também da imaginação. O escritor torna-se mais próximo de seu meio de expressão, pondo-se em uma comunicação viva, tátil, e não mais indireta, como aquela oferecida pela linguagem em suas abstrações, sua "prisão" de palavras. Estas passam a se apresentar como substância manuseável, trabalhadas para além da mera organização métrica/sintática de um raciocínio verbal, integrando-se de forma atuante a um campo mais vasto do conhecimento.

A habilidade do pintor em tocar e vivenciar seu meio de expressão o orientou para as técnicas de montagem, sessenta anos atrás. Aguarda-se que a extensão das técnicas dos cut-ups *conduzam a experimentos verbais mais precisos, na proximidade do vácuo de sentido, dando ao vazio uma nova dimensão de escrita (...) Toda essa experimentação pode levar a uma ciência precisa das palavras, mostrando como certas combinações de palavras produzem certos efeitos...*
(Burroughs 1989: 27-28)

Extensão dos *cut-ups*, o *fold-in method*, que consiste em dobrar um texto no outro – justaposição, e não mais recorte –, tal como praticado em *Nova Express* e *The Ticket that Exploded*, permite a Burroughs o que chama de "viagem no tempo e no espaço":

Em minha escrita, ajo como um construtor de mapas, um explorador de áreas extrafísicas (...) como um cosmonauta do espaço interior, e não tenho nenhum interesse em explorar áreas que já tenham sido completamente avaliadas – Um cientista russo disse: 'Não viajamos somente no espaço, mas no tempo também' – Se os escritores estão capacitados a viajar no espaço-tempo e a explorar áreas abertas pela era espacial, penso que devem desenvolver técnicas tão novas e definidas quanto as técnicas de uma viagem física ao espaço. (...)

O método fold-in *dá ao escritor literalmente um infinito campo de opção – Tome, por exemplo, uma página de Rimbaud anexada, dobrada a uma outra de Saint-John Perse (os dois poetas têm muito em comum) – Dessas duas páginas, um número infinito de combinações e imagens mostra-se possível – O método poderá levar a uma colaboração entre escritores em uma escala sem precedentes, de modo a produzir trabalhos que são um esforço composto por um número qualquer de escritores vivos e mortos – Isso ocorre, de fato, tão logo qualquer escritor comece a usar o método* fold-in.

(1978: 95-96)

Em *The Ticket that Exploded*, William Burroughs dá continuidade aos projetos da *walk writing/escrita de caminhada* praticada por Rimbaud ao longo de sua obra e disposta na abertura de "Alquimia do verbo" como o sonho das Cruzadas, "viagens de descobertas (...) deslocamentos de raças e de continentes" (Rimbaud: 429), mas já no *espaço,* por meio do recorte criativo das narrativas de *science-fiction.* As viagens projetadas pela carta de previsões e encantamentos que é a "Alchimie" efetivam-se agora com o americano Burroughs no espaço-tempo de uma epopéia antimodelar, mas viabilizada em total afinação com o que o escritor identifica como "*space age*" (1991: 265-268). Nesse romance, publicado em 1962 também em Paris, onde passou a residir depois de vários acidentes relacionados à fase *junky* mais pesada, a narrativa é interrompida ou, melhor dizendo, potencializada, com um capítulo dedicado à "*writing machine*". A máquina de escrever aparece dilatada e retorcida, como um daqueles objetos vivos-animais-siderais construídos por David Cronenberg, recriador de *Mistérios e paixões* no cinema, superdimensionada pelo uso dos *cut-ups* e pela elaboração de uma *sci-fi*. Materializa-se como aparelho dotado de alta freqüência sonora-visual-escritural, por meio do qual são possíveis de se contemplar "*vastas esculturas móveis de música*" (1968: 64). Tal como ocorre em "Fleurs" e "Scènes", o capítulo "*writing machine*" integra um espetáculo, definido como "A Exposição".

A "Exposição" estendeu-se por muitas salas e corredores – Cabines foram espalhadas em um jardim híbrido submerso e nivelado – Piscinas e canais refletiam flores flutuantes (arranjos intrincadamente mixados com pinturas de flores e jardins). Num cômodo de paredes metálicas, móbiles magnéticos sob fosforescente luz azul e odor de ozônio – juventudes de metal maconhadas dançavam sob uma ducha de faíscas azuis, ereções contorcidas juntas com orgasmos trêmulos de metal – Folhas de caligrafias magnetizadas desenhavam arquivos de ferro coloridos, que caíam em nuvens de cor, indo de padrões pulsantes à música metálica, fora e dentro, dentro e fora.
(*op. cit.*, p. 62)

Peças no palco com seções permutáveis entravam umas nas outras, Shakespeare, grego antigo, balé. Filmes são mixados na tela; metade um, metade outro – peças perante a tela de cinema sincronizada de forma que cavalos entram e saem de velhos westerns (...) Conversas gravadas em filmes, realizadas durante a Exposição, até que todos os espectadores sejam envolvidos em situações permutáveis e em movimento (...).
(*op. cit.*, p. 64)

Em "Fleurs", Antonio Candido havia considerado ser "perfeito o encontro do universo factício (cuja lei é a ordenação arbitrária de componentes convencionais) com o universo natural, porque a comparação que gera as imagens é feita como se o termo metafórico tivesse uma vida independente do termo metaforizado. Ou, por outra, como se a imagem se tornasse objeto convencional do mundo novo" (1991: 6-2). Tal poder de autonomia, de *projeção*, adquirido pela imagem mostra-se mais intenso quando Burroughs revivifica as visões do poeta, ao inseri-las em um universo como o da ficção científica, marcado pelo caráter de sondagem e de antecipação, que torna estreitos os laços entre arte e ciência. Em Burroughs, a tecnologia acaba por conceder ao "universo factício", de que fala A. Candido, seu lugar de natureza.

As imagens utilizadas de "Fleurs" – referências a um terraço de flores aquáticas; um jardim exposto em toda a sua magnificência natural e "construída" como exibição aos olhares dos leitores/espectadores –, tomadas como um todo – "Pratos antiquados tombam como neve luminosa suavemente caindo cabelo escuro cabelo de luz clicado cada vez mais fundo mais fundo no silêncio azul" (Burroughs 1968: 63), reforçam o estatuto codificador de uma nova sensibilidade, que sem dúvida é um mundo novo – como Candido percebe no poema original –, admirável e também abissal, onde pulsa a "vida independente do termo metaforizado". *The Ticket that Exploded* redimensiona práticas de Rimbaud com a matéria literária e cultural de seu século, uma prática de escrita, na visão de Jacques Rancière:

> ...*não se trata de ler, mas de escrever. Rimbaud não leu as teorias do século, ele escreve o século que as une (...). Marca as coordenadas e estabelece todas as ligações possíveis entre elas no mesmo espaço. Torna-o evidente e, ao mesmo tempo, ilegível. Mas ele faz isso acreditando, querendo fazer alguma coisa diferente. O que ele quer, com efeito, é passar à frente do século. Pretende dar a ele o que falta para terminar o projeto do novo corpo glorioso, uma língua: a língua do futuro, a do corpo integral, da comunidade das energias reunidas ("As vozes reconstituídas; o despertar fraterno de todas as energias corais e orquestrais e suas aplicações instantâneas").*
> (1996: 148-152)

Esta postura diante da escrita encontra equivalência em Burroughs, na contemporaneidade, quando ele cultiva a linha máxima da imaginação, desentranhada de discursos e textos progressivos, científicos: *conquistas espaciais* para o escritor que faz da página o revés iluminado e a vertigem, também, do cosmo. E na pulsação de um tempo que não é o da imagem de futuro estandartizada pela ficção científica.

Pode-se dizer que a literatura de Burroughs já viaja na velocidade da luz. No entanto, seguindo a visão de Rimbaud nos poemas da série "Villes", "H", "Matinée d'ivresse" e "Promontoire" (e em outros pertencentes a *Illuminations*), não se nega lugar à explicitação do artifício – drogas, o *imagismo* civilizatório – e do controle contidos nas fosforescências ultramodernas da tecnologia, onde a *science-cut-up-fiction* vislumbra traços não-utópicos. "*All is possible because isn't true*", diz Burroughs em sua leitura/canção "Apocalypse", gravada no disco *Dead City Radio*.

Da mesma forma que ele cria, a partir das "Fleurs" rimbaudianas, uma linguagem do encantamento para montar um jardim de delícias sexuais, vividas de modo público e desreprimido em um ambiente de alta tecnologia, ele pode desestabilizar a organização da linguagem dentro do corpo, com seus sistemas psico-motores-sensoriais, em um gesto mais regressivo que progressivo, por meio do qual a origem e os limites do *Homo sapiens* se chocam do modo mais orgânico, mais brutal. Penso no relato, já tornado célebre pelo filme de Cronenberg, contado pelo dr. Benway, em *Mistérios e paixões*, em que um homem dá voz ao próprio ânus, primeiramente com interesses espetaculares – um número circense de ventríloquo –, para depois ser tomado pela autonomia do órgão, que começa a falar por si próprio.

>...*o cu abria caminho através das calças e começou a falar na rua, berrando que queria igualdade de direitos. Tomava porres e tinha crises de choro, que ninguém me ama, que queria ser beijado como qualquer boca. No final, o negócio falava o tempo todo, dia e noite, você podia ouvi-lo por quarteirões berrando que o cu se calasse e batendo nele com o punho, e enfiando velas nele, mas coisa nenhuma adiantava, e o cu disse para ele: "É você que vai se calar no fim. Não eu. Porque nós não precisamos mais de você por aí. Eu posso falar e comer e cagar".*
>
>*Depois disso, ele começou a acordar de manhã com uma geléia transparente como um rabo de girino, por cima de toda a boca. Essa geléia era o que os cientistas chamam T. in-D, Tecido Indiferenciado, que pode crescer em qualquer tipo de carne do corpo humano. Ele a arrancava da boca e os pedaços se prendiam em suas mãos como gasolina gelatinosa, queiman-*

do e crescendo lá, crescendo em qualquer lugar em que um pedaço caía. E finalmente sua boca se fechou, e a cabeça inteira seria amputada espontaneamente – (você sabe que existe uma condição que ocorre em partes da África e só entre negros, em que o dedo mínimo do pé se amputa espontaneamente?) – exceto pelos olhos, entende. Uma coisa que o cu não podia fazer era ver. Precisava dos olhos. Mas as ligações nervosas foram bloqueadas, infiltradas e atrofiadas para que o cérebro não pudesse dar mais ordens. Ficou preso no crânio, exilado.

Por um momento, você podia ver o sofrimento silencioso e indefeso do cérebro por trás dos olhos, até que finalmente ele deve ter morrido, porque os olhos se apagaram, e não havia mais sentimento neles que no olho de um caranguejo preso à ponta de uma haste.

(Burroughs 1984: 123-124)

Nesta guerra entre boca e ânus – guerra dos órgãos, como define Laymert Garcia dos Santos, com base em Artaud, a "experiência da agonia" deflagrada para alcance de uma linguagem "que é ação do corpo, dos órgãos e dos sentidos" (1989: 23) –, o corpo logocêntrico é violentamente alterado. A linguagem, que, por efeito de uma hierarquização, assumia o controle da mente, acaba por mostrar que o homem nada *é* sob o seu comando, ao sofrer a sublevação do corpo. A parábola cruel montada pelo escritor traz ecos de "Les remembrances du vieillard idiot", no que o poema rimbaudiano revela sobre uma corporeidade involuntária e desregrada, da qual o sujeito desconhece o funcionamento, cada vez mais exilado de um organismo que o exaure até a idiotia.

Já se encontrava também na "Carta do Vidente" (a segunda), a referência ao desregramento como projeto do poeta, que começa a extrair visões a partir da exploração de si mesmo, da própria matéria, empreendimento muito próximo daquele em que o conhecimento é um abismar-se no *soma,* uma "experiência da agonia", enfim, como diz o título do importante ensaio de Laymert Garcia dos Santos.

Trabalhando, como diz Nietzsche, contra os esquemas fantasmagóricos, as abstrações do pensamento, o vidente rimbaudiano forja sua palavra por meio do desregramento contínuo viabilizado pelo exercício da agonia, atento à produção de uma linguagem que passa a existir pela "sintonia do corpo que ouve com o corpo que enuncia" (*op. cit.*, p. 34). Um poeta-médium de si mesmo, que a partir da renovação da experiência de descida em sua materialidade, capacita-se a ser outro, podendo assim desfrutar de um novo corpo, em que espírito/carne/sujeito/objeto atuam sincronizadamente, mesmo que para o campo desta poética tal equilíbrio seja posto sempre em crise a cada novo ciclo, a cada novo título. Tal intermitência do dilaceramento atende, por sua vez, à natureza movente e experimental, agônica que seja, da palavra – parafraseando "Adieu" – "em uma alma e um corpo" (Rimbaud: 453).

Com tintas ainda mais corrosivas, Burroughs é um razoável cirurgião – ele volta e meia interpreta as falas e os gestos do dr. Benway em leituras, filmes e *performances* – a bloquear os centros nervosos da linguagem, instaurando a presença física das palavras, desgarradas, então, de um sistema limitadamente binário em suas clássicas oposições entre mente/corpo, dentro/fora, consciente/inconsciente.

Ao romper com a diferenciação entre boca e ânus, entre alto e baixo – atribuições que não são apenas de ordem física, mas também de valor –, ele instaura a partir do corpo o contato com o que Robin Lydenberg chamou de "descorporificada, parasítica maquinaria do poder" (1987: 138). Sendo compreendida a linguagem como presença imaterial, parasitária no corpo humano, Burroughs passa a expor "as anônimas e invisíveis forças que manipulam a vida individual" (*ibid.*). Quando lembramos a famosa asserção de Foucault – de que não falamos, mas *somos falados* –, ler a novelística de Burroughs é como penetrar na ventriloquia em que se constituem a linguagem e o pensamento humanos, para bem dentro dos circuitos de vozes desencorpadas e máquinas de controle abstrato, como aquelas com possibilidade de se personificar, como "*Death Dwarfs*"/"Anões da morte", em *Nova Express*.

Conhecemos, pela ficção científica do autor, o embate, tal como descrito por Laymert, entre a *voz imensa*, cultural, e a *voz mínima*, gradativamente autonomizada por obra de uma guerra orgânica movida contra a linguagem – *vírus*, como definiu o autor de *Mistérios e paixões* –, sistema imposto de fora, mas interiorizado em cada um. Combate "à morte em vida" (*op. cit.*, p. 13), como expressa Laymert, a partir de dentro, ao que é incapaz de manifestar a atividade fisiológica, a voz afirmativa do corpo.

Robin Lydenberg notou a presença do "*dérèglement de tous les sens...*" em *The Ticket that Exploded* como passagem irrecusável para uma maior convivência, um maior entendimento com o corpo, do qual advém a conquista de uma dicção individualizada.

Burroughs passa pela *distopia*, pela fala apocalíptica descerrada das *novas polícias* montadas no espaço, abrindo sempre um intervalo no interior da linguagem, "porque sempre existe um espaço *entre* canções populares e filmes B..." (1968: 133).

Juntando o que não se juntava, cria-se uma terceira possibilidade – *Third Mind,* eis o título da obra escrita em parceria com Brion Gyson, na qual refletem sobre os *cut-ups* e outros métodos –, produto aberto de um vácuo/intervalo da linguagem e do pensamento, capaz de penetrar na consciência em sua profunda relação com o acaso, com o indeterminado. Como diz Burroughs no livro de entrevistas *The Job*, os significados revelados pelo uso dos *cut-ups* podem se referir a acontecimentos futuros, estendendo a escrita ao plano da antecipação, ao ingresso nos níveis analógicos mais sutis de manifestação, favorecendo uma maior entrada no campo das imagens e, com isso, uma atuação mais eficaz na existência.

Fica claro, entretanto, para o autor, que essa atividade é extraída da "barragem absoluta de imagens às quais somos submetidos de modo a nos tornarmos embotados (...) se vocês são absolutamente bombardeados por imagens de caminhões em trânsito e carros e televisões e jornais, tornam-se embotados, e isso cria uma névoa permanente em frente dos olhos, de forma a não se poder ver mais nada" (Burroughs 1989: 34).

O traço de visionarismo propiciado pela técnica dos *cut-ups* não elide, pois, a barragem, os pontos cegos, redundantes, em que se movem as imagens contemporâneas, diante das quais a individualidade se estilhaça à mercê do consumo e do controle. Lembro, porém, que tanto para Burroughs quanto para Rimbaud o mundo é dado como *imagem* e também como *desrepresentação.*

Assim como o poeta destilou a "velharia" das "celebridades modernas", o autor de *The Ticket that Exploded* abeirou-se da ficção do desastre e do apocalipse (assim como do manancial *mass media*) para efetivar o trabalho alquímico-científico da linguagem, por meio do qual despontam novas formações poéticas e suas conjugações políticas/eróticas/cósmicas. Entre Rimbaud e Burroughs há um vácuo de épocas e nacionalidades, entre o despontar e a agonia do moderno, mas estes extremos de espaço/tempo só se intensificam por ordem dos níveis cada vez mais elaborados de imaterialidade e velocidade com que se produzem as *imagens de mundo*. Pois a intuição do autor francês a respeito da criação de um *novo corpo*, em sintonia com a busca de um *verbo poético* potencializado em todas as suas dimensões relacionadoras e reveladoras, encontra eco no narrador americano.

> *Burroughs aproxima-se da linguagem com uma vigilante e científica imparcialidade. Tomando o controle da palavra de modo a realizar uma espécie de dissecação cirúrgica de suas funções, ele tenta revelar e transcender os mecanismos de controle construídos no interior de nosso sistema de linguagem (...) Suas intermitentes e utópicas fagulhas de liberação são baseadas nas remotas possibilidades de escapar do 'corpo e da palavra' (...) gerando um corpo novo e liberado da manipulação das formas tradicionais de palavra, texto e carne.*
> (Lydenberg, op. cit., p. 138)

A promessa de um "novo corpo amoroso", nascido de "feridas escarlates e negras" ("Being Beauteous"), podemos vê-la reavivada nos romances americanos com toda sorte de violência – "*L'élégance, la science, la violence!*", diz "Matinée d'ivresse" –, tanto voluntária quanto instituída: Carne Negra traficada pela Polícia do Sonho em *Mistérios e paixões*. Através da incursão pelo inferno psicotrópico, pelos subterrâneos da mente, do corpo e da palavra, a escrita de Burroughs alcança o estado de uma linguagem/música executada em dimensões sempre surpreendentes do espaço-tempo. Está em sincronia, enfim, com o poder de revelar, e não apenas o de narrar, as forças, os embates vivos que se realizam e desrealizam na extensão entre arte e ciência, imaginação e pensamento, ao compasso da atuação do "construtor de mapas (...) explorador de áreas extrafísicas (...) cosmonauta do espaço interior", como disse o escritor em *The Third Mind*.

Marcada pelo conflito, pela contundência, próprios à expulsão do *vírus* que parasitou o corpo criativo da linguagem, essa literatura experimenta técnicas e tecnologias de som (seu trabalho com *tapes* e leituras de texto compõe todo um capítulo à parte) e imagem, revelando seu autor como presença viva, performativa e essencial, como uma espécie de xamã *high-tech* da cultura americana. Em um raio de ação que vai da gravação de CDs, onde a leitura de seus textos passa por toda série de registro e experiência – como, por exemplo, em *Spare Ass Annie and Other Tales* (1993), um disco feito a partir de sua voz, sob a "batida" *rap* do grupo Disposable Heroes of Hiphoprisy, ou em *The "Priest" They Called Him*, gravação realizada, nas mesmas bases, com Kurt Cobain, guitarrista e líder do Nirvana, pouco antes da morte deste e da extinção da banda –, até longa-metragens que contaram com a participação de Burroughs como ator (*Drugstore Cowboy*, de Gus Van Sant), e um videoclip do grupo Ministry, no qual comparece como ele mesmo, realizando *Shotgun Paintings* (experiências plásticas envolvendo o uso de armas). Sem falar que W. S. B. é a grande referência de William Gibson[7], ficcionista em torno de quem se move a *cyberculture*, bastante presente na vida americana de hoje.

Em *The Place of Dead Roads* (1983), romance escrito vinte anos depois da trilogia *cut-up*, Burroughs toma um caminho inverso ao da *science fiction*, realizando um *far west*. No corpo de uma narrativa mais inteiriça, menos fragmentada pelas entradas drásticas, puramente experimentais dos *cut-ups*, o escritor não fica sem exercitar "*hallucinations simples*", captando na paisagem do Velho Oeste as fraturas modernas que fundamentam sua viagem pelo tempo. É ao poeta-caminhante de outro continente, de outro século, que ele se reporta, à sondagem de um lugar de origem (a América pioneira, mítica) ou de destinação – como ele empreende aqui, envolvido com o debate sobre a imortalidade/o fim da vida: *The Place of Dead Roads*, passagem pelas fronteiras modernas/eternas. Um lugar estratégico – "*the landscape of some forgotten planet*" – favorecido pelo deslocamento de sua máquina de escrita e de imagens:

---

7. Uma forte tendência da literatura americana contemporânea é a de aprimorar os elos com a ciência e a tecnologia. Os autores ligados à *cyberculture* trabalham com a idéia de um espaço nocional – *cyberspace* –, mediado pela informática, que acessa a mente a uma tecnoesfera, a um *não-espaço* identificado também como *virtual*. O ponto de partida dessa exploração espacial se dá com a publicação de *Neuromancer* (1984), de William Gibson, cultor declarado de Burroughs. Sobre a grande influência exercida pelo outro Bill, expressa o autor mais jovem: "...a diferença entre o trabalho de Burroughs e o meu é que Burroughs cola todas as coisas na página, enquanto eu faço um *airbrush* de tudo" (*apud* Rucker 1992: 66).

> *Kim acampou no declive, ao sul, barraca escondida pelas árvores. Ele preparou seu anzol com uma grande minhoca púrpura e lançou-o em um dos estreitos e silenciosos córregos, flash amarelo do peixe dentro da água escura.*
> *Ele segurou o peixe frito, crocante, pela cabeça e pelo rabo, comendo a carne embebida em limão, sem a espinha.*
> *No crepúsculo, o salto do peixe, uma sinfonia de sapos. Kim viu um imenso sapo conduzindo a orquestra e pensou em "Tarde histórica", de Rimbaud – "A mão de um maestro desperta o cravo das campinas... jogam-se cartas no fundo do lago...".*
> *A grama dourada, a sinistra água negra pareciam a paisagem de algum planeta esquecido. Ele poderia se ver comendo truta ali para sempre, pilhas de ossos com mato crescendo por cima.*
>
> (1983: 15)

Kathy Acker

Em uma entrevista a Sylvère Lotringer, Kathy Acker dá as direções de sua escrita ficcional:

> *...Sempre quis escrever prosa. Mas estava procurando modelos de ficção que fossem poéticos e escritores de ficção não trabalham nessa linha. Não escrevem por processo. O único modelo que encontrei em meu universo de referências foi William Burroughs. Aprecio Kerouac, mas ele trabalha demais com a intuição para meu gosto, e eu não estava interessada naquele tipo de trabalho autobiográfico. Considero que Burroughs realmente tem realizado uma grande obra, pois lida com a maneira pela qual política e linguagem se relacionam, com o tipo de linguagem utilizada, com o que é a imagem, ou seja, todo aquele trabalho inicial de Burroughs. Ele foi para mim o único escritor em prosa no qual pude observar um aspecto conceitual. Então utilizei* The Third Mind *como experimento que me ensinasse a escrever...*
>
> (1991: 4)

Desenvolvidas a partir da prática dos *cut-ups* e de outros experimentos possibilitados pela leitura de Burroughs, as ficções de Kathy Acker vão fundo no que se refere à utilização de textos preexistentes. Mais do que a paródia, estilo recorrente da pós-modernidade literária, na qual a obra de Acker se encontra situada, suas ficções devem ser entendidas como *apropriação*, que não deixa também de ser vista como técnica ou estilo da música pós-moderna, propiciada com o uso do *digital sampler* – "um invento usado pela música eletrônica que digita e estoca um tom ou uma frase musical. O sinal 'sampleado' deve ser o do som de um instrumento tocado em uma tonalidade particular ou deve ser composto por materiais previamente gravados (...) Os músicos combinam os vários sons já estocados pelo *sampler* com 'sons encontrados', apropriados de uma forma existente de material gravado, de modo a fazer uma colagem juntamente com um som original" (Rucker 1992: 24).

Como a escritora interioriza a prática da *apropriação* desde seus primeiros livros, levando-a a territórios cada vez mais surpreendentes, como no caso de *In Memoriam to Identity*, onde reescreve a obra e a biografia de Rimbaud simultaneamente à reelaboração de sua própria biografia, mostra-se limitada e improducente a denominação deste trabalho ficcional como "estilo pós-moderno", simplesmente.

> *Eu estava "plagiando" e fazendo outros experimentos intertextuais não-narrativos bem antes de ter descoberto os discursos que começaram a ser vinculados ao termo. Honestamente, minha principal resposta, quando comecei a ouvir a palavra* pós-moderno, *foi "Oh, agora as pessoas têm essa palavra para rotular o que estou fazendo..."*
>
> (Acker 1992: 75)

Ao longo da leitura do romance citado, será possível compreender de modo menos vago do que aquele facilitado pelo rótulo *pós-moderno* o modo de composição de Kathy Acker, inspirado ou, melhor dizendo, apropriado de um autor moderno como Rimbaud. Em resumo, o que importa na leitura da obra de Acker é menos sua inserção na pós-modernidade do que o entendimento dos pontos de conexão entre dois momentos da modernidade – aquele localizado em suas primícias e o outro em seu fim.

A *apropriação*, em Acker, envolve a questão do plágio, acusação temida pelos editores de *The Adult Life of Toulouse-Lautrec* (1975), que retiraram o livro do mercado pelo fato de a autora ter inserido quatro páginas de *The Pirate*, romance escrito pelo conhecido produtor de best-sellers Harold Robbins. A pirataria, que aqui atende a uma necessidade voluntária e recriadora, mesmo com o uso literal da obra alheia, faz acionar as leis do mercado – o *copyright*, os *royalties* da autoria –, facilmente reivindicáveis por um autor como Robbins.

A escritora parece operar nos extremos da atividade da escrita, a partir de seus pontos básicos – como os que se referem à identidade do texto lido, à autoria – até ultrapassar os limites da página, tocando nas instâncias mercadológicas, nas questões legais dos autores de livros. Este exemplo, no entanto, não está isolado do teor de intervenção inerente à escrita de Kathy Acker, apropriadora de vários modos, de vários autores e gêneros, que abrangem um espectro de possibilidades poderoso – incluindo desde a reescrita de *Great Expectations*, de Dickens, até a de *Neuromancer*, do *up-to-date* e fundamental William Gibson –, operando com intertextos os mais diversos, como a literatura pornô dos livros de bolso, *detective fictions*, ensaios históricos, teoria política e mitos gregos. O objetivo da autora é definir as relações entre linguagem e poder, desdobrando daí alianças entre a escrita e a identidade, por meio das quais a discussão da sexualidade, do lugar do sujeito no feminino, entra em pauta. A *apropriação* mostra-se como tática política em três categorias – "*Sex, language and violence*" – tal como disse a autora sobre *My Death, My Life by Pier Paolo Pasolini*, mas que pode ser estendido à obra feita com a morte, vida e arte de Rimbaud.

Ao mesmo tempo em que brande com violência seu interesse por uma escrita que conduza à sexualidade, às motivações básicas da vida pessoal, Kathy rasura a identidade do autor, exila a "criatividade", matéria pedagógica e sistêmica da linguagem, ao impulsionar a engrenagem de seu *sampler* de escrita – uma máquina como a de Burroughs em *The Ticket That Exploded*. O repertório acionado atende a efeitos imprevistos, surgidos de materiais transcritos literalmente, com outros sintetizados e estocados pela máquina de citações, ou melhor, situações de textos em que trabalha a autora.

Em *In Memoriam to Identity*, Rimbaud comparece como um precursor de muitas de suas práticas, seja em "Les étrennes des orphelins" ou nos mitos de "Soleil et chair", seja pelo pastiche e pela paródia, reescrevendo na direção da escatologia versos de seus desafetos contemporâneos, sob a identidade dos mesmos (*Album Zutique*), ou então no célebre poema "Ce qu'on dit au poète à propos de fleurs", onde se dirige, acompanhado de carta, a Theodore de Banville, dissolvendo a estética ornamental do poeta mais velho e estabelecido, por meio de um ataque frontal ao autor.

Este contato, contágio pelo poeta francês, serve também para mostrar o seu papel de iniciador na narrativa tecida por Acker depois do relato em sua memória, em memória à identidade de Rimbaud.

A primeira parte do romance é dedicada à obra e à biografia rimbaudianas; e, já na segunda, o centro passa a ser um personagem feminino – Airplane –, que cede seu lugar na próxima seqüência a um outro, que tem por nome Capitol. Após essa troca de identidades, a última seção do livro – "The Wild Palms" –, que traz o mesmo título do romance de William Faulkner, não chega a ser um *remake* desta obra, mas sim a retomada em um novo contexto da violência contida na iniciação sexual dos personagens femininos, assim como de sua dependência da figura paterna – elementos constantes na ficção faulkneriana.

O recontar da biografia de Rimbaud vem marcado, de imediato, pela explicitação da problemática sexual do poeta, sem meias medidas. A autora dá voz a Rimbaud – ou, melhor dizendo, ao Rimbaud *subterrâneo*, tabu e atrativo dos *hipócritas leitores*, devassados pioneiramente por Baudelaire – e nome aos desejos, permitindo-lhes extravasão, mais e mais, ao expressá-los livre e diretamente por meio de uma linguagem caracterizada pela violência, por um traço *hardcore*, próprio a uma autora influenciada pela cultura punk[8] (com o efeito a um só tempo purificador e perturbador do desregramento/descentramento).

> *Rimbaud cresceu para ser um animal selvagem, dessociável. Ele era imundo. Sua mãe não lhe ensinou nada e não queria*

---

8. Do final dos anos 70, quando surgiu sob a forma de movimento, aliado a uma nova música, até a década de 90, o punk será marcante na experiência não apenas de Acker, que absorve toda uma "instabilidade selvagem e agressiva" (Sevcenko 1986: 18), destilando-a na literatura e no seu modo de ser e de agir, de usar o corpo (tatuagens, *piercing*), como também na experiência de Patti Smith (uma das precursoras, em solo americano, da revolta cultural total, acionada por "um ruído insuportável de indignação, recusa e inconformismo") (*ibid.*).

nada com ele. Foi deserdado. Viveu sempre exposto à luz nua do sol e brincava com formas de violência natural como se fossem facas e correntes. Preso à sua mãe, quanto mais impotente ela o tornava, mais ele fazia o que bem desejava.
(...)
O homem enfiou a mão no cu da criança, abrindo e fechando a mão até que as suas unhas sem lixa arranhassem as membranas. No fim do túnel de membranas, o coração do garoto estava batendo. Depois, o homem foi subindo o braço até que conseguisse segurar seu coração. O coração sentiu-se como um pássaro. De posse do coração, ele jogou o garoto no chão, chutando-o de lado até que o garoto soubesse que ele não era nada, que não tinha mãe.
Incapaz de tolerar ou parar essas torturas, R lançou-se ao imaginário. O infinito e a claridade do desejo no imaginário fizeram a insanidade da sociedade normal desaparecer.
(Acker 1990: 4-5)

Apesar de ter, desde a infância, sua sexualidade controlada e utilizada por outros de modo brutal, o Rimbaud de Acker não se desvia de sua íntima vontade – "mais ele fazia o que bem desejava" – e do fortalecimento de seu imaginário – "O infinito e a claridade do desejo". O uso dessacralizador da sexualidade "*maudite*" entrevista em tom de cochicho, ou com a devida distância pelo "buraco da fechadura" da literatura, faz jus à obra-vida do poeta. A visada apropriadora de Rimbaud, feita pela base, pelo corpo, atende ao modo deste conceber e construir a sexualidade no espaço literário. Em um trecho como o que citarei em seguida, a autora não só penetra no corpo do poeta que lhe foi dado ler, mas no *corpo* de um texto-chave, como "Le cœur volé", para a compreensão da sexualidade enquanto matéria poética: misto de explicitação e ocultamento.

R disse: "Quando eu por mim mesmo, dentro do meu corpo, vejo o esplendor da paixão que agora é desconhecida, verei que meus próprios olhos são apenas espelhos da infinita selvageria".
Pain segurou R. Tirou as roupas de R, fez ele rolar até a beira da cama, derrubou-o. Chutou seu corpo até que R se do-

brasse em um canto. Os olhos de R estavam fechados. O homem masturbou-se na cara do garoto. Enquanto Pain se masturbava, R sussurrou para si: "Venham marinheiros. Eles me comem o cu com a mão". O garoto chegou. Então, os marinheiros se foram. Um deles me fez engatinhar pelo chão me puxando pelos mamilos. Como se fossem cachorros. Tive que pegar algumas gotas de esperma. Minha boca é um peixe. Já que você não larga meus mamilos, eu tenho que ir aonde você me guiar. De quem é minha sexualidade e de quem é a sua? A alma é o corpo.

(op. cit., p. 6)

A violação – apropriação – de Rimbaud por Kathy Acker não se processa, pois, como uma leitura desabonadora da imagem literária e real do autor, pois fornece uma incursão ao terreno que interessa à ficcionista – o da sexualidade –, no qual tomará parte, por meio de personagens femininos, na segunda parte de *In Memoriam to Identity*, além de liberar os aspectos recalcados da biografia de Rimbaud – a violência e a consciência de morte contidos em sua sexualidade –, integrando-os às qualidades mais emergentes de sua poética. "*The soul is the body.*"

Cento e vinte anos depois de escrito "Le cœ ur volé", a indagação acerca do desmembramento de corpo e alma – "Como agir, oh coração violado?" – transforma-se, com a passagem do tempo e suas revoluções sexuais e culturais, em entrega declarada à força deslocadora do desejo – "Eu tenho que ir aonde você me guiar" –, embora não exista transparência, lugares definidos, no pulsar do erotismo: "De quem é a minha sexualidade, e de quem é a sua?"

Se o narrador (narradora, como se saberá na segunda parte do romance) apropria-se do tom imprecador do Rimbaud de *Une saison en enfer*, em meio ao relato-chave para a obra-vida de R. e K. A., "*A Japanese Interlude*", onde conta uma parábola sexual – com o gosto de violência e morte próprio ao Mishima de *Sol e aço* –, no capítulo seguinte – "Translation of R's Poems" –, a utilização intertextual da poética rimbaudiana vem explicitada como tradução. No interior do texto original, a romancista introduz o autor em *outra* – a sua própria – língua.

R: PARTIDA

Vi demais. Não por tédio – minha infância – não a vi. Tudo o que se vê é visão, imaginação.
Tive demais. Boatos de sarjeta, a noite, o sol – já vivi demais o eternamente.
Conheci demais. Visão e romantismo param de viver.
Partindo para a afeição e um novo caminho de comunicação.
(*op. cit.*, p. 58-59)

Tal apropriação permite que a vida e a obra do poeta sejam contextualizadas no presente, e sob a égide do corpo, tal como se lê logo após a citação de "Departure":

R e V estavam em um trem rumo ao Norte e R deitou sua cabeça no colo de V.
R: "Estou dentro de você".
V escutou tudo.
A paisagem do interior da França rolava pela janela do trem como um skatista desliza sobre uma parede de concreto. Na paisagem, o grafite do coração é o mesmo grafite do lado de fora.
Longos e mortos campos amarelos.
(...)
Partindo para o afeto novo e uma nova forma de falar.
O trem deles parou no meio da escuridão. O dedo de V tocou a carne de R. O som que ocorreu no coração de R era a possibilidade de todo som.
(*op. cit.*, p. 59-60)

A autora põe em movimento trechos e cenas de poemas (refazendo, por exemplo, a viagem de trem em "Rêvé pour l'hiver", e inserindo sua versão de "Départ" em ações "vividas" pelo poeta), paralelamente à retomada, sob o ponto de vista da intimidade amorosa, dos percursos de Rimbaud e Verlaine, dando margem também às marcas dos grafites; como Burroughs, ela mostra que não há *dentro* e *fora* na escrita ("*the graffiti in the heart is the graffiti outside*").
Títulos de *Illuminations* como "Fleurs", "Guerre", "Barbare", "Matinée d'ivresse" têm alguns de seus trechos, ou senão palavras-chave, adaptados em um conjunto, que tanto instala o poeta no

presente quanto revela os interesses da ficcionista em detectar a cena urbana e social da América. É importante também ler em Acker como a escritora não deixa de sublinhar o marco original da presença de Rimbaud na cultura americana, o épico "The Bridge" – um canto à Ponte do Brooklyn –, de Hart Crane.

Como o sexual – os sistemas arquitetônicos e filosóficos desta cidade entraram em colapso entre cinco a dez anos atrás. Esse colapso da razão, mais do que do teísmo – colapso do absolutismo –, essas pontes em ruína estão ligando o caos de concreto da cidade às montanhas ao seu redor. Nessa paisagem fantástica, o feminismo está nascendo. Descreva a ponte. A ponte sobre o rio. A ponte sob a qual o navio pirata deve velejar. Descreva exatamente o que vejo. Há dois rios. O East e o Hudson nos topos dos mais altos edifícios. Esses rios, atormentados pelo contínuo nascimento do amor sexual (Beleza), descarregados pelos marinheiros inventados por fêmeas e pelo clamor das virgens, pérolas e conchas sujas de sangue, estão agora escuros, com escuras ventanias.

(*op. cit.*, p. 68)

Sob a ponte do Brooklyn (a ponte referencial de New York City, uma cidade, aliás, regida por um símbolo de mulher), a autora nova-iorquina introduz no cenário a mulher como pirata, imagem que acaba por descrever Acker como autor no feminino e apropriadora da literatura, um campo de textos predominantemente masculinos (e ela escolhe como matéria de sua apropriação exatamente os textos com tal marca do masculino). Reciclando Crane, "Villes", "Being Beauteous" e, naturalmente, "Les Ponts", ela dá nascimento a um novo ser de beleza, corpo amoroso provindo de Vênus, mas gerada em uma natureza em revolta – "*with dark gusts*". Corpo estranho à harmonia, à passividade de um mito feminino, tal como já se podia observar em "Soleil et chair". Novo mito feminino conduzido pelas mãos de uma mulher – autora, "poeta, ela também!", como Rimbaud antecipava na "Carta". Mulher forte, corporal e, ao mesmo tempo, doce mãe da dispersa gente urbana, entre sangue e gritos, a Vênus de Acker reintroduz a sexualidade e a beleza no seio da Grande Cidade dos *homeless*.

Vênus caminha em sangue por toda a vizinhança. Ela olha para sua bocetona. Ela gasta a maior parte do tempo na casa daqueles que não têm casa, daqueles que conhecem a faca mais cortante da solidão. As mulheres que vivem nesta cidade são duas coisas: fortes e loucas. Os sinos da igreja dobram pelo sexo: pela solidão da ausência de sexo, pelo sangue. Pelas repressões sexuais. Pelas pessoas. Deixa Vênus gritar. De uma casa feita de osso vem uma música desconhecida. As lendas do jazz e os anjos brincam no ar como se fossem bandeiras ao vento. As ruas são cheias de vida, lançam-se pela metrópole. O paraíso do niilismo, do apocalipse, ficou para trás. Os primitivos sacodem agora seus corpos para a festa logo mais à noite. Uma noite, eu caí no hip hop da Broadway, relógios para frágeis esqueletos vendidos em lojas de preço único, quando bandas funk em toda esquina me deram seus nomes, o trabalho novo, sob uma noite sem céu, não mais capaz de fugir do mito que me disse quem eu era.

Nesta cidade, R e V acreditaram que o amor de um pelo outro era eterno. Eles acreditaram que o amor deles era eterno porque era. Fazia parte daquela (desconhecida) região que as palavras não podem tocar.

(*op. cit.*, p. 69)

Ao recriar Rimbaud, a escritora norte-americana retém dois pontos da obra-vida: o *olhar inocente* e o que pode ser chamado de *corpo aberto*, a exploração desabrida da sexualidade. Quando refaz "Matinée d'ivresse", Kathy reforça, entre espontâneo e desencantado pelo artifício da droga, o entusiasmo de frases como "Assim isto começou e acabará: sob os risos das crianças" (trad. Ivo: 96), destacando-a do parágrafo, ao modo de *Illuminations,* como uma frase/verso, como um fragmento dotado de autonomia e potência:

V, nós começamos na risada das crianças. E terminaremos nessa inocência.

(Acker, *op. cit.*, p. 62)

Ou, então, quando no capítulo "R's End as a Poet", no qual relê/ reescreve *Une saison...,* dedicando a parte III – "O fim da poesia" –

a "Alquimia do verbo", a autora toma a palavra de Rimbaud para ressaltar os elos mais vitais do poeta com o que a inocência contém de uma selvageria original, adaptando-o à realidade cultural do presente e à condição corporal, sexual, de um escritor no feminino. Para Kathy Acker, a sexualidade é compreendida como uma entrada na infância, como a afirmação de uma instantaneidade não-corrompida:

R:
Isso é sobre mim. A história de um dos meus erros.
Por um longo tempo eu me vangloriava de possuir alguma singularidade – eu era ninguém. E zombava da Grande Cultura, daqueles que são hoje considerados grandes escritores.

Amava pintores ingênuos, primitivos e esquizofrênicos, estilistas, artistas de quadrinhos, arte popular, a literatura mais barata e brutal, Latim de Igreja, pornô de bolso, os primeiros romances escritos, contos de fadas, livros de aventura para crianças, canções idiotas para crianças, rock-n-roll. Tudo, menos cultura.

E sonhei com cruzadas, viagens de descobertas desconhecidas aos nossos livros de história, sonhei nações que existem fora de qualquer documentação, guerras religiosas suprimidas, revoluções desta sociedade, os maiores deslocamentos de raças e massas, mesmo de continentes – revoluções topológicas: eu acreditei em todo desejo, em todo mito.
Essa foi minha infância.
A linguagem é viva na terra da infância. Desde que a linguagem e a carne não são aqui separadas, a linguagem sendo real, toda vogal tem uma cor. A é preto; E, branco; I, vermelho; O, azul; U, verde. A forma e o movimento de cada vogal possuem um ritmo instintivo. A linguagem é verdadeiramente um mito. Todos os meus sentidos tocam palavras. Palavras tocam os sentidos. A linguagem não é somente tradução, pois a palavra é sangue.
(*op. cit.*, p. 89-90)

Acker é uma leitora de Rimbaud tal como propõem os *cut-ups*, tendo em mira a materialidade de cada elemento empregado em sua escrita. Por intermédio do *sangue* é que esta palavra não se descarna em simples operação compiladora. Nutrindo-se do veio analógico e descentralizador da linguagem apontado por Burroughs, a autora de *In Memoriam to Identity* toca, em pleno domínio de seu meio de expressão, nos centros nervosos da biografia/poesia rimbaudiana, da qual extrai vivenciadas e inesperadas invenções. Ela escapa, assim, do mero exercício de citação, pelo qual muitos escritos pós-modernos tentam se sustentar em nome de uma mera posteridade, no tempo, aprisionados a estilizações paródicas, sem apontar para uma terceira e revigorante alternativa criadora para fora do binômio moderno-pós-moderno.

A Grande Cultura só pode existir, segundo K. Acker, dando conta das inúmeras e por vezes nada nobres manifestações criadoras, como ela mesma faz com intertextos de procedência variada. A escrita move-se sobre um espaço cultural no qual suas faces mais diversificadas rompem com a ingenuidade de uma expressão particular a um *eu* ou, em outro extremo, com a supressão da experiência e a busca de uma impessoalidade meramente esteticista, que não passa pelo pólo conflitivo e contingente do corpo, formulando-se apenas como gesto calculado e segregador no contato com o não-literário.

A disponibilidade para com o presente e a variedade de sua manifestação estende-se, como em Rimbaud, à sexualidade, tal como se depreende desde a *walk writing*. A posse da linguagem não ocorre sem que não haja a posse do próprio corpo (ou a *consistência do desejo*, segundo o pensamento de Deleuze e Guattari em *Mille plateaux*), a partir certamente do descentrar, da desorganização de seus componentes orgânicos. Quando R impulsiona sua partida rumo à natureza, munido de um projeto poético feito a cada passo da caminhada, ele cria um elo indissolúvel entre afirmação do corpo e a afirmação da linguagem. Kathy traduz este projeto ao desbravar, a partir do segundo capítulo do romance, o lugar do próprio corpo como escritora e mulher, depois de apropriar-se da obra de Rimbaud.

Exatamente por meio de uma linguagem tornada corpo, tendo como emblema o sangue marcado na própria pele, numa retomada vitalista do fundamento bíblico – "*for the word is blood*" –, é que seu personagem, Airplane, vem assinalado, depois de ser seduzido, estuprado e seviciado no mercado de *sex show*. (Kathy refaz, então, seu próprio percurso como *stripper*, de acordo com o que expôs em entrevistas.)

Três shows – meia hora cada.
O tempo era mental, talvez apenas no comércio do sexo (e na doença) e ela pensava que poderia lidar com isso. "Não vou

ter que foder com ninguém que eu não queira; não tenho que fingir que quero foder com algum chefe estúpido, como secretárias são obrigadas." Isso é o que ela pensava consigo mesma, mas o que sentia não era nada. Tinha tomado sua decisão para sobreviver. Seguir durante algum tempo o universo de um homem e depois matar esse universo. Ela estava doente entre as pernas, onde a identidade parcialmente repousa, sangue.
(*op. cit.*, p. 126)

Marca de força, o sangue entre as pernas, deixado com o estupro, agrava-se enquanto sinal da afirmação e construção da individualidade, quando se considera que, em conseqüência da violenta iniciação ao sexo, o personagem é conduzido ao comércio da pornografia. A referência ao sangue retorna ao texto como refrão, ritornelo com que se inscreve sua travessia – com algo de via-crúcis na agonia e na assunção sofridas pelo corpo – no romance, constituindo-se como elemento de um trabalho de descentramento/ desregramento, tal como descrito na "Carta do Vidente".

Eu me esqueci de que estava ainda doente entre as pernas e quase me esqueci de tudo mais.
(*op. cit.*, p. 133)

...e eu necessitava de um guardião, Virgilio em relação a Dante, de modo que pudesse começar a jornada para fora da infância, que fui forçada a tomar.
(*op. cit.*, p. 109)

Airplane sofre em suas origens daquela perda, nebulosidade e negatividade originais, de pura extração rimbaudiana, como se pode ler no poema inicial, também iniciático, que são "Les étrennes des orphelins". Órfã, ela nada sabe do paradeiro ou da morte da mãe, e o pai, denominado impessoalmente como "o juiz", vive na mesma casa, em uma espécie de universo paralelo, avesso à realidade feminina e filial.

A garota queria sua mamãe e sabia que quase nunca tinha tido uma mamãe, somente um juiz. Estava quente dentro de algumas partes de seu corpo.
  Eu pensei que, se pudesse chamar as coisas pelos próprios

nomes, poderia me libertar do mal e da ferida. Eu sabia que, para fazer isso, tinha que ser naïve.
Como pode alguém ser naïve, *por que ninguém nesse mundo pode continuar sendo inocente? Eu tinha que deixar a razão purificar minha vida interior.*
(*op. cit.*, p. 133)

Tanto como ocorre no trajeto do outro personagem feminino do livro, Capitol, o de Airplane é estigmatizado pela ausência materna e pela onipresença – como uma função, a de juiz – do pai, o que só faz acirrar a problematização da identidade feminina. No caso de Airplane, lançada depois do estupro por seu violento iniciador no mundo do *sex show*, fica acentuada a imaterialidade e a fragilidade do ser feminino. Depois de ter experimentado a violência de um primeiro contato sexual, ela passa a encenar espetáculos de sexo simulado, sem que ninguém a toque, de forma a produzir sobre a própria identidade o efeito de uma fantasmagoria, de uma diluição dentro de modelos eróticos forjados pela cultura e pelo imaginário masculinos. Atravessar essa via-crúcis de vitrines sedutoras e leis escusas, confiadas a negociantes e policiais, mostra-se como projeto da personagem ao longo do romance, que reconhece a escolha do caminho da exibição sexual como fuga ao domínio paterno, exercido à distância.

Tornei-me duas pessoas: era (ainda) uma criança que buscava o carinho dos pais e era o ser humano que eu tinha construído. O ser humano que eu estava construindo tinha uma vontade tão forte quanto a de um deus, como aqueles deuses na mitologia nórdica, porque o ser humano que eu era tinha que ter essa vontade. A vontade não é feroz nem descontrolada; é uma adulta. Visto que a liberdade da criança em termos geográficos é a sexualidade. Isso tudo me confundiu por um longo tempo: sendo duas pessoas, ou melhor, sendo a mesma pessoa enquanto criança e adulto. E eu sabia que estava ferida e me apeguei à minha dor.
(*op. cit.*, p. 149)

O convívio com a dor – emblema sangrento e furioso de mulher – passa, segundo a narrativa de Kathy, pela infância, como ponto de partida para a construção de um ser, corpo amoroso que não deixa se vitimar pelos usos masculinos de um mundo ainda feito por uma única via. Os capítulos dedicados a Capitol exploram as mesmas tensões, por uma direção contrária, porém, que é a da entrega sexual indiscriminada (uma "liberdade" e um "prazer" que Airplane, estuprada e seviciada, não tem), independente na aparência. Já em sua base, o trajeto da personagem está envolvido com a definição do prazer.

Mamãe nunca quis me ter. Ela só me teve porque estava com uma doença desconhecida e o doutor lhe disse que, ficando grávida, ela poderia se curar. Você está no mesmo caminho, Capitol. Você não acha que é uma coisa doente sair trepando por aí, trepar só por trepar, por medo, por solidão e por outras emoções ruins?

(op. cit., p. 156)

Enquanto o processo mortal da mãe se acelera, dá-se o desregrado crescimento de Capitol, que se entrega a qualquer garoto da cidade. Dentro de um quadro familiar em que o pai só se sustenta bêbado e a mãe, milionária, vê enfraquecido seu poder por não ter paradoxalmente onde canalizá-lo, Capitol encontra no irmão, Quentin, de nome faulkneriano (*The Sound and the Fury*), um ponto de apoio afetivo e sexual. Quando os irmãos desta família nuclear – como a de "Les étrennes des orphelins" –, tipicamente americana (incestuosa e decadente como a de Faulkner), saem em busca do paradeiro da mãe – enigma das origens de Airplane, que acaba entrelaçando-se com o de Capitol –, Kathy Acker narra uma das melhores seqüências do romance. Como no poema primeiro de Rimbaud, os órfãos conseguem ver a morte na mãe, encaminhando-se depois, como em um pacto, para a superação do luto e da morte em vida, cultivada pela estrutura familiar.

Somente Quentin e eu fomos com a polícia. Embora nunca tenha visto antes um corpo morto, eu reconheci mamãe. Não sei o que Quentin disse quando a viu, pois eu estava gritando. Não me lembro mais de ter estado no andar de baixo do necrotério. Na parte de cima, quando perguntei ao policial, que parecia estar encarregado do caso dela, como ela havia morrido, ele olhou para os papéis do arquivo e disse: "Pílulas". Um vidro vazio de pílulas tinha sido encontrado com o corpo. Uma vez que, juntos, a loucura e o desespero são motivos para suicídio, eu lhe perguntei se ela havia se suicidado. "Não". "Por quê?". "As evidências mostravam outra alternativa". Então ela havia sido assassinada. Mas, para isso ser provado, teria que levar três meses até que os policiais fizessem uma autópsia, pois os necrotérios andam tão cheios quanto as cadeias. Naquela época, não importava muito como ela havia morrido. É próprio do trabalho da polícia cagar para isso.

Quentin e eu caminhamos para fora da delegacia, fomos por algumas ruas, de mãos dadas, mas Quentin ainda não queria trepar comigo.

(...)

Quentin olhou para mim como se não estivesse me vendo. Eu disse para Quentin que trepo com todo cara que encontro, porque queria trepar com meu irmão.

"Eu tenho uma coragem ilimitada para a retórica e tenho o saber e me ligo em poucas coisas mais", disse Quentin.

"Eu não morrerei".

(1990: 172-173)

Órfãos/amantes/sobreviventes, os personagens descem ao abismo de sua identidade para o estabelecimento de novos laços afetivos, podendo ter como insígnia aquela de Airplane: "Isso é que era o sexo. Morte, depois sexo" (op. cit., p. 113).

Escrevendo "*by process*", como ela mesma declara, deixando-se contagiar pelas contradições e paradoxos da construção do ser feminino em toda a sua potencialidade, Acker define também sua prática como conquista de uma voz própria, obtida de textos precedentes, em um trabalho que perfaz o mito edipiano.

Charles Olson disse que, quando você escreve, o que se tem a fazer é encontrar sua própria voz; mas tudo isso me parecia muito grande, como Deus quase, e achei tudo isso muito confuso. Eu não podia encontrar minha própria voz, não sabia como ela era. Estou certa de que foi quando eu comecei a escrever em dife-

rentes vozes e comecei a me relacionar com a esquizofrenia. Tudo isso ficava por trás, era uma luta contra os pais, porque eles eram muito meus pais. E acabou tudo se ajustando perfeitamente. (1991: 18)

Apesar da antecedência no tempo, que explica sua presença como guia do trajeto dos personagens de *In Memoriam to Identity*, Rimbaud comparece como irmão. Contemporâneo dos eventos narrados, extraídos e recriados da biografia da própria Kathy Acker, o poeta do século passado é quem informa a Capitol, por exemplo, sobre o desaparecimento da mãe e fala para ela, como irmão mais velho – um ex-poeta, dedicado agora aos negócios e à constituição de uma família (projeto realmente acalentado por R nos últimos anos, como é possível verificar em sua correspondência) –, da necessidade de ser salva da identidade de "puta". Submetendo-a a castigos, incentivando-a a ganhar dinheiro, o irmão Rimbaud não deixa de ser contemplado com a ironia da autora ao tomá-lo pelo revés da aventura e do desregramento, acomodado em um núcleo familiar do qual desde cedo se apartou.

A apropriação rimbaudiana, em *In Memoriam to Identity*, só faz aprofundar os vínculos da obra moderna do poeta com os rumos de uma escrita ficcional montada sobre a complexa sensibilidade/sexualidade feminina. Se R, além de irmão de Capitol, surge no romance como nome secreto do estuprador e amante de Airplane, quando esta se torna *meat puppet* da noite americana, isso se deve ao relacionamento dual que mantém a escritora com o modelo de sua apropriação.

Rimbaud, que no capítulo inicial tinha seu corpo biográfico e poético devassado em seus recônditos físicos e textuais, posiciona-se como invasor, "estuprador" da biografia e da ficção realizada a partir de dados pessoais e imaginários em torno do *feminino*. É ele agora, desdobrado em dois personagens (irmão e iniciador sexual), quem orienta os passos da mulher e autora Kathy Acker, ora pela violência, ora por um paradoxal refreamento dos instintos, em sua personificação como irmão. Pode se dizer, então, que a romancista americana encontra no poeta francês a imagem de um amante/amigo/irmão, um novo homem feito em correspondência com a nova mulher, visionária e liberta, buscada nos poemas da *walk writing* para um encontro completo. Tal como projetava Burroughs, a escrita comparece como lugar de encontros reais, imprevistos, refeitos na não-sucessividade do tempo.

> Acker: "Eu tenho que usar outros textos quando escrevo, é assim que eu sou, mas agora eu não faço ironia com eles. A ironia se foi, não me interessa desfazer deles. Não tenho mais suspeita com relação a esses textos, porque os respeito. Quero aprender com eles a respeito do mito, pois todos são traficantes de mito."
> Lotringer: "E com quais mitos você está negociando?"
> Acker: "Estou interessada nesse mito do amor romântico. É sobre isso que é In Memoriam. Eu tomo Rimbaud como um dos nossos primeiros grandes mitos poéticos. Se você pensa em nossa idéia de poeta, esse seria Rimbaud."
> (op. cit., p. 24)

É a partir de um eu submetido a todas as apropriações – e não apenas por meio de uma desconstrução textual[9] – que a voz autoral de Acker se ergue. Por esta razão lhe interessa o diálogo com Rimbaud – por nele residir a conquista da própria sexualidade, do próprio corpo, e a "reinvenção do amor" a partir dessa conquista. Como ela reflete em outra entrevista:

> Você pode falar sobre sexualidade como um fenômeno social acessível a qualquer um. Você pode falar sobre qualquer conceito intelectual, e será acessível (...) Mas, quando você cai no ato físico, real, da sexualidade, ou do seu corpo doente, há uma inegável materialidade que não é acessível. O corpo é o que, em última instância, não pode ser tocado pelo nosso ceticismo, nem por nossas crenças ambíguas. O corpo é o único lugar onde ainda existe alguma base para os valores reais.
> (1992: 76)

Sem a posse do corpo, alcançada pelo descentramento/desregramento do eu, *in memoriam to identity*, só há literatura, afirma-

---
9. Em um primeiro momento, a apropriação textual trabalhada por Acker de *Great Expectations* (1982) até *Empire of Senseless* (1988) desenvolve-se próxima do programa de *desconstrução*, caro ao pós-estruturalismo e valorado como característico do pós-moderno. Como diz a autora: "Era o período em que eu me apropriava dos textos na tentativa de ver o que estavam transmitindo dentro de um contexto social, político e sexual..." (1992: 75).

ção de egos profissionais, apropriação simplesmente verbal, descarnada do processo de uma escrita realmente reveladora, inaugural. Não reverenciando a tradição, o que se mostra como marca inegável do pós-modernismo em Acker, ela reativa, entretanto, aspectos modernos ainda não digeridos, típicos desse autor inclassificável – pré-simbolista, pós-romântico, primeiro poeta modernista (Hough 1989: 255-256), iniciador de procedimentos *avantgarde*, etc. –, mitificado em sua estranheza e "maldição".

Se entre muitos dos tópicos que constam dos estilos pós-modernos podem ser incluídos a *indeterminação*, o *acaso, exaustão/ silêncio*, que um crítico como Ihab Hassan (*apud* Carravetta 1991: 150) lista em oposição aos seus pares modernos, vemos que, no caso do último item, o elemento contrário é *mistério/logos*. Sendo assim, podemos deduzir que o poeta não apenas cumpre a *exaustão da palavra* nos seus níveis mais diversos e mais radicais até o alcance do *silêncio*, como também se debate em torno dos traços de modernidade concernentes a *mistério/logos*, reconhecíveis em suas personificações proféticas, visionárias. Mas, por outro lado, Rimbaud encontra-se envolvido de modo visceral com o que o crítico denomina *antinarrativa/pequena história*, pólo pós-moderno de *narrativa/grande história*. A nada simplificável aliança do poeta com o moderno caracteriza-se, no cotejo com autores de uma fase posterior – e bem representativos, como Acker –, por um trânsito simultâneo entre um ponto e outro do tempo.

A modernidade, segundo a prática poética de Rimbaud, não se define nem pela razão, nem pela desrazão da utopia, mantendo-se nesta irresolução, já que seu texto lida com a multiplicidade de planos do conhecimento e da experiência, na tentativa de inseri-los nas formas breves e fragmentárias do poema em verso e prosa, numa escrita concebida sob o movimento, no sentido de trânsito, de uma passagem do tempo que não se coagula em demonstração de uma época, mas como desmesura: *Multiplicação do progresso* ("Carta do Vidente"). Potencialização do moderno para além de si mesmo, por meio de uma obra explicitamente (dos textos da *Saison* até *Illuminations*) endereçada ao futuro, este que se articula como *passagem*, mais do que como *promessa*.

O interesse pelo Rimbaud integral – obra-vida apropriada – explica-se, no caso de uma autora como Kathy Acker, não completamente encerrada nos jogos de linguagem, por trás dos quais, como reflete Matei Calinescu, não existe realidade "a não ser um compósito de 'construções' e ficções" (Calinescu 1987: 305). O descarte da constatação da impossibilidade, inerente às engrenagens circulares do mundo reduzido a texto e às operações sumamente lingüísticas, discursivas, quando da realização de *In Memoriam to Identity*, mostra quanto Kathy não se comporta mais dentro de uma literatura desconstrutiva e desencantada. Sua obra ficcional parece se relacionar com um *mais* que pós-moderno, remontando à mesma inadaptação de Rimbaud nos quadros do seu tempo, que é como o poeta concebe a reflexão sobre a modernidade – repetição e recomeço afirmativos de um encontro radicado no presente.

O caráter de intervenção no instante, interno à formulação poética de Rimbaud e ao sentido básico do moderno, toca bem de perto a relação arte-vida, corpo-linguagem, elaborada pela ficção de Acker. Esta pode ser lida em sua proliferação intertextual como tatuagem – lembrando a *Venus Anadyomène* de Rimbaud, por meio da inversão operada pela *stripper* Airplane, transformada em mito por si mesma –, *artwork* experimentada pela autora, de modo direto, sobre a própria pele.

Sua imagem pública trazia – até quando morreu, em 1997 – um corpo de mulher forte, tatuado, fazendo coincidir a concretude e a exuberância pictográfica da inscrição, marcada a sangue, com a sua escrita, montada na superposição de um texto sobre outros, em uma convivência extrema, integral. Como se lê em seu diálogo com a escritora Sylvère Lotringer a respeito de tatuagem:

> *Lotringer: "Mas tudo isso se encontra na superfície. É como se fazer um mito, o corpo toma o lugar do eu."*
> *Acker:* "Yeah, *porque o corpo é mais texto."*
> (Acker 1991: 21)

RIMBAUD POP

Jim Morrison

A produção de Jim Morrison como letrista – considerado por muitos como um dos primeiros exemplos de poeta pop – vem sendo valorizada nos últimos anos, com a revivência de estilos musicais e de comportamentos da década de 60 ainda não completamente digeridos, adaptados ao espírito dos anos 80-90. Inúmeros são os artistas (Ian Curtis, Ian McCulloch, Siouxie, The Triffids, The Church e outros) que retomaram as concepções de música, letra e espetáculo trabalhadas por Jim Morrison junto ao grupo The Doors, por meio de *covers* (recriações de músicas anteriormente gravadas) e da maneira de entoar e compor poesia dentro do universo da música popular. Um exemplo originário dos anos 70 é o de Patti Smith, que estudarei no capítulo seguinte. Embora com um acento todo particular, a compositora, seguindo também a trilha aberta por letristas como Bob Dylan, Lou Reed e o menos conhecido Leonard Cohen (ficcionista e poeta canadense), consolida a combinação de poesia e música no interior do mercado discográfico. Poesia dentro e fora do pop. Além de herdar de Morrison o gosto pela leitura de poesia, impressa nos sulcos de velhos e irresistíveis LPs, paralelamente ao canto e, também como ele, publicando livros, Patti Smith herda a paixão pela obra de Rimbaud.

Desde que os primeiros repórteres e os futuros biógrafos puseram-se a refletir sobre o impacto e a elaboração das letras do cantor dos Doors, em entrevistas feitas com ele, o nome de Rimbaud surge como uma de suas grandes referências, ao lado do de Blake e da leitura de *A origem da tragédia*, de Nietzsche. De fato, Morrison resumiu bem em seus depoimentos a tríade poética-filosófica determinante em seu trabalho como autor de livros e canções. A presença de Blake já se efetiva pelo nome "The Doors", banda concebida, conceituada por Morrison. "Se as portas da percepção fossem purificadas, todas as coisas apareceriam ao homem como são, infinitas" (Blake 1977: 188). Observando-se, porém, o comentário de Morrison, quase um manifesto, segundo Wallace Fowlie (Fowlie 1993: 19), acerca do título e do conceito da banda – "Trata-se de uma busca, da abertura de uma porta após a outra (...) é uma luta pela metamorfose. É como um ritual de purificação no sentido alquímico" (*apud* Fowlie, *op. cit.*: 19-20) –, é acertado concluir que tais palavras "poderiam ter sido inspiradas tanto por Rimbaud como por Blake – palavras de *Une saison en enfer*, sobre a poesia se tornando a alquimia da palavra (A Alquimia do verbo)" (*op. cit.*, p. 20). A frase de Blake, por sua vez, já havia inspirado um título de Aldous Huxley – *The Doors of Perception* –, que narra as experiências do autor com a mescalina. No entanto, Blake não aparece apenas como que de viés, por meio de Huxley, para Morrison. Ele estava interessado no traço visionário da arte, embasado na formulação mística toda especial cultivada pelo poeta inglês, assim como em seu individualismo e amoralismo absolutos, e também em seu gosto pela "ênfase no visual", como sugere Hervé Muller (1973: 72). Acrescente-se a isso a qualidade musical dos poemas de Blake, por força de seu lirismo e apelo emocional, ainda mais quando se sabe que algumas das *Songs of Innocence and Experience* se transformaram em canções. Palavras divinamente inspiradas, expressas, como diz a crítica, "com o encantamento de uma criança" (*op. cit.*, p. 23). Celebração de um *olhar inocente* e canto, a poética de Blake, se não influente, encontra correspondência em Rimbaud (hipótese de Edward J. Ahearn desenvolvida em estudo comparativista, V. "Bibliografia sobre Rimbaud").

A evocação de um estado completo de beleza e liberdade – o alcance da "*holy joy*" entrevista por Blake – resulta também do contato do jovem poeta americano com a gênese do movimento *hippie*, o *flower-power* californiano, ou seja, as primeiras formações contraculturais da América dos anos 60. Afora isso, Nietzsche, estudioso da tragédia e música gregas, repercute no cantor dos Doors fornecendo-lhe a orientação para os espetáculos do grupo. Para Morrison, a tragédia antiga

> *Combinada com as danças rituais do cerimonial dionisíaco, tinha engendrado uma forma teatral que ia bem além de seus componentes, música, poesia e dança, para obter um efeito de totalidade.*
> (Muller, *op. cit.*, p. 87)

Se tomamos a poética de Morrison "a seco", sem som, sem a contribuição da bela e carismática presença do cantor, se sustentariam os elementos componentes da aura deste que foi chamado de "O Rimbaud do Rock": o excesso, a morte na juventude, a difusão do letrista como vidente e celebrante dionisíaco? Ainda mais quando se considera que existe, no caso do ídolo Morrison, uma aproximação com o xamanismo – certamente com a mitologia órfica –, por meio do qual ele cumpre uma função de oráculo da tribo contracultural, presente em seus grandes espetáculos (rituais) – "o xamã é o feiticeiro que se coloca em estado de transe; freqüentemente sob o auxílio de drogas (...) substâncias divinas..." (*ibid.*). Este Morrison mais público, ou pelo menos cultivado por um bom número de acólitos, apesar das ligações possíveis de serem atribuídas ao seu contato com a obra rimbaudiana, não é do meu interesse. Prefiro vê-lo tal como o encontrou o poeta Michael McClure um dia após a publicação de *New Creatures* (1968), quase chorando, por não ter pela primeira vez o apoio da imprensa e o carinho de seus admiradores.

Ele (Jim) queria ser reconhecido também como poeta (...)
Ele era muito sério no que diz respeito à sua condição de poeta e não queria se impor a reboque da reputação de Jim Morrison, o grande cantor de rock...
(McClure *apud* Muller, *op. cit.*, p. 65-66)

Mesmo reconhecendo ser quase impossível desvincular o Morrison dos livros daquele dos discos e espetáculos, já que, como veremos, sua poesia nutre-se da conjugação desses elementos artísticos, meu foco incide sobre a escrita. Antes, porém, de chegar ao compositor em livro, mostra-se necessária a menção de algumas de suas canções, mais precisamente duas composições longas, verdadeiras sinfonias pop, nas quais as marcas da leitura de Rimbaud me parecem significativas: "The Celebration of the Lizard" e "The Soft Parade".

Na primeira delas, o letrista descreve o movimento de um personagem em fuga, mais tarde identificado como "Lizard King", imagem que se ajustará como mais um epíteto ao "Poeta do Rock". Morrison desenha nessa composição um sujeito poético bastante próximo daquele assinalado pelo deslocamento, conhecido das caminhadas rimbaudianas.

Em cada linha da letra, o espaço conquistado pelo "Rei Lagarto" mostra-se maior – "Desceu para o Sul e passou a fronteira/Deixou o caos e a desordem/Tudo para trás" – (Morrison 1983: 89) –, até ser descortinado um lugar de pouso bastante próximo ao de "Au Cabaret-Vert" e do albergue verde de "Comédie de la soif"[10] – "Uma manhã acordou em um hotel verde" (*ibid.*). Na letra de Morrison, é também descrita a estranheza de certos contatos conhecidos de "Les déserts de l'amour" – "Com um estranho ser rosnando ao seu lado./O suor encharcava-lhe a pele luzidia. (...)/ Desperta!/ Não te lembras de onde foi?/O tal sonho terminou?//A serpente era de ouro baço/Vítrea & enroscada/Receávamos tocar-lhe/Os lençóis eram prisões mortalmente abafadas/& ela sempre à minha beira" (*op. cit.*, p. 89-90).

Em um trecho de "Les déserts de l'amour", lemos:

> *Eu estava abandonado, nesta casa de campo sem fim: lendo na cozinha, secando a lama das roupas em frente dos convidados, nas conversas do salão: comovido até a morte pelo murmúrio do leite da manhã e da noite do século passado.*
>
> *Estava num quarto muito sombrio: que fazia? Uma criada veio junto de mim: posso dizer que era um cãozinho: embora fosse bela, e de uma nobreza maternal inexprimível para mim: pura, desconhecida, encantadora! Beliscou-me o braço.*
>
> *Não me lembro muito bem já do seu rosto (...) Depois, ó desespero, o tabique transformou-se vagamente na sombra das árvores, e eu abismei-me sob a tristeza apaixonada da noite.*
>
> (Rimbaud; trad. Silva Carvalho, p. 20)

Enquanto Rimbaud faz referência ao "murmúrio do leite da manhã e da noite do século passado" (trad. Silva Carvalho: 20) e

---

10. Estudando "Un pauvre songe", parte 4 de "Comédie de la soif", W. Fowlie observa na figura do viajante – "Porquanto só se perde!/E se eu voltar a ser/De novo um ser incerto,/Jamais o albergue verde/Vai me ficar aberto." (trad. Barroso: 223) –, grande similaridade com o que desenvolvem as letras de algumas canções do primeiro álbum dos Doors: "Soul Kitchen"; "End of the Night" e "Take It as It Comes". Fowlie reporta-se à dinâmica do repouso e do movimento, já vista em "The Celebration of the Lizard", até o ponto de tornar-se inviabilizada – ponto de tensão máxima da *walk writing* representado por toda a "Comédie" – , como mostram os versos acima citados. Veja-se, a respeito disso, as páginas 105-107 de *Rimbaud and Jim Morrison – The Poet as Rebel*.

em outra parte do poema considera que "Compreendi que ela se dedicava à vida de todos os dias; e que o gesto de bondade demoraria mais a tempo a reproduzir-se que uma estrela." (*ibid.*), Morrison resume sua leitura de "Les déserts de l'amour" em uma imagem como "Cada gesto dela é um século lento que eu não sei viver" (Morrison, *op. cit.*, p. 90).

Morrison explora, à maneira de Rimbaud, os pontos de repouso do personagem caminhante como passagem por espaços femininos, desde os versos de abertura da "Celebração", nos quais um elo entre "mãe/cidade" é estabelecido, e ainda com o acréscimo da animalidade, que percorre seus encontros futuros com as mulheres: "Leões na rua, vadios/Cães babando raiva e cio/Fera enjaulada dentro da cidade/O corpo da mãe/A apodrecer no asfalto do verão./ Ele fugiu da cidade" (*op. cit.*, p. 89).

Ele segue, então, uma constante de Rimbaud em poemas, que vão de "La maline", da primeira fase, passando por "Les déserts..." (escrito possivelmente em 1871), até culminar em "Bottom", onde "...me vi na casa de Madame, um imenso pássaro azul cinza voando (...) Eu fui... um imenso urso de gengivas violetas (...) corri pros campos, burro, trombeteando e brandindo minha dor..." (trad. Lopes e Mendonça: 95).

Depois do afastamento do *lugar* materno, o Rei Lagarto deixa-se levar por jogos de sedução com "as garotas da ilha" (há, nas linhas finais da canção, certas imagens, certos acentos, típicos de uma leitura de Blake), travados entre a brincadeira e o esquecimento do tempo, o que acaba resultando na interrupção da conquista da cidade a que é destinado, entendida, porém, como *de origem*.

Sete anos eu habitei
No paço perdido do exílio.
Entrei em jogos estranhos
Com as garotas da ilha.

Só agora regressei
Ao país do belo & do forte & do sábio.
Irmãos & irmãs da floresta obscura
Ó filhos da noite
Qual de vocês aceita entrar na caçada?
Eis que a noite nos traz a legião purpúrea.

Recolham-se agora às tendas & ao sonho.
Amanhã entraremos na minha cidade natal.
Quero preparar-me.
(Morrison, *op. cit.*, p. 96)

No compasso entre a lentidão e a velocidade próprias de um Rei Lagarto (veja-se a imagem do lagarto, dúplice na celeridade e na preguiça, no capítulo "The Right to Laziness", que consta do livro já citado de Kristin Ross), Jim Morrison capta a deambulação do híbrido personagem, tomado no processo de uma busca sem trégua.

A canção, em concordância com a fragmentação e a sucessão de imagens contidas na letra, alterna a fala, muitas vezes branda, quase infantil, com os repentes de veemência do intérprete e o *crescendo* da melodia. Tal como ocorre em "The Soft Parade", o pop sinfônico da "Celebração" leva a leitura poética, o canto e o arranjo musical a diversos "climas". Sendo assim, o Rei Lagarto em dado momento invoca a uma segunda pessoa – amorosa, sem dúvida – o ato de correr (não pode ser esquecido o *"Je courus!..."*, de "Le bateau ivre", v. 11), que o define: "... Vamos deixar a cidade/Na debandada geral/E é só contigo que eu quero partir... Correr, correr, correr/ Vamos, corre! (Morrison, *op. cit.*: 93).

Além de "Les déserts de l'amour", mostra-se viva na composição a leitura de textos como "Départ". Se por um lado é observável que Morrison refaz o poema no trecho recém-transcrito, com uma dose maior de velocidade, favorecida pela música, no apelo à partida/corrida, vê-se também o efeito dos poemas finais de *Une saison en enfer* sobre a longa canção. Este Rei Lagarto, homem e animal, criador e réptil, apresenta em sua linha de fuga também uma conquista. Ele abandona o já visto e o conhecido – "Visto demais... Conhecido demais." ("Départ") –, passando a lidar com o empreendimento da marcha, próprio ao encerramento da *Saison* – "E, ao romper da aurora (...) entraremos nas esplêndidas cidades" ("Adieu").

A cidade nova, compreendida como a do nascimento, faz menção ao próprio estado heterodoxo desse Rei Lagarto, todo-poderoso ser dos limbos, armado de velocidade para a posse de um não-tempo, trazendo na mesma imagem o imobilismo e a urgência, sagrando em sua ação o reencontro com um estado de inocência. Observa-se em uma passagem de "Alquimia do verbo":

Terminei achando sagrada a desordem de meu espírito. Eu era um ocioso, presa de incômoda febre: invejava a felicidade dos animais, – as lagartas, que representam a inocência dos limbos, as toupeiras, o sono da virgindade!
(Rimbaud; trad. Lêdo Ivo, p. 65)

Como bem aponta Manuel João Gomes, tradutor português de Morrison, ele persegue, em seu ir-e-vir contraditório, imagens e temas que, como se vem notando, perfazem aqueles da escrita rimbaudiana:

...*a viagem, a mudança, a descida às profundezas do maelström, do sonho, do delírio, das florestas obscuras, das cidades-mães e das mães-cidades.*
a fuga para os Domingos Azuis e para o Verão das Origens.
(Apresentação em Morrison, *op. cit.*, p. 11)

Interessante que Gomes saliente o *maelström*, originário de Poe, recriado por Rimbaud. James Riordan e Jerry Prochnicky, biógrafos de Morrison, já haviam estabelecido relações nesta ordem. O mesmo se dá quando Hervé Muller constata que:

Suas aspirações dionisíacas, Morrison não as absorve apenas nos poetas franceses e em Blake; encontra igualmente o que o satisfaz na literatura americana. Em Edgar Allan Poe, em particular, claro, e, muito provavelmente, também no poeta Walt Whitman, que, no século passado, escrevia:
"*Se vocês se tornarem degradados, criminosos, maus, eu os julgarei com amor*".
Fazendo eco a essa idéia, tão cara a Baudelaire e a Rimbaud, de que o poeta deve transcender até as experiências mais extremas (...) William Burroughs é provavelmente aquele que tem ido mais longe neste sentido, mostrando-se necessário ver nele uma outra influência importante de Morrison.
(1973: 75)

Estes estudiosos de Morrison acabam por incluí-lo – logo ele, poeta não devidamente considerado, insulado no pop – na vertente de exploração ao inconsciente, oposta àquela aberta também por Poe em direção à matemática da composição (Baudelaire-Mallarmé-

Valéry). Traduzindo-se para o inglês a "Carta do Vidente", o poeta, "*suprême Savant*" (Rimbaud: 188), surge como "*Supreme Scientist*", investigador de suas desmesuras e de seus limites, inoculador em si mesmo dos venenos substanciais ao alargamento da experiência, a contar do corpo e para além dele.

Em "Celebration of the Lizard", a ênfase no chamado à partida, à corrida, no desregramento das experiências cantadas sobre o Rei Lagarto, articula-se como *preparação* – "Entraremos amanhã na cidade do meu nascimento/Quero estar preparado" –, e não simplesmente pelo abandono ao indeterminado, ao "delírio", como virou lugar-comum dizer sobre o menor descentramento da razão, e palavra fácil na boca de quem refuta o trabalho sobre si mesmo. Como ocorre na obra de Rimbaud, pela "*ardente patience*" ("Adieu"), a *preparação* em Morrison resolve-se como trabalho e exame feitos pelo método do desregramento/descentramento, por meio do qual todas as verdades prévias se instabilizam à beira do *maelström* – revelação na vertigem, como sintetiza Poe, o pesquisador de uma poética a um só tempo raciocinada e abismada na imaginação, traduzida no movimento em forma de vórtice das narrativas apreendido pelo Rimbaud de "Bateau ivre".

Tanto em Rimbaud quanto no "poeta-lagarto" a "entrada na cidade natal" jamais se apresenta como fundamento, verdade primeira, e sim como movimento descentralizador, pois o lugar original faz parte de uma desbravação. *"Run with me"*.

Em "The Soft Parade", a variedade de "atmosferas", a alternância entre a descrição e a ação de uma primeira pessoa que ora se destaca, ora se deixa perder no contínuo desfile de imagens, não afastam a observação de quanto "Parade", componente de *Illuminations,* foi determinante em sua elaboração. Antes de entrar nos pontos de maior proximidade entre os dois textos, quero sublinhar, logo ao início da composição, como, em tom de imprecação, uma fala religiosa acaba por impor-se pela própria descrença na fé: "Quando eu em tempos estive no seminário,/havia lá um senhor que defendia o princípio/de que tudo se pode pedir ao Senhor pela oração.../pedir ao senhor pela oração.../pedir ao senhor pela oração.../pedir ao senhor pela oração.../Nada podes pedir ao Senhor pela oração! (Morrison, *op. cit.*, p. 57).

A entonação grave de Morrison se adensa até o grito (último verso), apresentando o cantor como sujeito do texto falado da prece, que emite a não-súplica, de um modo ritualístico, à maneira de um introdutor aos mistérios de um universo contrário à contrição, marcado pela *performance*, pela experiência coletiva da Parada. Morrison apresenta-se como mestre-de-cerimônias de um longo texto-canção, no qual a emissão de uma voz impessoal, a início, mostra-se imprescindível, pois ao manifestar-se por toda sorte de gestos e mudanças vocais, ele se oferece em sacrifício e experiência, tal como o xamã. Como diria Hervé Muller, ele "descreve sua viagem à tribo, que também toma parte na busca de encontrar uma 'libertação', de 'retomar a fonte da vida'" (*op. cit.*, p. 91). É bem uma viagem o que realiza este sujeito religioso em ruptura – um processo e passagem reconhecíveis no Rimbaud de *Une saison en enfer* –, por uma intermitente mudança de pontos de vista e atitudes em relação à sua clamorosa espiritualidade.

O intróito da composição será quebrado, logo depois, com a irrupção de imagens identificadoras de uma parada, auxiliadas por rimas redondas, bem populares: "*Peppermint miniskirts, chocolate candy,/champion sax and a girl named Sandy*" (Morrison, *op. cit.*, p. 58). Só que os elementos justapostos causam surpresa, além do reconhecimento. As minissaias das moças – possíveis portadoras de balizas – são feitas de *peppermint,* o que além de torná-las degustáveis, desfrutáveis, fazem delas criaturas inumanas, arroladas com *chocolate candy*, em um efeito metonímico: imagens que antecipam as "explosões" de psicodelia, mais conhecidas na década de 60 por intermédio dos Beatles de "I'm the Walrus" e "Lucy in the Sky with Diamonds". Por outro lado, o desfile de um campeão de sax soma-se ao de uma garota qualquer, Sandy. Morrison começa, então, a indeterminar as características dessa parada, que, paradoxalmente, define-se por *soft*. (De novo, a dualidade presente no Rei Lagarto, ser da mobilidade e dos limbos.)

Música lenta, bem compassada, passa a acentuar o desfile visto pelo cantor. Ao expandir as proporções da parada, Morrison faz o seguinte inventário: "Catacumbas, ossadas do roseiral/mulheres invernais cultivando pedras,/levando bebês para o rio/ruas, calçadas, avenidas/cavaleiros de couro a vender notícias./O frade comprou o almoço" (*op. cit.*, p. 58). No entanto, apenas quando o cantor informa que "Começou agora o lento desfile/ouçam o ronco dos motores" é que "The Soft Parade" passa a mostrar sua relação mais explícita com "Parade", dando a "chave" da heterodoxia dos elementos reunidos:

Gente na rua toda divertida,
à minha esquerda a cobra, à direita o leopardo.
A mulher corsa vestida de seda,
moças com colares de contas ao pescoço.
Um beijo ao caçador vestido de verde
que antes lutou no escuro com os leões.
Coisa nunca vista!
(*op. cit.*, p. 59)

Ao colocar adereços circenses em sua encenação, Morrison nada facilita, tornando ainda mais representado e variado o alcance do desfile. O espaço espetacular só faz intensificar as imagens, os papéis interpretados por incontáveis personagens, seres urbanos carnavalizados, sem medida de tempo, e muito além do espaço de uma simples parada. Como acontece na "Parade" original, onde Rimbaud inventa uma teatralização, uma mescla de gêneros e personificações, difícil de ser conceituada:

Oh o mais violento Paraíso da careta furiosa! Nada comparável a seus Faquires e outras tantas teatrais bufonerias. Em trajes improvisados com sabor de pesadelo, encenam litanias, tragédias de malandros e semideuses cheios de graça, como jamais foram a história ou as religiões. Chineses, Hotentotes, ciganos, otários, hienas, Moloques, velhas demências, demônios sinistros, misturam os modos populares, maternais, com poses e ternuras bestiais.
(Rimbaud; trad. Lopes e Mendonça, p. 19)

No decorrer das imagens exibidas por Morrison, ele parece entregar, em um certo momento, a chave da "*soft parade*", contrariamente a Rimbaud, que fecha assim o seu cortejo de visões: "Só eu tenho a chave desse desfile selvagem" (trad. Lopes e Mendonça: 19).

Montanhas prósperas hão de perdurar.
Tudo deverá continuar na mesma.
Amáveis ruas para as pessoas folgarem,
Bem-vindos ao lento desfile.
Passamos a vida a suar e a poupar,
Com vista à abertura da exígua sepultura.

Há de haver (dizemos), alguma coisa haverá
"Com que defendamos esta posição".
Tudo deverá continuar na mesma,
Tudo deverá continuar na mesma.
(Morrison, *op. cit.*: 58)

Se, no caso do compositor, ocorre o esclarecimento sobre a parada como vida unicamente encaminhada para a morte – "Passamos a vida a suar e a poupar" –, Rimbaud fornece uma boa penetração em seus portais, quando resume a encenação como "*parade sauvage*". A pluralidade, a indeterminação, que levam a pessoa poética-narrativa do texto a dizer que só pertence a ela a chave do entendimento, explicita, por sua vez, o modo nada alinhado, nada conclusivo, da narração/visão de coisas dispostas como espetáculo. Também Morrison, ao valer-se da expressão coloquial "*Out of sight!*", exclama e, ao mesmo tempo, elide sua visão como algo acessível ao entendimento geral, justamente pelo que tem de impenetrável. Os poetas não podem explicar *tudo* o que lhes foi dado ver e que se oferece à leitura.

Ainda sobre "The Soft Parade", é importante notar o movimento oposto ao da conquista: lento desfile realizado como antítese à revelação/revolução buscada pelo duplo de sacerdote da tribo e jovem rebelde, encarnado pelo cantor e poeta. "Precisamos de alguém ou de algo novo/de alguma coisa que nos faça avançar" (*op. cit.*, p. 59), diz ele. A fala religiosa da introdução cede sua vez para conclamações de violência – "É melhor trazer/sua arma" (*op. cit.*, p. 61) – e animalidade, demonstrando, assim, que Morrison mantém suas afinidades com "Parade", ao exibir, nos momentos finais, seu espetáculo como encenação selvagem e de um modo enigmático, no qual está contido o sentido de trabalho, de *preparação,* relacionado à experiência visionária: "Quando tudo mais falhar, podemos açoitar os olhos dos cavalos/e pô-los a dormir e a chorar" (*ibid.*).

O fato de se localizar justamente nos olhos o foco da violência indica a necessidade de romper o plano da contemplação, domesticada (animal privado de potência, de movimento), da organização da vida encaminhada à maneira de um lento e linear desfile, como mera sucessão rumo à morte. (É preciso conviver com a revelação do cotidiano, ao modo de uma livre enumeração – parada –, é o que parece dizer o texto-canção.) A violação da visão, a incitação ao sono e ao choro surgem como recursos extremados de uma reeducação dos sentidos, de uma operação "desregrada" que traz em si o dimensionamento dos espaços internos e externos, sob a consciência de ser traçado entre eles um intercâmbio, ao infinito. As imagens finais de "The Soft Parade" não surpreendem quem teve contato com um escrito do autor publicado na revista *Eye*, onde afirma:

> Pergunte-se a qualquer pessoa qual o sentido que gostaria de preservar se perdesse todos os outros. A grande maioria diria a visão, abdicando de um milhão de olhos interiores em favor dos dois que tem na cara. Sendo cegos, continuaríamos vivos e poderíamos talvez descobrir a sabedoria, quando, sem tato, nos tornaríamos em cepos. O olho é uma boca ávida que se ceva com o mundo.
>
> (...)
>
> Arranque-se no escuro um olho de um bicho e coloque-se diante de um objeto claro e transparente, uma janela voltada para o sol. O contorno dessa imagem é gravado na retina, visível a olho nu. Este olho arrancado é uma câmara primitiva e a púrpura da retina age como emulsão.
>
> (...)
>
> As janelas são olhos da casa. Olhem para o exterior da prisão do corpo enquanto outros olham para o interior. Nunca o tráfego é em sentido único. "Ver" implica sempre a possibilidade de violação da intimidade, porque, enquanto os olhos nos revelam a imensidade do mundo exterior, ficam patentes para os outros os nossos infindos espaços internos.
>
> (Morrison, *op. cit.*, p. 156-158)

Nota-se, neste momento final do texto de Morrison, uma grande afinidade entre o que é denominado como "infinitos espaços interiores" e a exploração que faz Burroughs, com ênfase sobre a potencialização do olhar, como "cosmonauta do espaço interno" (Burroughs e Gyson 1978: 96). A interioridade é um lugar aberto ao trânsito, à eliminação das fronteiras entre o dentro e o fora, por força da incursão no campo da visão: uma parada, um desfile de imagens indeterminador do limite (da chave) entre *um* (o autor, a divindade da cerimônia de "The Soft Parade", a idéia de sujeito) e o *outro*.

Antes de falar de *The Lords*, livro que mantém total similitude com o tom e a forma do texto recém-transcrito, penso ser interessante observar ainda, com respeito às canções, a alta visualidade de que são dotadas, contando, sem dúvida alguma, com o auxílio da dicção e do canto de Morrison. Em "Crystal Ship", por exemplo, por uma imagem tão transparentemente poética como esta, o compositor comparece como o autor de uma visão que, sob o andamento suave e contemplativo do arranjo, vai sendo preparada para a explosão final de voz e sentido: "Começa o barco de cristal a encher-se/mil moças, mil sobressaltos/mil maneiras de passares o teu tempo;/quando regressarmos, eu escrevo para dizer" (Morrison, *op. cit.*, p. 19). A canção se encerra com a imagem que define seu título e sua duração. A segura e, ao mesmo tempo, doce emissão da voz de Morrison leva à visualização do "navio de cristal", que parece deslizar para além do tempo, mas por um breve instante é captado, é cantado. A curta passagem do "navio de cristal" prolonga-se por efeito do cantarolar da melodia depois de "dita" a letra. Esta, como outras melodias e letras dos Doors, parece feita para ser cantarolada indefinidamente, atendendo a uma qualidade rimbaudiana de "*vieillerie poétique*" – a canção tem algo de preciosamente "antigo" – recuperada, no melhor sentido do termo – dentro da efemeridade da cultura pop –, canções perdidas no tempo (não por acaso retomadas em covers), adicionadas ao corpo espetacular da escrita e do canto de Jim Morrison. Essas inocentes, elétricas canções falam da alma das coisas, dos homens e seus espaços – "Soul Kitchen", por exemplo.

Rimbaud, "um inventor (...) um músico mesmo, que descobriu algo assim como a clave do amor" ("Vies"), dá, em consonância com os Doors, a chave/clave da música como reinvenção dos afetos – projeto e acontecimento incontornáveis da existência moderna.

O alcance de uma dimensão de congraçamento vem sempre associado à música pelo poeta do século XIX. Em poemas-projetos como "Départ", lemos – "Partida na afeição e no ruído novos!" (trad. Ivo: 29) – uma referência à musicalidade nascida do rumor coletivo, captada como harmonia pública, celebradora da conquista das novas cidades, conquista da vida moderna e do perfil de cidadão – passante do espaço e de um tempo tomados pela mobilidade –, que também é inventor: "Um toque de seus dedos no tambor detona todos os sons e inicia a nova harmonia" ("À une raison"; trad. Lopes e Mendonça: 33).

The Doors – jóias do repertório pop/popular do século XX, criadas como celebridades, celebrações efêmeras. "Love Street", "Crystal Ship", "Riders on the Storm"[11]; "People Are Strange"; "Queen of the Highways", "Summer's Almost Gone"; "Maggie M'Gill"; "Wild Child"; "Running in Blue"... A relação é infindável. Algo que se cantarola sob o poder de melodias e palavras contagiantes mesmo sem o suporte do espetáculo. Efetivando no campo da música a fusão verbo/harmonia, perseguida por Rimbaud em suas antevisões de gêneros e espetáculos totalizadores, Jim Morrison e The Doors mostram que a recriação/releitura de certos poemas, certos textos rimbaudianos, certas imagens, são ainda hoje palavra viva, objetos estéticos moduláveis, possuídos de teatralidade, luz, imagem e som.

The Lords – livro publicado em 1969 após *The New Creatures* –, passou a integrar nos últimos anos uma única edição, ao lado da primeira obra de Jim Morrison. Sua leitura é decisiva para mostrar que não apenas o teatro, a dança, o espetáculo musical compõem o projeto de arte total de Morrison e seu grupo[12]. Com base no depoimento do poeta Michael Ford, que se lembra de Jim "lendo Rimbaud enquanto se balançava nas beiradas dos altos prédios da UCLA (University of California, Los Angeles)" (Riordan & Prochnicky 1991: 63), percebe-se que o estudante se interessava por poesia e cinema conjuntamente. A ligação visceral estabelecida por Morrison entre as duas artes nos textos de *The Lords*, destaca também os elos entre a criação de imagens e a magia, essenciais para a compreensão não apenas do livro, mas de todo o percurso do artista. Arte mágica, no ver de Muller, de criar imagens com palavras e palavras com imagens. Para o estudioso francês de Morrison, estes foram os sujeitos-objetos do espírito criador ao longo de sua vida.

---

11. O título da canção provém de um verso de "Praise for an Urn", de Hart Crane. Em seu *Rimbaud and Jim Morrison*, Wallace Fowlie aproxima Rimbaud de Whitman e de Crane, reforçando, assim, o que já foi discutido por Harold Bloom como a tradição poética moderna dos EUA: "Cronologicamente, a visão de Rimbaud vem entre a visão da fronteira agrária do meio do século XIX, de Whitman, e a visão da industrialização e da mecanização do século XX, de Hart Crane" (Fowlie, *op. cit.*: 63).

12. Paul Rotchild, produtor dos Doors, fala em depoimento gravado no vídeo *A Tribute to Jim Morrison* (direção de Gordon Forbes), da qualidade teatral dada ao rock pelo grupo: um aspecto teatral diferente, não do tipo *music hall*, e sim uma visão mais cinematográfica do teatro, mais profunda e mais ampla.

Antes de o poeta expor qualquer vínculo entre poesia/cinema/magia, revela-se como preocupação central de *The Lords* instalar o leitor em um espaço de visualidade. O poeta, como mestre-de-cerimônias, não deixa, então, de comparecer no espaço do livro: "Veja onde nos devotamos" (tradução literal) ou "Eis a nossa entrega" (Morrison 1987: 11). Esta frase/fala abre a obra, com interesse de situar o local onde se desenvolverá a experiência da leitura: o espaço público da cidade, tornado mais e mais visível.

Habitamos uma cidade.

A cidade forma – física, mas sobretudo psiquicamente – um círculo. Um Jogo. Anel de morte com o sexo no centro. Guiar até o perímetro suburbano. Descobrir aí zonas de sofisticado vício e tédio, de prostituição infantil. Mas é nesse sujo anel implacável apertando as ruas do comércio diurno que fervilha a única multidão viva, nossa estirpe, artérias vivas, noite viva. Cobaias doentes em pensões baratas, quartos reles, bares, casas de penhor, teatro de variedades e bordéis: arcadas moribundas que nunca morrem. Ruas e ruas de cinemas de sessão contínua.

(*op. cit.*, p. 12)

Se é verificável que o erguimento da cidade noturna, em *The Lords*, se processa para chegar aos "*all-night cinemas*", penso ser interessante, ao adentrarmos as portas da percepção cinematográfica, ver a presença da grande cidade na formação do canto e da escrita de Jim Morrison. Como estuda de modo feliz Hervé Muller, que teve a oportunidade de não apenas entrevistar o autor, mas de conviver com ele quando do que se convencionou chamar de seu exílio parisiense, a cidade decisiva para o surgimento do poeta é Los Angeles. É lá que ele, nascido nas proximidades de Cabo Canaveral (Flórida), desembarcará, depois de fugir de casa rumo às praias californianas, onde acabará encontrando Manzarek, com quem cria The Doors. Em L. A., Morrison estuda cinema e, depois de abandonar seus projetos como cineasta, faz carreira ao lado do grupo musical nos clubes noturnos da cidade. Segundo Muller, há uma

...osmose constante entre os temas de sua inspiração e os elementos motores da atividade vital de Los Angeles (...) onde é praticamente impensável se deslocar sem automóvel, onde a poluição é tão intensa que a atmosfera pouco tem de natural (...) pois a civilização americana desenvolveu-se a um tal grau de absurdo, que se tornou fascinante: aqui o indivíduo não se expressa mais do que em termos de coisas e de objetos, como se a indústria de Hollywood tivesse que desenvolver em torno dela sua superprodução mais gigantesca...

(*op. cit.*, p. 34)

Cidade e Cinema. Em Rimbaud, já se esboçava esta relação pelo gigantismo das imagens arquitetônicas, formadoras das novas cidades, em um trabalho de antecipação, como são *Illuminations*, do que viria a ser para Morrison a noturna Los Angeles e sua metáfora máxima, circundante: Hollywood.

Saunas, bares, piscinas interiores. O nosso chefe ferido jaz sobre os azulejos. Hálito e longos cabelos de cloro. Inválido, seu ágil corpo de pugilista. Ao lado de um jornalista creditado, confidente. Gosta de sentir-se entre homens com profundo sentido da vida. Mas a maioria na imprensa são abutres sobrevoando a cena à cata da curiosa arrogância americana. Câmeras dentro do esquife entrevistam os vermes.

(Morrison, *op. cit.*, p. 15)

Não só a noite, mas a vida diária da cidade – e, para além dela, "dentro do esquife" – mostra-se mediada pela concepção espetacular trazida com a câmera não somente cinematográfica, mas televisiva e fotográfica. Morrison fala da imagem superposta àquela acessível a olho nu, não contrariando o ingresso ao estado primordial prometido pelo poeta enquanto xamã. A imagem espetacular, mais especificamente a imagem fílmica, é tratada pelo autor de *The Lords* como *ars magna*, capaz do deslocamento e do encantamento.

A câmera fotográfica, deusa toda-poderosa, satisfaz-nos desejos de onisciência. Espiamos os outros desta distância e ângulo: pedestres que passam cá e lá na lente, como insetos aquáticos raríssimos.

* * *

Os poderes do ioga.
Ser invisível ou diminuto.
Ou gigante, tocando as coisas longínquas.
Mudar o curso da natureza.
Partir para toda parte no espaço e no tempo.
Convocar os mortos.
Exaltar os sentidos, captando imagens inacessíveis
de acontecimentos noutro mundo, nas zonas profundas
da nossa mente e das outras mentes.
(op. cit., p. 17)

Ao lado das conjunções mágicas/fílmicas, o autor produz imagens em movimento, fazendo o poema acontecer para além de suas correlações conceituais: "O assassino (?) voa, gravita facilmente, inconsciente,/guia-o um instinto de inseto, de traça,/até uma zona segura, ao abrigo do bulício da rua./Devorado de súbito pela/ morna, sombria, silenciosa moela do teatro/físico". Na seqüência do teatro físico do assassinato, outro poema faz seu complemento:

Os modernos círculos do Inferno: Oswald (?) mata o presidente.
Oswald apanha um táxi. Oswald manda parar à porta da pensão.
Oswald salta do táxi. Oswald dispara sobre o agente Tippitt.
Oswald despe o colete. Oswald é capturado.
E escapa para dentro de um cinema.
(op. cit., p. 19)

Nestes dois poemas, duas seqüências em que tenta captar os gestos de Lee Oswald a partir do assassinato de Kennedy, o poeta recolhe em frases mínimas a ação criminal, transpondo-a em toda a sua característica física para a escrita – "*physical theater*" –. Um detalhe factual, como a fuga de Oswald para uma sala de cinema, torna-se um elemento, mais que metafórico, integrante da vida-espetáculo da América (o assassinato de Kennedy incluído). Círculo moderno e infernal, o espelhamento oferecido pelo cinema é compreendido pelo poeta como sendo de natureza mitológica. Na arte e no culto fílmicos, ciência e magia se correspondem, atendendo à exposição de ícones da vida nacional, como Kennedy.

À maneira de Rimbaud, mas desta vez com a pespectiva explícita do olho da câmera, Morrison faz uma "alquimia da imagem" em sua tradução ou "transfiguração" pela escrita, tal como lemos em dois poemas-seqüências:

O cinema encontra as suas mais profundas afinidades não na pintura, ou na literatura, ou no teatro, mas sim nas diversões populares – quadrinhos, xadrez, cartas, o tarô, as revistas e as tatuagens.

(*op. cit.*, p. 66)

O cinema não é instância da pintura, nem da literatura, nem da escultura ou do teatro, mas da antiga tradição popular dos feiticeiros. Trata-se da manifestação contemporânea de uma envolvente história de sombras, fascínio por figuras que mexem, crença mágica.

(*op. cit.*, p. 67)

Se nos poemas de *The Lords* Morrison concentra todo seu foco na arte fílmica, este interesse central é explicitado: "O cinema é a mais totalitária das artes" (*op. cit.*, p. 52). Justamente por cumprir a força imediata e a abrangência do olhar, o cinema ocupa o lugar de objeto poético em sua obra. Falar de suas mais remotas e emergentes manifestações substitui, para o poeta, o canto a uma natureza primeira, não-artificial, atribuível ao registro lírico. No entanto, como já se dava desde o primeiro Rimbaud, o autor, ao dissecar e desnudar o ambiente físico e espacial onde as imagens se processam, não deixa de produzir outras, até mais surpreendentes, embora provindas de uma construção conceitual. Em resumo, Morrison não deixa de escrever por imagens, ao seccionar, fazer a decupagem do objeto de sua análise. Tanto que a velocidade e o sentido de uma "espúria eternidade" (*op. cit.*, p. 53) facultados pelo cinema, não só se localizam nas salas fechadas de exibição, mas na paisagem, na estrada americana[13].

---

13. Fowlie sublinha, a respeito de *Wilderness*, coletânea póstuma de escritos de Morrison, o papel desempenhado pelas *highways* em L. A., a cidade-automóvel. Ele observa, por exemplo, que: "Jim vê a rodovia como o lugar onde as pessoas deixam sua casa em busca de algo ou de alguém. Os viajantes noturnos e os diurnos formam uma civilização à parte das civilizações mais estáticas e mais estabelecidas" (*op. cit.*, p. 109).

> *O quarto vibra sobre a paisagem, erguendo da terra o espírito, deslumbrante. Dilui-se o olho num filme cinza que rola pela face. Adeus. A vida moderna é um passeio de automóvel. Os passageiros ou apodrecem nos seus fétidos lugares, ou transitam de carro para carro, sujeitos a transformações contínuas. Inevitável progressão direto às origens (qualquer terminal serve), irrompemos em cidades, como facas, e as suas entranhas diláceradas.*
>
> (*op. cit.*, p. 32)

A leitura de Morrison conduz a uma conjunção entre *literatura* e *imagem*, desbravada por Rimbaud e, um século depois, desenvolvida por William Burroughs, concentrada agora em uma poesia de rítmica conceitual, que precisa desbastar os falsos ouropéis retóricos para chegar à visão das modernas e dinâmicas configurações da luz. O poeta não apenas age, por força de seu referencial mítico, como alquimista, surgindo como montador, um profissional em contato direto com o seu meio (para citar Burroughs).

> *Antigos cineastas que – como alquimistas – se comprazíam num segredo intencional sobre o seu trabalho, no intuito de preservar esse conhecimento de olhares profanos.*

* * *

> *Separar, purificar, reunir. Fórmula da* Ars Magna*, e do seu herdeiro, o cinema.*
>
> (*op. cit.*, p. 82)

Enquanto, em *The Lords*, Jim Morrison prepara seu vasto espaço de analogias, fazendo da página e do verso um cruzamento de seqüências e decupagens cinematográficas, em *The New Creatures* ele desenvolve a relação alquimia do verbo/alquimia da imagem, dispondo unicamente – sem mais referência ao cinema – de breves objetos fulgurantes como estes:

Em "The Hitch-Hiker" ("O caroneiro"), roteiro cinematográfico escrito em seus tempos de faculdade, o poeta marca ainda mais essa relação da estrada com a vida americana. O roteiro tem o subtítulo de "An American Pastoral" (encontra-se publicado na segunda coletânea póstuma do autor, *The American Night*).

I

Veste pele de cobra
Olhos índios
Cabelo cintilante

Move-se no ar
Inseto do Nilo
Perturbado.

(*op. cit.*, p. 93)

Ou:

Santo
o Negro, tatuagem
africana
olhos feitos de tempo.

(*op. cit.*, p. 102)

Os aspectos da projeção e do corte cinematográficos, absorvidos pelos versos, são operados para o registro de imagens pregnantes, bem desenhadas, lançadas no sobrevôo do instante ("*He moves in disturbed/Nile insect/Air*") ou inscritas como tatuagem. Uma inscrição que atualiza o tempo do mito, como também consolida o conceito imagético-fílmico da escrita de Morrison (o tempo tatuado nos *olhos*).

Em *The New Creatures*, Morrison volta a lidar com o espaço urbano – como já realizavam *The Lords* –, com a matéria cotidiana americana, construindo a atmosfera de morte na sociedade do prazer e do consumo – "*Cancer City*" –, por meio de imagens regidas, por um lado, pelo pulso de um tempo eletrônico e, por outro, pelas elétricas e atemporais contorções do corpo xamânico diante da comunidade em declínio (tristeza de verão/velha cidade/espectros).

Cidade do cancro
Declínio urbano
Verão tristonho
Vias rápidas na velha cidade

191

Circulam espectros
Sombras elétricas

(*op. cit.*, p. 122)

Em "America as Bullring Arena", poema não pertencente a nenhum livro elaborado pelo autor, compondo agora o conjunto de textos chamado *An American Night*, ao descerrar "os horrores cósmicos" da civilização do bem-estar, Morrison vê o revés infernal desse universo de aparências, acabando por encontrar como guia o poeta de *Une saison en enfer*[14], quando se refere à visão do "Inferno das mulheres, lá embaixo".

Aqueles índios, os sonhos &
o cósmico "bebop in blue" espinal.
Os horrores cósmicos. As cósmicas
neurastenias. Um compacto de tecido
cerebral, sangue, merda, suor
esperma & aço, misturado com gordura
e fogo líquido, calendários ováricos
ampliados na luxuriante face
interna da Televisão, espelhos
para o Nada, um grande silêncio
que abre camadas de monstros
chineses pré-históricos.

(...)

"*E vi o Inferno das mulheres,*
lá embaixo".

(Morrison 1993: 145-147)

---

14. Em *An American Prayer*, Morrison fala na seção de abertura, tal como Rimbaud no pórtico da *Saison*, "das promessas feitas ao poeta quando criança, que não foram cumpridas", indagando:
    Onde estão as festas
    que nos prometeram?
    Onde está o vinho,
    O Vinho Novo?" (1993: 19)

A oscilação de seu foco para o apocalipse[15], por meio de imagens do *horror cósmico* (a civilização americana num dos momentos mais convulsivos de sua história), e o inferno (ele é um desbravador de experiências e comportamentos por demais arriscados e solitários, que se prolongaram para além da década de 60), explica um pouco o despedaçamento tão prematuro desse mito primitivo – teologia pagã (Orfeu), unida à cultura indígena (xamanismo) – e ultramoderno. Pois Morrison é um verdadeiro poeta, de formação e atitude, dentro da música pop, caracterizada pela circulação de novidades/mercadorias.

A importância deste autor de extração rimbaudiana está no fato de sua visão não se encerrar unicamente no encantamento primitivista ou na *féerie* eletrônica, tal como sucede com o poeta de "Mauvais sang", que também é o projecionista de imagens verbais iluminadas por uma concepção técnica ou uma instrumentação conceitual no corte e na montagem da prosa e da poesia, sob a dinâmica veloz da relação entre palavra e imagem. Da convivência com estes opostos é que nascem poemas híbridos, intrigantes para novas criaturas, novos leitores interessados em lê-los sem o auxílio da lenda pop ou das "encarnações" mistificantes.

Filmam algo
na rua, em frente
da nossa casa.

(Morrison 1987: 113)

Patti Smith

O percurso de Patti Smith como poeta e letrista é marcado pelo diálogo com a obra-vida de Rimbaud. Em um primeiro momento, esse diálogo se revela mais diretamente com a publicação de seu terceiro livro, *Witt* (1973), dedicado ao poeta, como também a William Burroughs, denunciando a intenção aberta de um intercâmbio, de uma relação tão intertextual quanto a do próprio Burroughs, tão apropria-

---

15. Não por acaso, Francis Ford Coppola, em *Apocalypse Now* (1979), faz uso da música dos Doors, inserindo na trilha sonora do filme, que contém "A Cavalgada das Valquírias", de Wagner, a canção intitulada significativamente "The End".

dora quanto a de Kathy Acker, que, aliás, muito deve à incursão pioneira de Smith ao texto rimbaudiano, pois a autora de *Witt* extrai dele uma espécie de versão para o feminino, com aproximações biográficas, inclusive. Em *Babel* (1978), Patti Smith repete a dose, refazendo episódios da vida do autor, interiorizando seus poemas e visões, chegando a inserir desenhos inspirados em retratos do poeta adolescente.

Em sua estréia, com *Horses* (1975), quando então se lança à produção de discos e shows à frente do Patti Smith Group, a poeta e cantora introduz Rimbaud no pop, de modo mais declarado do que Jim Morrison, seu iniciador não só nos mistérios da poesia, mas nos do espetáculo, já que ela refaz, à sua maneira, as concepções xamânicas do artista (seus recitais são marcados por uma fala convulsa, incapaz de perder o ritmo da música que a acompanha, mesmo no "transe" da emissão do poema/canto, às vezes vitupério, às vezes celebração). Se o segundo disco de Smith – *Radio Ethiopia* (1976) – traz nas faixas ("Abyssinia", por exemplo) e no encarte referências a Rimbaud, em *Easter* (1978) a cantora imprime um poema centrado no autor francês em lugar da letra da canção que dá título ao disco, em uma espécie de comentário paralelo ou, melhor definindo, como um outro texto, um *texto* em relação, em superposição, ao texto cantado.

Dos anos 80 para cá, Smith produziu apenas quatro discos – sendo o antepenúltimo, *Gone Again* (1996), marcado por um nítido sentido de retomada da carreira, quer pela excelência das canções e da produção, quer por seu empenho em realizar shows pela América, ao lado, inclusive, do ídolo Bob Dylan. Durante esse período, publicou *Woolgathering* (1992), além de uma coletânea reunindo sua produção dos 70, *Early Work* (1994). O momento mais recente, também mais maduro, da trajetória de Patti Smith não deixa, entretanto, de travar relações com a poética de Rimbaud, mostrando de modo menos literal quanto se encontra internalizado seu diálogo multitextual com o autor. Cabe ser ressaltado este diálogo, a início como um dado explícito e a contar – à maneira de um projeto – do poema de abertura de *Witt*:

ADVERTÊNCIA

estes delírios, observações, etc. são de alguém que, para além de qualquer compromisso, se encontra sem mãe, sexo ou pátria, que tenta sangrar pela palavra um sistema, uma base es-

pacial. sem apenas um corpo de frases com toda a promessa do solo à superfície ou de uma estrela, um magma: um centro que se agüente, flor e nervura a atmosfera com tecido vascular raios que iluminam e revelam...
(Smith 1983: 25)

O texto introdutório de *Witt* traz indicações imediatamente atribuíveis à leitura de Rimbaud. Incorpora o "Avertissement" de "Les déserts de l'amour"- "Estes escritos são de um homem jovem, bem jovem, cuja vida se desenvolve não se importa onde; sem mãe, sem país, indiferente a tudo o que se conhece, fugindo de toda força moral, como já o foram vários lastimáveis homens jovens" (Rimbaud: 175) –, apontando, mais do que uma influência, uma convergência de práticas poéticas, que os anos só viriam confirmar, como programa desenvolvido em espetáculos, discos e escritos. Se a autora pretende dar continuidade à poética de Rimbaud, o faz de modo orgânico, a partir de um núcleo concreto, "um centro que se agüente, flor ou nervura". Se Rimbaud orienta-a para a escrita, despontam nos textos da autora um corpo de palavras e atitudes inconfundivelmente pessoais.

Patti Smith demonstra, como sucede com Burroughs, Acker e Morrison, que a influência producente, propiciadora de novas obras, nunca se dá de forma passiva por parte de quem a sofre, por mais presente e explícita que seja. O contato mais prolongado com os textos e os poemas de Smith permite um encontro com os dados mais sutis, mais obscuros da literatura rimbaudiana, com o acréscimo de vermos estes dados transpostos para outra experiência de escrita, outro sistema, onde a palavra é sangue (como Acker apreenderia) no alcance de uma *"space base"*. Como diz ainda "Notice":

ansiando por... um bilhete, uma brecha, um buraco de fechadura. algum sinal de (...) agarrando-se à ingênua fé que a viagem abrirá – (...) ficar fisicamente doente como uma adolescente. sem trabalho de mão para a palavra exceto para a viagem. exceto para um manual gasto, mapa de rotas e dicionário. exceto para o ritual. exceto para o ritmo, exceto para os cous cous. dialeto da cabeça de deus? beijo de uma língua estrangeira? viagem interior: cérebro foguete. deus meu crânio. sim viajar é a chave, não, como sugeriu rimbaud, caridade.
(*op. cit.*, p. 25)

Os escritos de Patti Smith apresentam de modo claro como o autor é antes de tudo um leitor, ao aproximar-se e apropriar-se de um corpo de textos já existente, para a partir daí passar a existir, procurando um novo leitor – ou um novo autor, como acaba acontecendo com Kathy Acker em relação ao vínculo Rimbaud-Smith. É o que bem ilustra "Notice", escrito em trânsito, em busca, à maneira de uma carta, texto-advertência que define um modo de escrita e, também, de leitura.

Diferente da apropriação feita meramente por meio de citações, no mais das vezes episódica, em que comumente ocorrem as referências ou recriações prosódicas de um autor, lido por Patti, Rimbaud é presença, passagem por um dentro-e-fora do espaço literário, até porque, ao adotá-lo integralmente, o leitor/autor não poderia manter-se distante do vínculo da obra-vida, característico da criação rimbaudiana e próprio a alguém como Patti Smith, situada entre o livro e o espetáculo, no cruzamento, permitido pelo universo pop, entre arte e comportamento. Tanto é assim que ela dialoga com Rimbaud, relendo-o para além de suas próprias palavras: *"yes travel is the key, not, as rimbaud suggested, charity"*.

Em "October 20", segundo poema de *Witt*, Patti Smith usa como título o mês e o dia do nascimento de Rimbaud, onde ele surge remotamente (*"remote rimbaud"*), como poeta-palavra nomeado com letra minúscula, recorrente e escapável como um táxi, cuja velocidade parece regular o ritmo brevíssimo dos versos:

20 de Outubro
táxi
foi-se
agarra essa
cinza vulcânica
antes que assente
antes que se torne
dura como
leal como
pedra-pomes como
gelo de palma

táxi
mercearia

> *alface*
> *deixa-nos*
> *à toa*
> *ferrão de abelha*
> *clavícula*
> *por cima do*
> *para além do*
> *candeeiro da rua*
> *cinto de luz*
> *(...)*
> *remoto control*
> *remoto rimbaud*
>
> (*op. cit.*, p. 28-29)

    Remoto e reincidente, "*rimbaud*" fundamenta um conjunto de poemas e canções. Como leitora-autora rimbaudiana, Patti Smith percebe nos mínimos sinais do tempo – os do táxi, por exemplo –, e do espaço – a cidade contemporânea, fragmentada –, o dia e o mês originais – 20 de outubro – do poeta, acionados (como por um controle remoto/"*remoto rimbaud*") na passagem fugidia do presente. Assim, esses dia e mês, excluídos do caráter de data, já que destituídos do ano, caracterizam-se, sem fixação no tempo e no espaço, como experiência recorrente, renovada, ao instante de um táxi.

    O movimento permanente, rotativo, do táxi remonta ao da obra-vida, comparecendo ora como presença, ora como ausência para Smith. O andamento do táxi de "October 20" não fica sem expor o embate entre estabilidade e fuga, entre repouso e ação, característico do poeta. A viagem como "chave" – "viagem interior" (como diz "Notice") –, realizada a partir do texto de Rimbaud, aponta, à maneira dos *infinitos espaços interiores* (ver artigo de Morrison sobre o olho), para a viagem no tempo empreendida por Burroughs, *cosmonauta do espaço interior* (como se lê em *Third Mind*), viagem na velocidade-luz do tempo (a partir do táxi), como já indicavam os trajetos dinâmicos observados em *Illuminations*.

    De modo menos elíptico, "Dream of Rimbaud" oferece a Patti Smith a oportunidade de, primeiramente, tomar o lugar de uma personagem do poeta, no caso, a viúva de "Délires I – Vierge folle", dentro de um sonho onde a imprevisibilidade das imagens acaba por incluir o nome de Poe, autor completamente integrado aos planos da imaginação, da viagem no tempo, à fusão entre o delírio (embriaguez ou sonho) e a autoconsciência.

SONHO DE RIMBAUD

sou uma viúva. podia ser charleville podia ser qualquer outro lado. move-se por detrás do arado. os campos. o jovem arthur esconde-se pela quinta (roche?). a bomba o poço artesiano. atira vidro verde aliás cristal quebrado. acerta-me no olho. Estou lá em cima. no quarto ligando a minha ferida. ele entra. encosta-se ao dossel. as suas bochechas coradas. ar insolente grandes mãos. acho-o sexy como o diabo. como aconteceu isso pergunta ele com indiferença. com demasiada indiferença. levanto o penso. revelo o meu olho uma porcaria sangrenta. um sonho de Poe. ele sobressalta-se

(Smith, *op. cit.*, p. 31)

O sonho, que, a princípio, parece pertencer unicamente a Rimbaud – considerando-se a experiência única, particular, do sonho –, define-se mais tarde como típico de Poe (*"my bloodied eye"*), resultando, ao final, como revelação construída, processo a um só tempo deliberado e involuntário, diálogo em duas vias. Por um lado, a voz feminina do poema apossa-se, de forma desabrida, do personagem rimbaudiano – *"could be charleville could be anywhere"* –, por outro, sofre a ação agressiva do autor/adolescente.

A viúva de "Dream of Rimbaud" mostra-se tanto como vítima quanto mulher atraída pelo diabolicamente sedutor *"young arthur"*, bem dentro do perfil da *"vierge folle"*. A referência a Poe vem romper, no entanto, o misto de imantação e endemoninhamento constante desse amor desproporcional e irresistível entre a viúva e o adolescente. É quando a personagem feminina mostra o olho – órgão vital do imaginário rimbaudiano – em uma condição sangrenta e danificada, mais apropriado, pelo toque de horror, a um sonho de Poe, dissolvendo, então, a indiferença e a primazia do jovem camponês em relação a ela. Na estrofe seguinte, a convivência dos dois é transformada, passando a viúva a conduzir o jogo de sedução e flagelo, sem perder, contudo, o caráter irresolúvel de poder e de luta entre masculino e feminino, que esse amor por enquanto adquire.

Disparo à queima-roupa. alguém o fez. tu o fizeste. ele cai prostrado. chora. abraça-se aos meus joelhos. agarro no seu cabelo. mas queima-me os dedos. espesso fogo dourado. macio cabelo amarelo. ainda aquele inconfundível tom vermelho. rubro. surpresa vermelha. cabelo d'Ele.
(ibid.)

Mas se o Rimbaud de Patti cai, aos prantos, prostrado aos pés da "virgem/viúva louca", esta também não consegue deixar de ser atingida, fixando-se em seu cabelo, de inconfundível tom vermelho, ponto fálico e fetichista situado na parte mais alta do corpo do poeta e camponês Arthur – "*hair of the One*". O que já se mostra de modo interessante nos momentos finais do poema é a capacidade da viúva e do adolescente viverem a sexualidade, mostrada no poema original como um vazio impreenchível: "estava segura de jamais poder entrar em seu mundo", diz a viúva na *Saison* (Rimbaud: 424). Sexualidade tantas vezes adiada, sublimada, entre Rimbaud e seus personagens, entre os leitores/autores rimbaudianos (incluindo a irmã Capitol de *In Memoriam to Identity*) e o corpo do autor; justamente esse autor marcado pela expansão e a retração corporais, pela tensão entre o espaço escrito e o vivido. Autor que instala o corpo no limite, no silêncio da literatura, quebrando com o vidro-cristal – "vidro colorido a explodir", como diz o trecho a seguir – de uma linguagem da sutilidade imagética, que também é da contundência e da adequação ao mais físico, a distância entre a página e o presente.

Oh jesus eu desejo-o. sujo filho da puta. ele lambe-me a mão. acalmo-me. vai-te embora depressa a tua mãe está à espera. levanta-se. vai partir. mas não sem o olhar destruidor daqueles frios olhos azuis. ele que hesita é meu. estamos na cama. encosto uma faca à sua garganta macia. deixo-a cair. abraçamo-nos. devoro-lhe o escalpe. piolhos gordos como polegares de bebê. como caviar craniano.
Oh arthur arthur. estamos em Áden na Abissínia. a fazer amor a fumar cigarros. beijamo-nos. mas é muito mais do que isso. azul-celeste. lagoa azul. brando lago d'óleo. sensações telescópicas inspiram. golfo cristalino. bolas de vidro colorido a explodir. bainha de tenda berbere a rasgar-se. aberturas, aberta como gruta, abrir-me mais. entrega total.
(Smith, *op. cit.*, p. 31-32)

Explosivos, corpo e linguagem marcam um encontro total em "Dream of Rimbaud". A primeira pessoa do poema, identidade feminina em ação, desarma-se, largando a faca e, amorosamente, entrega-se ao jovem Arthur, situando-se junto a ele na cama, aos abraços, sem jamais se esquecer de que a liberdade do corpo não passa sem uma intervenção na linguagem, na palavra poética.

Dentro do sonho de *outro* autor, Patti Smith, conhecedora da obra de Rimbaud, faz com que seu personagem não só goze do texto, mas do corpo alheio, inacessível, impossível. Aqui, Smith lida com "Les chercheuses de poux", de forma que a viúva, virgem louca, "coma" o corpo e o poema do autor, explicitando e rompendo a teia recalcada da sexualidade das "catadoras de piolho". Tornados gordos e gostosos como polegares de bebê e também como refinada produção cerebral – "*like the skulls caviar*" –, os piolhos, segundo Smith, representam o objeto desvirtuado – transformado em animalidade e repugnância – do mais profundo e primordial desejo.

O sonho de "Dream of Rimbaud", apesar de indistinto como os de "Les chercheuses de poux" ("enxame branco de sonhos indistintos"; trad. literal), monta-se em frontal oposição ao recalque, pelo choro e pela morte do desejo. Os dedos "elétricos e mansos" (trad. lit.) das tias virgens[16] do poema original, guiados pelo gesto indolente e mortífero com que catam os "pequenos piolhos" do adolescente, sofrem, por parte da viúva criada por Patti Smith, uma transferência para os dedos do "jovem Arthur", atrativos e inocentes como os de um bebê, e para os piolhos, transmutados em objeto depurado e erótico, facilmente degustáveis. Em vez de serem sublimados os "desejos de beijos" de forma nauseante – "salivas/ Retidas sobre o lábio" (trad. Barroso: 201) –, em seu "sonho" americano, dão-se como lambidas, puro beijo – "ele lambe-me a mão. acalmo-me", diz Patti.

Mais curioso no "desrecalque" produzido por "Dream of Rimbaud" é ver o movimento da mulher pacificar-se obtendo doçura e disponibilidade para o contato amoroso, revelando-se como o encontro feliz do feminino, sonhado por Rimbaud de modo ilustrativo

---

16. Reza a lenda que a inspiração do poema são as *mademoiselles* Gindre – tias solteironas de Izambard, protetor do poeta durante a fuga frustrada deste para Paris, que resultou em sua detenção pela polícia. Foi na casa delas, em Douai (noroeste da França), que Rimbaud se hospedou, no mês de setembro de 1870. No início, portanto, da *walk writing*, e no desvio – repouso forçado, retorno à proteção "maternal" – de tal prática.

e mítico em "Soleil et chair". Munindo-se temporariamente de uma faca, depois de mostrar-se forte, realizando em si o pólo afirmativo e empreendedor do masculino, o personagem de Smith desarma-se, podendo retornar ao desejo, sem mais desvio, sem mais cruzar com as identidades da viúva/virgem louca, e das catadoras de piolho. "*We kiss*." A louca, destrutiva paixão torna-se pacto.
Quando Smith, no parágrafo final – "Oh arthur arthur. estamos na em Áden na Abissínia. a fazer amor a fumar cigarros" – de uma curta passagem de "Mauvais sang" – "Nadar, pisar a erva (...) sobretudo fumar..." (trad. Ivo: 49) –, na qual o poeta apresenta a alternativa de abandono da Europa e de uma vida civilizada, como fuga em direção ao mar selvagem, à aventura e ao gozo dos instintos "como faziam esses caros antepassados em torno do fogo" (*ibid.*), ela não a compreende, como ocorre em Rimbaud, como mais uma possibilidade, que acabará captando o sujeito da vida errante, dentro de "um sono bêbado" (*ibid.*). O sonho de Patti Smith define-se como a realização de um projeto de expatriação e procura de um lugar, não certamente natal, e sim daquele a que se é destinado, lugar de encontro entre corpo e alma ("Adieu"), no corpo e alma de um *outro*.

"...mas é muito mais do que isso. azul-celeste (...) entrega total."
A rendição aqui é amorosa. Homem e mulher, em sua alquimia de polaridades e afinidades, realizam-se no plano da linguagem, pela da comunhão com a obra-vida de Rimbaud, em um poema, que é materialidade e também *sonho* da leitura, literatura.

E, quanto à morte do autor, tal como está escrito em *Babel*? Em um primeiro instante, a autora refaz cenas de seu fim, reconstituindo as perdas:

rimbaud morto

ele está com trinta e sete. amputaram sua perna. a sífilis escoa. um vírus cremoso. um misterioso míssil na bunda de um m-5. a vítima sofre na alma um holocausto. sua face idiotizada e a maravilhosa língua inútil, esticada.
rimbaud. não mais o ousado jovem cavaleiro do alto platô abissínio. tanto ardor fica petrificado, para sempre.

(Smith 1994: 102)

Mas, pelo que se lê em seguida, ao recriar o Rimbaud final, Patti injeta-lhe vida, sabendo vê-lo na rede do tempo, junto de outras cenas, de outros sistemas artísticos. Mesmo desmembrado, "rimbaud dead", através do olho, *tudo* move.

sua leve perna de madeira encostada na parede feito um soldado comodamente aguardando ordens. o mestre, agora amputado, só repousa e repousa. tomando chá de papoula de canudinho – um sifão de ópio. uma vez, cheio de maravilha, ergueu-se em quente perseguição a alguma aparição – uma visão. talvez harrar um mar carregado ou o querido djami *abandonado na causticante arena-aden. rimbaud se levantou e caiu com uma pancada surda. seu longo corpo nu no tapete. condenado a ficar ali deitado à mercê de duas mulheres fedendo de piedade. rimbaud. ele que tanto cultuou o controle agora choraminga e caga como um bebê com cólica.*

(...)

ele está iluminando se ajoelhando subindo montanhas apostando corrida. agora voyager agora voyeur. ele nota tudo isso. muito ernest remo surreal. sua perna artificial levanta e comprime o espaço. membro num vácuo.

rimbaud acena?

não mas presta muita ação

na parede tem um buraco. impressão digital do polegar de duchamp numa fração de luz. uma íris se abrindo. vemos gradativamente toda a coisa. tudo se abre desembrulhado como um breugal. é dia de feriado...

um banquete de casamento...

estão assando um leitão e um avental de maçãs. o cheiro está aumentando. é domingo é manet é piquenique na relva. é tempo de seurat é um tempo leve e a hora certa para viver um romance para a canoagem e para a dança.

(*op. cit.*, p. 102-103)

Mais importante que revivificar Rimbaud pelo poder da imagem, com uma justeza de ritmo e de elementos pictóricos os mais variados (extraídos, inclusive, do espaço das artes visuais), é a transmutação do nome Rimbaud em experiência maior que a citação de dados poético-biográficos, em força capaz de remover a própria idéia de morte: trabalho imaginário em linhas imprevistas de ação sobre o texto, sobre o autor, que lembra a disponibilidade de Burroughs para a viagem no espaço-tempo por meio dos *cut-ups*. Quando a consciência abandona o poeta em "rimbaud dead", mesmo na febre que suspende sua existência, da forma que se lê nos depoimentos da irmã vigilante Isabelle Rimbaud, o poeta dispõe da visão de todo um percurso de obra/vida – "*now voyager now voyeur...*" Dando continuidade ao trajeto do corpo desmembrado, decepado (experiência de "Cœur volé" e "Honte") e justamente na perna – outro órgão vital como o olho, sendo aquele, no caso, não só chave da *walk writing*, da vida viajante do poeta, mas *causa mortis* –, a autora afirma:

> *e a perna de rimbaud, estando tão em forma, sai dançando pela porta bebop pela floresta afora – dança uma raga um rag na grama virando cestas de piquenique zunindo pelos portões de cemitérios de igreja com passo certo o membro genuflecte depois ele reflete e salta sobre a cena sobre o arco-íris fora da tela para o espaço puro espaço – tudo remoto e descolorido como a face do querido arthur.*
> *face tornada incorpórea cheia de graça. olhos submersos – aqueles tesouros de cobalto encerrados para sempre.*
> (*op. cit.*, p. 103)

Não há engano, para Smith, que a morte surge como ruptura, abandono e choque ocorridos no corpo. O olho, centro irradiador/iluminador da poesia ("*sunken eyes*"/"*cobalt treasures*"), fecha-se, ao fim. Toda a graça do poema, e da leitura da vida/morte de Rimbaud, dá-se, porém, quando a cantora e autora faz erguer-se um coro de crianças, a um só tempo inocente e cruel, que saúda a morte do sonhador absoluto e homem em ação, poeta da *revelação* e do corte insolúvel.

> *punho cerrado pulso relaxado*
> *seu cachimbo, abandonado...*
> *no jardim ao ar livre as crianças estão reunidas.*
> *não é um capricho. elas são imaculadas, perfeitas,*
>
> *tão cruéis quanto ele.*
> *cantam:*

*as pernas não podem mais se mover
o pinto não se levanta mais
os dentes não podem se desnudar
o bebê não pode engatinhar
rimbaud rimbaud topando com o muro
frio como granizo morto como um prego na porta

lágrimas súbitas!*

(*op. cit.*, p. 103-104)

A magia pelo reverso, pela negação, mas movida pela música, continua a ser instrumento de abertura para a crença renovada no poder de imaginar e criar imagens. Crianças desamparadas – unidas, porém, pelo canto –, como nas "entradas dos órfãozinhos" (poema-menino) ou naquele hino de "À une raison": "'Mude nossa sorte, livre-nos das pestes, a começar pelo tempo', cantam essas crianças" (trad. Lopes e Mendonça: 33). Tanto que lágrimas súbitas escorrem dos olhos de "rimbaud", mesmo com o fim de tudo. Morte como distanciamento de si mesmo e entrega a "uma nova razão", "a começar pelo tempo".

Patti Smith dá mostras de saber manter-se em um registro de encantamento, sem a omissão da crueldade, que se depreende do próprio fim de Rimbaud. Crueldade impressa nos primeiros poemas da autora, onde uma linha de transgressão/maldição é perseguida – que a própria imagem pública da artista pré-punk, sexualmente malcomportada, corrobora –, como chave do Rimbaud do desregramento, infernal, atuante em títulos como "Rape", que valeria um cotejo com "Les reparties de Nina" na mesma condição realizadora do sexo sublimado, lido em "Dream of Rimbaud"/"Les chercheuses de poux". A violência da nomeação – que também é da ação – está também na Patti de "Mustang", "Soul Jive", "Judith Revisited (Fragments)" e "Gibralto", para dizer o mínimo.

No encarte de *Easter*, seu LP de maior sucesso comercial[17], a artista substitui a letra correspondente à faixa de encerramento,

---

17. Está contida em *Easter* a balada "Because the Night", feita em parceria com Bruce Springsteen, seu amigo de Nova Jérsei (cidade natal dos dois músicos). Regravada em 1993 por Nathalie Merchant, quando ainda era vocalista do grupo 10,000 Maniacs, "Because the Night" voltou a ser sucesso, desta vez nas paradas de música pop do planeta, via clip da MTV.

que dá título ao disco, por versos dedicados a episódios da vida familiar e religiosa de seu poeta-guia. O canto à primeira comunhão do pequeno Arthur converte-se em pacto com as fontes nãoconsagradas de religiosidade e rebeldia.

páscoa

*sou a espada/a ferida/a mácula
desprezada transfigurada criança de caim
a palavra caim significar trabalhador... matador... smith.
um smith é alguém desdenhado e abençoado. gravura dois.
tais smiths nas faces de arthur e frederic.
um nômade o outro vagabundo. ambos condenados a
tagarelar e a batalhar. pelo coração de um mapa
ou do último gole.
uma manhã cem anos atrás
little richard batizou a américa com rock n'roll,
arthur e frederic e suas irmãs isabelle e vitalie
sofrendo pelas ruas de charleville com fitas brancas
e panos azuis para receberem a primeira comunhão.
próximo à igreja foi arthur quem saiu da fila e chamou
as outras crianças rimbaud para correrem pelo campo,
passando pela capela em direção à ponte para dentro
das frias e finitas águas de um rio que levavam ao
tépido e infinito sangue de cristo.*

(Smith 1978)

Easter sobrepõe à família Rimbaud a referência aos Smiths, trabalhadores do campo e religiosos como os franceses, portando sobrenome corriqueiro, disposto em letra minúscula, igualados às coisas vivas, às experiências vitais do espaço natural (daí a corrida pelos campos realizada pelo menino *rimbaud*). Patti Smith, além de ler na irmandade dos Rimbaud os traços de sua própria formação e de seu núcleo familiar, assinala-os sob o signo de Caim e do rock and roll (Little Richard – na contracorrente da origem *Wasp*[18]).

---

18. A adoção de uma identidade como *nigger* é marcante na primeira produção de Patti. Adoção da base rítmica do rock, da negritude essencial, que a cantora sintetiza na figura de Little Richard e traz, nessa escolha, um gesto de antiamericanismo

O renascimento com Cristo na Páscoa campestre (em Charleville e/ou numa fazenda de ovelhas no Tennessee, onde Smith passou parte da infância), sem deixar de ser contemplação do sagrado, revela-se também com sangue (uma constante da escrita de Acker). A poeta recria, por seu turno, certas imagens de "Après le déluge" ("O sangue correu... onde o selo de Deus empalidecia as janelas. O sangue e o leite correram"; trad. Lopes e Mendonça: 9) e, certamente, de todo o sentido do poema "Les premières communions", que comunga da aproximação entre o sangue – e a sexualidade – de uma virgem e o de Cristo. Isso para não falar da leitura de episódios relacionados à biografia do autor, apropriados, de maneira sutil, como estes, referentes à primeira comunhão dos meninos Rimbaud. O jornalista Richard R. Lingeman já havia dito, a respeito dos antecedentes culturais da compositora:

> *Por vezes, uma irada, rebelde adolescente, ela silencia o dogma das religiões organizadas e as interpretações bem-comportadas da Bíblia, voltando-se para o gospel, em harmonia com Little Richard, e o fascínio deste por Caim, Lúcifer e Eva, cuja tentação era querer conhecer.*

(*apud* Muir s/d: 22)

Em *Easter*, Patti Smith como que se sagra poeta no espaço do pop, não pela simples compilação de faixas musicais e respectivas letras, dotadas de qualidade literária. Ela realiza a comunhão entre poema e canto, leitura e audição, como procedimento geral de um disco que também se lê, por um encarte concebido como plaquete e "*feuille volante*" (usando a designação de F. Féneon para a característica móvel e combinatória de *Illuminations*), onde outras canções encontram letras duplas, não só audíveis, mas escritas sob a forma de poemas.

---

explicitado e radicalizado como postura (veja-se a canção-pregação "Rock and Roll Nigger", em *Easter*, e também o poema "Neoboy", republicado em *Early Work*). Gesto que está em igualdade com a contramarcha do Ocidente tomada pelo Rimbaud de "Mauvais sang", em sua configuração como "*nègre*", sob a selvageria da dança, da revolta primitiva, e a comunhão tribal. (Daí alguns críticos se referirem à *poésie nègre* de Rimbaud.) Na canção de Smith, o inglês (idioma em boa parte popularizado pelo rock and roll) e o francês de Rimbaud se entrelaçam como nova linguagem rítmica, poética, originada dessa estratégia de "rebatismo" nas fontes negras.

Mais do que um aval, com que se garantiria a *griffe* cultural de *rock art*, procurada por um bom número de compositores e grupos musicais firmados nos anos 70, Rimbaud comparece no disco de Patti a partir de uma compreensão intrínseca de seu modo de conceber a escrita. É bem própria do autor de "Alquimia do verbo" a visão do poeta como um inventor de gêneros e pactos criativos realizados nos mais diversos registros de linguagem. O espaço híbrido oferecido pela cultura pop – cultura do espetáculo – afina-se com a disponibilidade de Rimbaud para a inserção múltipla de referências, de modo a apreender o que está fora do seu próprio campo material de expressão, com a instauração de todas as cenas, de todos os sons – ruídos – e imagens (como "Départ" já pressentia).

Não somente realizando letras poéticas, mas afirmando a poesia na mesma proporção que a música, Smith acaba por demonstrar que no pop tem havido, de três décadas para cá, uma das possíveis traduções de Rimbaud. Tal atitude propicia um modo de criar e vivenciar a literatura fora de um entendimento estritamente escrito, livresco, no pior sentido do corporativismo. A atmosfera cultural americana – e, progressivamente, planetária –, impregnada pelo pop na música, como também nas artes plásticas/gráficas e no cinema, contaminou a zona quase sempre refratária da atividade literária às influências culturais populares, principalmente quando este *popular* vem mediado pelo controle de corporações financeiras em suas manifestações *mass media*. No entanto, a poesia convive com o mercado, tal como se ouve e lê na obra de Patti Smith, que começa pela literatura, penetrando depois no circuito da música como *rocker*, e retornando, já nos anos 90, à publicação mais regular de seus escritos, sem interromper a troca entre atividades aparentemente díspares.

A atmosfera pop americana de que falei transforma o campo e o corpo do texto de poesia, mostrando que também a literatura pode alcançar formulações mais inventivas, ao relacionar-se com outros meios de expressão, reposicionando-se diante da explosão dos *media*.

Quando Rimbaud busca na "Alquimia" o verbo acessível a todos, a todas as expressões, por meio da listagem de gêneros artísticos variados, que transitam entre quinquilharias e obras menores, embora impregnadas de encantamento e apelo cromático (*"enluminures populaires"*...), o poeta abre sua prática criadora para a assimilação das manifestações não-codificadas, não-nobres da cultura. Ou, como já dizia Kathy Acker, apropriando-se de "Alquimia do verbo": "tudo o que não seja 'cultura'". Tal indeterminação de fronteira do literário tem sido acirrada por alguns dos autores mais atuantes da cena contemporânea. Patti Smith, por exemplo, tem podido desenvolver uma escrita fundada sobre referências, vamos dizer, cultas, sem perder suas chances de interferência sobre uma vasta rede de alternativas combinatórias oferecidas pela produção das mídias. Atualizando os pressupostos contidos na "Alchimie", de transformação das "celebridades da pintura e da poesia moderna", Smith incursiona pelo território do pop inventando práticas, interpretando personagens, reativando posturas resguardadas em páginas de livro. Ao colocar a obra de Rimbaud no centro de sua atividade como poeta, cantora, instrumentista e compositora, ela não apenas dá atualidade a percursos desbravados há mais de um século. Quando, em *Easter*, mescla sua biografia com a do poeta, ou, em "dream of rimbaud", unindo seu corpo/texto ao dele, Patti torna real a antecipação da "Carta do Vidente" sobre a realidade da mulher em uma sociedade nova. Esta é uma das mulheres que vivem "por ela e para ela", trazendo coisas "estranhas, insondáveis, repugnantes, deliciosas" (Rimbaud: 191), elementos bem combinados em uma obra-vida poética e musical.

Depois de um período mais retraído, Patti Smith prova que em seu relativo silêncio só se intensificou o vínculo com a obra-chave do poeta. Como diz o título de uma de suas publicações mais recentes – *Woolgathering* ("distração", "devaneio") ou, traduzindo-se literalmente seu equivalente inglês "*absentmindedness*"/ "sem pensamento" – a ação da autora agora é a de "colher, com compaixão pelo pequeno" (Smith 1992: 72). Decomposto, *woolgathering* significa, também, "catar tufos de lã deixados pelas ovelhas por onde passam", ou seja, tudo o que é mínimo e exige paciência (inclusive de *ver*), além de liberdade de imaginação, num sentido, aliás, próximo do ato de posse e possessão pelas coisas, presente na *walk writing*.

Sua opção pelo pequeno, pelo básico, por um *olhar inocente* voltado para as mínimas coisas existentes, ajusta-se bem a este "*petit livre d'enfance*", como que extraído do inventário imagético-textual apresentado por "Alquimia do verbo": um conjunto de prosas poéticas editadas em uma coleção identificada como Hanuman Books, em formato mínimo, menor do que um livro de bolso e graficamente impecável. Temos uma Patti, por assim dizer, implícita em relação a

Rimbaud, ainda que em certo trecho seja necessário a ela reportar-se ao trajeto do poeta:

> *Um desenho branco retratando a atmosfera de abandono. Após a partida dos pássaros. A angústia branca fotografada por Rimbaud enquanto atravessava o Passo do São Gotardo. A gaze que os mortos choram. Um desenho branco para enfeitar o muro vazio de um posto de observação, ou o café deserto.*
> (*op. cit.*, p. 59-60)

A referência à travessia do Passo do São Gotardo, nos Alpes, feita por Rimbaud – passagem "que não se atravessa mais de carro nesta época do ano e que eu tive que atravessar a pé" (Rimbaud 1983, trad. Ribondi: 63) –, tal como consta de uma carta à família, datada de 17/11/1878, não pode deixar de trazer à luz a cena final de *The Narrative of A. Gordon Pym*, de Poe, onde a sombra branca, fenômeno atmosférico das regiões polares, mostra-se como experiência a um só tempo aterradora e reveladora. Temos na Passagem de Rimbaud a ausência absoluta do *todo*, da própria paisagem:

> *É assim. Nem uma sombra acima, embaixo ou dos lados, ainda que estejamos rodeados de objetos enormes; não há mais estrada, precipícios, desfiladeiros, nem céu; apenas o branco para sonhar, tocar, ver ou não ver, porque é impossível tirar os olhos do tédio branco que acreditamos ser o centro de tudo.*
> (*op. cit.*, p. 64)

A experiência de Rimbaud, em sua travessia por quilômetros absolutos de neve – um espelhamento, pelo avesso, das caminhadas no deserto – o que um texto como "Les déserts de l'amour" sugere: "Eu parti para a cidade sem fim (...) Era como uma noite de inverno, com uma neve para decididamente sufocar o mundo" (Rimbaud: 177) –, é vista por Patti Smith como *"white anguish"*. Mas ela extrai daí uma *alquimia branca*[19] do poeta dilacerado, não

---
19. Patti Smith realiza o contrário de "*la noire alchimie*", a que se refere "Les sœurs de charité" (v. 33, Rimbaud: 259), poema onde a ação passiva do feminino, reduzida à mera função biológica, opõe-se ao desempenho visionário, ao *branco* da iluminação (Ver Octavio Paz, "Pensamento branco", em *Convergências*, 1991).

mais esquivo, obscuro e "escuro", como é dado a muitos autores cultuá-lo. Até mesmo porque Rimbaud aparece no texto de Smith como aquele que fotografou, que viu também com distanciamento a "angústia branca" do São Gotardo – a *iluminação* pelo reverso.

É por meio do branco que Patti recompõe imagens – *colouredplates* – emolduradas na iconografia americana –, mesmo as de provação e isolamento: "*the blank wall of an outpost, or the deserted cafe*" (Smith 1992: 60). A autora nutre-se do encantamento para fazer da narrativa "Drawing" uma real experiência de escrita desenhada, concebida como um gesto primitivo, infantil – "Eu não tinha aptidão para as línguas, então aprendi a copiar a imagem da linguagem". (Smith, *op. cit.*, p. 42). Imagem para além do verbal, que contém a absorção e a depuração das imagens e dos motivos rimbaudianos nesse reencontro com o poeta.

Compadecida e compassada pelos mínimos traços, pela colheita dos menores sinais da paisagem – "*tous les paysages possibles*" da "Alquimia" –, Patti Smith interioriza um Rimbaud estrito, relido e ampliado. Breves luzes irradiadas de poemas/prosas compactas, concebidas para visão/ação/meditação. "Art in Heaven" chama-se um dos escritos, justa nomeação depois da indispensável passagem pelas cisões infernais, pela danação "*mauvais sang*", marcas com as quais o conjunto poético de Smith aparece nos anos 70.

Entre palavra e matéria, entre escrita e acontecimento, é obtido, em *Woolgathering*, o equivalente de um aprendizado em imagem – "a alma de uma idéia" (*op. cit.*, p. 65). Patti cria, parafraseando o texto originalmente publicado em *Babel*, um "rimbaud alive", que coincide com sua "ausência" (relido e ressurgido como referencial de uma linguagem/imagem do *branco*) do texto da autora.

Seria extensa a enumeração de títulos como "Les étrennes des orphelins", "Les poètes de sept ans", "Phrases", "Vies", "Chant de guerre parisien" e tantos outros tomados pela Patti Smith de *Woolgathering* como textos de uma apropriação levada ao *branco da linguagem*. De uma soma de intertextos, Smith apreende o es-

---

Como reforço a esta idéia, deve-se assinalar que Alain Badiou já havia se dado conta de uma "epifania da brancura", com respeito a "Mémoire", ressaltando no poema "a imagética da alegria" ("L'interruption", *in Le millénaire Rimbaud*: 133), observável nos textos "Drawing" e "A Farewell", presentes em *Woolgathering*.

sencial, seguindo postulados rimbaudianos já sem necessidade de explicitá-los. Depois de sua explosão urbana e planetária em discos e concertos, a autora compõe um pequeno livro, onde resume o próprio percurso: mais experiente, porém disponível ao apelo *inocente* à criação, ressaltando-o como a conquista mais concreta e a mais arrojada. Como expressa em "A Farewell", o halo do numinoso mostra-se com uma força igual ao elo terrestre:

> *Como felizes somos quando crianças. Como a luz é diminuída pela voz da razão.*
> *(...)*
> *Uma pequenina mão me ofereceu uma flor.*
> *Faça um pedido!*
> *(...)*
> *E essas palavras aconselhadoras, ditas com graça indivisível, percorreram meu corpo com tamanha luminosidade que eu me vi levitando sobre a relva, embora parecesse a todos que eu estava entre eles, amarrada às tarefas humanas, com os dois pés no chão.*
>
> (*op. cit.*, p. 77-80)

Autora rimbaudiana, Patti Smith continua a "fotografar" a *white shadow/white anguish* originária de uma tradição, mas chegando à potência do branco (a sombra da sombra de sentido, como se dá, com Gordon Pym, a *presentação* do irrepresentável) no interior de linguagens que o poema-prosa inaugura para além da mera simbolização ou da simples plasticidade da escrita. E, sim, por meio de um desenho/signo de possibilidades musicais, meditativas, iconográficas – "*...a imagem da linguagem*" –, de que a palavra literária se reveste ao abrir intervalos entre o ler, o ver/o ouvir e o escrever, para além da manutenção de um único registro artístico – no caso, a prevalência do escrito, do verbo.

O Rimbaud americano, configurado da música ao silêncio, entre os acúmulos e os cortes intertextuais, acaba por revelar, do modo mais diversificado, que tem sua obra-vida apropriada para além da superfície de transgressão, ou da espontaneísmo *on the road*. Trata-se, na verdade, de uma *viagem no tempo,* guiada entre as revelações do acaso e a imaginação, que já estava no Poe de *Gordon Pym* – a longa narrativa do trajeto entre experiência e literatura, entre os limites do conhecimento e os da linguagem. A poesia de Rimbaud aponta para uma variedade de leituras, que conduz a criação para além dele mesmo, autor supervalorizado como identidade literária, pois oferece condições para o erguimento de outros projetos/processos criativos, trabalhados e formulados do modo mais singular: homens e mulheres – "horríveis trabalhadores" –, anunciados pela "Carta da nova literatura" – e pela escrita como cartografia –, todos eles mostrando que a palavra poética nunca foi tão material quanto aqui, sonho impensado de aventura na América.

LINHAS TRANSVERSAS: BRASIL

"Não imitamos Rimbaud. Nós desenvolvemos Rimbaud. Estudamos a lição rimbaud", alardeava Mário de Andrade no ensaio-manifesto "A escrava que não é Isaura" (Andrade 1972: 210). No texto, escrito em 1923, ele aponta a origem da poesia modernista, não só nacional – visão comungada também por críticos como Graham Hough (1989: 256) –, deflagrada desde que o autor francês, identificado como "um vagabundo genial" (Andrade, *op. cit.*, p. 202), despiu os ornatos da Beleza. Estes cobriam a mulher, segundo a "Parábola" contada por Mário, nascida da língua de Adão – por obra de sua inveja da perfeição criadora – como réplica de Eva, escravizada e resguardada pelos adornos do pecado original, ao longo das gerações.

> *Mas o vagabundo... deu um chute de 20 anos naquela eterogénea rouparia. Tudo desapareceu por encanto. E o menino descobriu a mulher nua, angustiada, ignara, falando por sons musicais, desconhecendo as novas línguas, selvagem, áspera, livre, ingénua, sincera.*
> *(...)*
> *Essa mulher escandalosamente nua é que os poetas modernistas se puseram a adorar... Pois não há de causar estranheza tanta pele exposta ao vento à sociedade educadíssima, vestida e policiada da época actual?*
> (*op. cit.*, p. 202)

Descrita como exemplo do "Esprit Nouveau" na arte, a "lição Rimbaud" repercute no poeta modernista pela assimilação de elementos como: a irrupção do cotidiano no espaço lírico, a simultaneidade, a liberdade analógica, o dinamismo de todos os maquinismos – com destaque para a *cinematografia* (*op. cit.*, p. 258). O verso, para o poeta de *Paulicéia desvairada,* passa a ser entendido como instrumento organizador de um estado dinâmico, "que determina as pausas" (*op. cit.*, p. 228) de uma linguagem guiada pelo movimento irregular, imprevisto, da beleza moderna. Mário observa uma maior "rapidez de raciocínio" (*op. cit.*, p. 253), uma expansão da inteligência e, com isto, mais abrangência e síntese por parte das "iluminações" trazidas com Rimbaud:

213

> ...*Uma como que faculdade devinatória que nos leva a afirmações aparentemente aprioristicas mas que são a soma de associações de idéias com a velocidade da luz. (A conhecida metáfora do raio de luz no cérebro não é mais do que isso. E o homem moderno sente mais frequentemente essas "Illuminations", porquê raciocina mais rápido).*
>
> (*ibid.*)

Complementando sua reflexão, o mentor do Modernismo brasileiro sabe conjugar as melhores possibilidades das metáforas dinâmicas da luz ao fragor das ruas, ao reportar-se à "Alquimia" do heterogêneo propiciada por Rimbaud:

> *Ainda aqui uma "iluminação" de Rimbaud veio afinal a resolver-se numa verdade scientífica. Os menos ignorantes recordar-se-ão de que na "Alquimia do verbo" ele confessa apreciar pinturas de casas de comércio, anúncios, etc. Estou convencido de que a necessidade de síntese e de energia que deu a tais anúncios formas elípticas arrojadas influiu na sintaxe dos modernistas.*
>
> (*ibid.*)

Por mais que se reconheça o cruzamento das inscrições cotidianas do Brasil da época – típicas da "*vieillerie*" poética e cultural do país –, com o anúncio, os "reclames" da civilização, o Rimbaud apreendido por Mário apenas exibe sua face clamorosamente modernista, perfeita para os manifestos e as lições propagadas sob o impacto da primeira hora. Entre os autores revelados à época, são exatamente os que mais se libertaram da dicção modernista aqueles que introduziram as conquistas poéticas de Rimbaud no corpo da literatura nacional. São eles, presumivelmente, Jorge de Lima e Murilo Mendes, poetas aos quais não falta a prática de um visionarismo, depreendido do autor francês, que formula para a modernidade, além do empenho de suas potencialidades técnicas, urbanas e inventivas, a possibilidade do *olhar iluminado*.

A sintonia com a *iluminação*, operada por uma poesia atuante, produzida sob "a velocidade da luz", como Mário pressentia, não se faz, porém, sem o desregramento/descentramento. Não à toa, o vertiginoso poema com que Rimbaud estabelece uma nova recepção da escrita de Poe, na direção desestabilizadora do vórtice, das zonas de opacidade enfrentadas pelo processo autoconsciente da criação poética – "Le bateau ivre" –, e por meio do qual cruza o continente americano, instala-se na rede intertextual do épico de Jorge de Lima, *Invenção de Orfeu*, como uma das referências centrais. Logo no "Canto Primeiro", o poeta anuncia a convivência com o "Bateau ivre" ao longo da composição, de forma a intensificar o dilaceramento, o estilhaçamento da subjetividade, próprios a um épico moderno, como é a *Invenção*.

À altura do "Canto Oitavo (Biografia)", os fundamentos da "ébria embarcação" ficam expostos, trazendo Rimbaud como companheiro de viagem pelas Américas (estrofes 364-366):

...E vadeando Amazonas, Mississipes,
os índios iniciais do Bateau ivre
com Artur singrando os rios impassíveis,
já não, mas revoltados esgotando-se.

E o mar com Artur dez noites, dez segundos
sem se importar com os olhos dos faróis,
agora cegos entre os astros frios,
e a água asmática, bêbeda se escoando,
sobre as tábuas insanas, com o poeta,
sempre insubmersa nau, veleiro eterno.

Tudo concomitante: o trono austero,
os mares devolvendo seus cadáveres,
retardatários ébrios cambaleando,
as terras restituindo seus cadáveres,
moribundos morrendo e despertando,
os bosques entregando seus pendidos.

(Lima 1980: 245)

Mais difusa em Murilo Mendes, a presença de Rimbaud[20] veio se declarando nos últimos títulos de sua produção. À altura dos

---

20. "*Confesso-lhe o quanto lhe devo, o* "coup de foudre" *que foi para o desenvolvimento da minha poesia a descoberta do seu prodigioso livro de fotomontagens* "La femme 100 têtes", *só comparável, no plano literário, à do texto de* "Les Illuminations". *De resto, creio que Max Ernst descende de Rimbaud, pela criação*

anos 60, quando, já radicado na Itália, ele recria sua biografia em poemas/prosas que são pequenas narrativas e também confissão, Murilo Mendes dá algumas pistas de seu visionarismo essencialmente combinatório, materializado por analogias entre sistemas verbais e visuais, em uma vasta conexão entre o visível e o invisível, como se pode ler em textos como "O olho precoce":

Ainda menino eu já colava pedaços da Europa e da Ásia em grandes cadernos. Eram fotografias de quadros e estátuas, cidades, lugares, monumentos, homens e mulheres ilustres, meu primeiro contato com um futuro universo de surpresas. Colava também fotografias de estrelas e plantas, de um ou outro animal, e muitas plantas.

(...)

Assim o universo em breve alargou-se-me. A mitização da vida cotidiana, dos objetos familiares, enriquecem meu tempo e meu espaço, tirando-me o apetite para os trabalhos triviais; daí minha falta de vocação para um determinado ofício, carreira, profissão. "Quel siècle à mains!", *segundo, desdenhosamente, Rimbaud.*

O prazer, a sabedoria de ver, chegavam a justificar minha existência. Uma curiosidade inextinguível pelas formas me assaltava e me assalta sempre. Ver coisas, ver pessoas na sua diversidade, ver, rever, ver, rever. O olho armado me dava e continua a me dar força para a vida.

(Mendes 1994: 973-974)

Se, nas passagens transcritas de *A idade do serrote*, Murilo revela sua disponibilidade para com um extenso universo de imagens, de metáforas, como ele diz, não só literárias, mas plásticas, musicais e científicas, armando o olho de força e mobilidade para ver mais do que a flor na flor de Stein, em grande harmonia com a poesia – "alucinação simples" – de "Alquimia do verbo", ele exibe,

---

de uma atmosfera mágica, o confronto de elementos díspares, a violência do corte do poema ou do quadro, a paixão do enigma (...) É um vidente. Perguntaram-lhe um dia qual sua ocupação preferida. Resposta: desde menino, olhar" (Mendes 1994: 1.248).

em outro texto de sua prosa memorialística nada ortodoxa, um conhecimento íntimo da poética de Rimbaud. *O menino experimental*, imagem-conceito que define a prática visionária de Murilo, claramente absorvida do autor de "Délires II" e também de "Les poètes de sept ans", comparece como montador de textos e imagens ("O olho precoce"). Prática observável também em um texto de *Poliedro* (1972), onde produz uma colagem, aproximando "Fêtes de la faim" e "Comédie de la soif", em uma espécie de transfusão dos motivos e da simbologia de um e outro poema, criando um outro, que é uma verdadeira festa dos sentidos e da linguagem.

O PÃO E O VINHO

Festas da fome segundo Rimbaud.
Consolar o pão. Libertar o vinho das garras do homem.
(...)
Libertar o vinho, libertá-lo do homem, ao menos duas vezes por semana libertá-lo do gargalo do homem e da garrafa; deixá-lo correr livremente da torneira aberta, garantindo-lhe uma vida autônoma onde ele possa beber-se...
(*op. cit.*, p. 1.004)

Quando este Murilo maduro – menino experimental tomado ainda de delírio e desregramento – fala da bebedeira primordial, desentranhada de "Comédie de la soif", não se lhe deve omitir a assimilação de "Bateau ivre", expedição da "vida autônoma", a que se refere "O pão e o vinho". O longo poema de 1871 continua a sagrar a entrada de Rimbaud no continente poético americano – travessia já anunciada no verso da estrofe de abertura, "Cruéis peles-vermelhas com uivos terríveis..."; trad. Campos: 29), confirmada com "Cheguei a visitar as Flóridas perdidas"; v. 45, trad. cit.: 33). Travessia que, aliás, aponta para uma genealogia selvagem, no sentido da não-linhagem, como enfatiza a ação dos peles-vermelhas.

Após o admirável estudo feito sobre o poema por Augusto Meyer, publicado em 1955, que se constitui em uma das melhores introduções à poesia rimbaudiana já realizadas no Brasil, outro Augusto brasileiro – Augusto de Campos – verteu "Bateau ivre" para o português, captando o dinamismo de sua sintaxe fluida, para fora dos esquadros parnasianos das versões anteriores, tal como aquela, de origem lusitana, feita por Herculano de Carvalho e utilizada por Meyer em seu ensaio "Le bateau ivre – ensaio e interpretação".

A contar com a recente *transcriação* de Augusto de Campos, talvez o poema volte, ao lado de outras excelentes versões, integrantes do volume *Rimbaud livre* (1992), a marcar presença em nossa literatura (com outros poemas do autor, em outras traduções), já que parece pela primeira vez estar plenamente vertido em língua portuguesa, e pelas mãos de um brasileiro (o interesse por Rimbaud se fortalece com outras traduções, publicadas posteriormente às de Augusto[21]). De qualquer modo, para o Haroldo de Campos de *Galáxias* (1974), "Bateau ivre" fornece uma das melhores incursões de sua prosa/poesia, também inspirada nos *streams of consciousness* joyceanos.

A idéia norteadora – a viagem como livro e o livro como viagem abarca tudo isso. É uma vertebração semântica que dá unidade subliminar à proliferação das diferenças na escritura galática. Viagem paródica, homérica e psicodélica ao mesmo tempo. Livro ivro ("Bateau ivre") onde cabe o vivido, o lido, o treslido, o tresvivido (...) Visões vertiginosas de quadros, de lugares, de pessoas, de presenças (históricas e mitológicas) aparecem e desaparecem ao longo da tessitura verbal, do mar de sargaços da linguagem.

(Campos 1992: 272)

A respeito de *Galáxias,* deve-se acrescentar à ação livre do "Bateau" – ao que Kristin Ross chamou de "constelação" (...) uma espécie de descentrada... mobilidade" (Ross 1988: 215) – a contribuição das *Illuminations*. Falando sobre a composição da sua obra, Campos ressalta-lhe o caráter de livro de fragmentos e observa que o projeto original consistia em editá-lo em folhas soltas:

---

21. Às traduções feitas por Augusto de Campos, vieram se somar, em 1994 e 1998, respectivamente, as publicações da *Poesia completa* e da *Prosa poética*, traduzidas por Ivo Barroso, que trazem interessantes soluções para os poemas rimbaudianos em português, assim como esclarecem, de modo sintético e certeiro, por meio de notas críticas, alguns pontos discutíveis, referentes à compreensão dos textos. Outra tradução importante é a de *Illuminations*, sob o título de *Iluminuras: gravuras coloridas* (1994), por Rodrigo Garcia Lopes e Maurício Arruda Mendonça. Digno de ser ressaltado é o feliz destaque dado a *Illuminations* no conjunto da obra de Rimbaud, em um procedimento editorial de primeira linha, que se comprova tanto na produção gráfica do volume quanto nas traduções e no ensaio que as acompanha, escrito pelos jovens tradutores e poetas.

Imaginei de início um livro-objeto, um multilivro manipulável, como uma estrutura cinética.
(*op. cit.*, p. 273)

Compreendidas por Júlio Bressane, que as transformou em obra videográfica[22], como "puro cinema" (*apud* Campos, *op. cit.*, p. 277), as *Galáxias* são vistas por um artista como Antônio Dias como "um livro-escultura, percorrido de acidentes tácteis e visuais" (*ibid.*), o que mais uma vez torna a estreitar sua similitude com a característica cine-plástica-performática de *Illuminations*.

No texto que desejo destacar, "multitudinous sea", da forma como o nomeou seu autor em uma leitura gravada em CD, Haroldo de Campos combina o espaço de livres associações – possibilitado pelo "delírio lúcido" (Campos, *op. cit.*, p. 272) constante da assimilação do "Bateau ivre" – com as sugestões cromáticas de "Voyelles", o que resulta em uma formulação contínua da escrita em função do movimento, que é também o da imagem:

...a proa abrindo um
sulco a popa deixando um sulco como uma lavra de lazúli uma cicatriz
contínua na polpa violeta do oceano se abrindo como uma vulva violeta
a turva vulva violeta do oceano oinopa ponton cor de vinho ou cor de
ferrugem conforme o sol batendo no refluxo de espumas o mar
                                                              [multitudinário
(...)
o tempo abolido no verde vário no aquário equóreo o verde flore
como uma árvore de verde e se vê é azul é roxo é púrpura é iodo é de
novo verde glauco verde infestado de azuis e súlfur e pérola e púrpur
mas o mar mas o mar polifluente se ensafirando a turquesa se
abrindo deiscente como um fruto que abre e apodrece em roxo-
                                                              [amarelo pus de sumo
e polpa e vurmo e goma e mel e fel mas o mar depois do mar
                                                              [depois do mar
o mar ainda poliglauco polifosfóreo noturno agora sob estrelas
extremas
                        (Campos 1974: 203)

---
22. *Galáxia albina* (1990) e *Galáxia dark* (1992).

Parece mesmo que "Bateau ivre" divide com "Voyelles" as atenções dos leitores brasileiros de Rimbaud. Os dois poemas, bem como "Le dormeur du val", são os títulos do autor mais traduzidos para o português, sendo, por outro lado, inumerável a quantidade de obras criadas durante o nosso Simbolismo[23], sob forma de glosas, em sua maioria, a partir do conhecimento do "soneto sinestésico", explorado, então, *ad nauseam*. Um compositor como Caetano Veloso, por exemplo, apresentou em seu disco, não por acaso intitulado *Cores, nomes* (1982), uma amostra viva dessa tradição de culto ao poema rimbaudiano, atualizada, sem dúvida, pela invenção "galática" de Haroldo de Campos, que é, ao lado do irmão Augusto, desde o Tropicalismo, uma espécie de introdutor do melhor da cultura internacional ao grande trovador baiano.

Uma canção como "Trem das cores" utiliza o movimento propiciado por uma viagem de trem com o uso livre das cores descortinadas na paisagem interior/exterior. Cor e palavra vão abrindo um espectro de possibilidades sempre surpreendentes, permitindo a passagem das referências à natureza àquelas de ordem histórica, social e cultural:

As casas tão verde e rosa
Que vão passando ao nos ver passar
Os dois lados da janela
E aquela num tom de azul,
Quase inexistente azul que não há
Azul que é pura memória de algum lugar
Teu cabelo preto
Explícito objeto
Castanhos lábios

---

23. Deve ser destacada de nosso Simbolismo a obra de Pedro Kilkerry, que apresenta uma assimilação nada linear dos poetas modernos fundamentais do século XIX, e é precursor, com a "prosa cinematográfica" *Kodaks*, de procedimentos modernistas caros a Oswald de Andrade e Blaise Cendrars. Deve ser frisado, contudo, como o faz Augusto de Campos, que: "A constelação Lautréamont-Rimbaud-Laforgue, já em si mesmo expressiva do radicalismo da prosa poética de Kilkerry – mais densa e concentrada que a dos demais simbolistas brasileiros que se dedicaram ao gênero –, a situa no contexto literário pertinente, sem que, no entanto, se possa filiá-lo rigorosamente a qualquer dos nomes citados" (1985: 58).

Ou pra ser exato
Lábios cor de açaí
E aqui trem das cores
Sábios projetos
Tocar na Central
E o céu de um azul celeste
Celestial

(Veloso 1982)

A viagem de "Trem das cores" lê-se como a seqüência de um olhar sobre as transformações da paisagem. O dado fílmico das letras de Caetano – crítico de cinema na Bahia e cineasta de *O cinema falado* (1986) –, presente desde "Alegria, alegria" (canção que o projetou nacionalmente), aqui se reafirma.

"Voyelles", poema incorporado, de modo quase *naïf*, pelo Simbolismo nativo, oferece a Caetano a oportunidade de fazer a canção do alumbramento nacional, com as cores da história recente, somadas às do Carnaval verde-rosa da Mangueira e àquelas de um azul de "pura memória de algum lugar".

No entanto, estas recriações originais do texto rimbaudiano são experiências isoladas, quase únicas, na poética de Campos e no universo das canções de Caetano (ele viria, contudo, a retrabalhar o jogo entre cores/nomes, bem dentro ainda da concepção de "Voyelles", na composição "Rai das cores", incluída no LP *Estrangeiro*, de 1989).

Ainda que o nome Rimbaud seja aqui e ali homenageado em citações presentes em canções – por exemplo, "Eduardo e Mônica", da Legião Urbana, com referências a um gostar de "Caetano, dos Mutantes e Rimbaud" – e muitos títulos da poesia brasileira contemporânea, não chega a ser efetivado um diálogo recriador de sua escrita, como ocorre com Campos e Caetano. Afora estes exemplos e outros a que irei me referir, não tem havido nas últimas décadas uma absorção mais contínua de Rimbaud[24], que se comunica com a literatura brasileira de modo indireto, por linhas transversas, depois do Modernismo.

---

24. Do final dos anos 80 para cá têm surgido autores declaradamente interessados em um diálogo com a poética rimbaudiana. Oscar Gama Filho, por exemplo, em *Eu conheci Rimbaud & Sete poemas para armar um possível Rimbaud* (1989), situa-se no limite entre a livre recriação biográfica do autor – na tentativa de adotar, por meio da utilização da primeira pessoa, o testemunho vivo e desabusado

Mesmo quando de seu ressurgimento como ícone *communard* das barricadas do Maio de 1968, da forma como foi apropriado em Paris, tendo trechos de seus poemas reproduzidos em forma de *graffiti* nos muros da cidade, e também servindo como estandarte de vários comportamentos contraculturais emergentes à época, o autor deixou pouco rastro de sua escrita no Brasil[25]. A desilusão de Rimbaud com o fim da revolução, tão bem estampada em "L'orgie parisienne", acrescida de seu empenho na busca de alternativas a um círculo vicioso da história e ao modo de vida ocidental, não bate no pós-68 brasileiro, então, sob a onda *hippie*, favorável à adoção do Rimbaud "andarilho, contracultura" (Leila Perrone-Moysés 1991: 1).

Apenas em José Vicente, teatrólogo revelado àquela hora, é que se tornam explícitas as relações com a obra rimbaudiana. Como declara em sua autobiografia *Os reis da terra*, e a poesia cênica de

do próprio Rimbaud – e a escrita ensaística. O livro vale mais pelas informações – reinterpretações – relativas à obra-vida do poeta do que pela criação de uma nova forma de escrita. O mesmo acontece com os *Sete poemas*, aos quais o título alude, não chegando a se destacar por nenhuma prática textual relacionada com a obra na qual se inspiram.

Carta a Lilith & Outros escritos sangrados (1991), de Marco Schneider, revela um autor bem-informado a respeito de alguns desdobramentos da escrita de Rimbaud, como por exemplo o Surrealismo e os versos de Jim Morrison. Schneider tenta estabelecer uma linhagem poética, tal como expõe no "Apêndice" ao livro – "As esquivas lógicas internas e as percepções mais sutis ganham vida expressiva através do símbolo. O símbolo é o fogo. O artista é o ladrão do fogo. O artista é Prometeu." (p. 108) –, e estampa sua fotografia ao lado do túmulo de Arthur, anjo/demônio protetor de poetas-meninos como este, cuja dicção, ainda não particularizada, não pode ser considerada exatamente rimbaudiana, mesclada que está com vários acentos, filosóficos inclusive.

25. O nome de Jorge Mautner, por vezes relacionado ao de Rimbaud, como no caso do vídeo *Rimbaud e Jorge Mautner no Inferno*, de Goffredo da Silva Telles (1992), teria sua razão de ser menos por sua escrita ficcional do que por seus textos ensaísticos sobre cultura, como *Fragmentos de sabonete* (1976). Ali se notam passagens indicadoras de uma leitura de Rimbaud, considerado *in totum* (não apenas como poeta), entre outras leituras, bem próprias a um artista "antenado", como ele mesmo se posiciona, à maneira de um profeta "alucinado", de um demiurgo (título de curta-metragem seu) da *Era do Kaos* (conforme conceituam suas reflexões). Ressalta-se, contudo, do conjunto da produção de Mautner, muito mais o interesse pelo Rimbaud comportamental, sendo revivido mesmo, em proporção de contemporaneidade com Roberto Piva (estreando, em 1963, com *Paranóia*), o mito adolescente do poeta (e Mautner lança seu corpo, sua imagem jovem, nas décadas de 60-70, nessa direção).

Hoje é dia de rock (1970) e *À sombra do inferno* (1975) confirma: "...foi pelo caminho da poesia que eu comecei a gostar da literatura. Rimbaud trouxe-me a magia da palavra e através dele eu comecei a amar também a literatura. Então comecei a escrever. Escrevia contos, pequenas peças de teatro..." (Vicente 1984: 101). Tanto é assim que Alcides Nogueira introduziu em *Ventania* (1996), peça escrita em homenagem à obra e vida do autor de *Hoje é dia de rock*, traços de sua aproximação com Rimbaud, através, por exemplo, da encenação de trechos do "Bateau ivre".

Não pode ficar, também, sem menção a experiência que reuniu poetas, compositores, cineastas, artistas plásticos e gráficos surgidos, em sua maioria, com o movimento tropicalista (que veio à luz, não por acaso, em 1968), em torno da revista *Navilouca* (produzida, entre a preparação e a publicação, por volta de 1972-74). Comparecendo como referenciais de vanguarda, os irmãos Campos, Décio Pignatari, Lygia Clark, Hélio Oiticica[26], Rogério Sganzerla e o próprio Caetano Veloso alinham-se à nova geração, composta por nomes como Torquato Neto (egresso do Tropicalismo, mas revelado como figura de proa nos primeiros anos 70), Waly Salomão (que comparece com um fotograma de *Pierrot le fou*, "*hommage (...) le plus beau film du cinema*"..., como dado iconográfico essencial para a compreensão de seus poemas, filme-fetiche, que é, da geração de 68, e filme, como veremos, rimbaudiano, por excelência), Chacal, Raimundo Colares, Ivan Cardoso, Jorge Salomão, Luciano Ramos, Duda Machado, José Simão, Oscar Ramos, entre outros.

Navilouca, na verdade, agrupa quase duas décadas de criadores experimentais – "Experimentar o experimental", eis o título de uma matéria com Hélio Oiticica e, também, a palavra-chave poética da época –, envolvidos à altura desse período pós-concretista e póstropicalista com signos emergentes, tais como os do corpo, também absorvidos do compósito de construtividade e "*free action*", que é o *Bateau ivre*. *Navilouca,* uma publicação que, à maneira do

---

26. Se antes foi vista a relação entre a arquitetura de "Les ponts" (cap. "Imagem Iluminada") e à dança-arte objetual de Hélio Oiticica, a afinidade do artista plástico com o poeta acaba por se revelar nos escritos novaiorquinos "ho nyk NTBK 4/73", produzidos após *Tropicália*, já nos anos 70. Em algumas passagens, podem ser lidas várias referências ao nome Rimbaud. Alguns desses textos foram editados na revista *Polem* nº 1, p. 78-91. Rio, Lidador, s/d.

Album Zutique, ao tempo de Rimbaud, representou, com luxo gráfico e criatividade, um ato conjunto de liberação estética e insurgência corporal contra o peso militarista do Brasil pós-AI-5, pós-68. *Corpo* – este é o nome que porta o desenho de um avião, bem definido pela velocidade de sua hélice. Ou: "Nascer através da dor/ espetáculo", em cujas "Regras do jogo: jogo da criação" (*Navilouca*, sem ref. página) pode-se ler, acompanhado de "fotos tiradas durante uma improvisação-explosão-som-dança com Jorge Salomão, José Simão e Zé Português", um texto no qual lampeja um instante de "Vagabonds" – "Eu tinha prometido, de fato, do fundo do coração, recuperar seu estado primitivo de filho do Sol..." (trad. Lopes e Mendonça: 51) –, em um diálogo intertextual e também corporal com o poeta da *walk writing*.

Eu, fragmentos de uma sensibilidade que produz um ritmo.
Eu, que vim ao mundo para participar desta missa louca com minha doida dança na derrocada dos valores que torturam a alma humana.
Eu, filho do Sol.

Eu, forte, belo, irmão do poente.
Eu, dançando, nesses esparsos-espaços palcos da vida.
(*ibid.*)

Relacionando escrita, espetáculo e corporalidade, o *experimento* dos integrantes da *Navilouca* expõe, de modo direto, embora "datado", alguns sinais do que se pode chamar de *rebelião poética*, projeto moldado por Rimbaud na modernidade, a partir do legado romântico, em sintonia com os atos do corpo, e intensificado pela geração que viveu 1968. Projeto – e projétil – intensificado justamente por um encenador, como é o caso de José Celso Martinez Corrêa – de acordo com entrevistas e depoimentos dos anos 60 e 70 – e até hoje – como o fez no programa "Roda-Viva" (TV Cultura, março de 95), ao citar "Solde". Sendo tal referência necessária para falar da disponibilidade de vender sua preciosa mercadoria teatral (ele chega a pedir para ser "vendido", no toque indiscriminador do poema de *Illuminations*) para empresários e investidores "antenados" com empreendimentos audaciosos, e essenciais, como sempre é o caso do Teatro Oficina, em seus vários e, felizmente, ininterruptos ciclos de existência.

Ele identifica na obra do poeta o foco de transgressão primordial do corpo, onde também localiza uma possível reviravolta da ordem política. Zé Celso lê a produção do Rimbaud *communard* ao lado daquela apresentada no *Album Zutique*, quando encena, já na década de 90, *Les bonnes*, de Genet (peça literal e provocativamente traduzida como *As boas*, onde ele interpreta uma das domésticas), espetáculo para o qual cria uma versão do "Soneto do olho do cu", com música de José Miguel Wisnik. (Saliente-se que a versão do poema foi feita em parceria com sua "cara-metade", o ator Marcelo Drummond – a outra "boa" da peça –, constituindo-se, assim, em um ato poético revitalizado a partir da autoria total Rimbaud-Verlaine.)

Também quanto a "Voyelles", já foi demonstrado[27] pelo diretor de "Roda-Viva" um grande interesse. Em especial, a *abertura* propiciada pelo poema por meio da terminação vocálica não-hierarquizante em *O*, olho visionário, violeta, associável ao ânus (segundo o "Soneto"), e círculo ritualístico, renovador do teatro, do *te-ato* (teatro-tato) como espetáculo vital e social. Interessa-lhe, enfim, o que bem resumiu J. L. Steinmetz acerca do "poeta em greve" de 1871, produtor de uma série de textos em que a corporalidade se configura nas mais diferentes gradações, das mais escatológicas (caso dos versos do *Album Zutique*) às mais eróticas (como ocorre no referido soneto):

> *A poesia de Rimbaud, em virtude de uma força em revolta, põe em cena uma espécie de pulsão anal comparável, simbolicamente, à insurreição popular.*

(Steinmetz, prefácio 1989: 19)

É também na trilha de um Rimbaud *comportamental*, mas sem a eficácia e a amplitude do teatro de Zé Celso, que o poeta paulistano Roberto Piva, estreante em 1963 com o importante livro *Paranóia*, vem, desde então, estabelecendo vínculos com o autor francês. Apesar do caráter programático de uma *escrita do desregramento,* da forma como expõe no "Posfácio" de *Vinte poemas com brócoli*

---

27. Conforme depoimento prestado no curso "Cultura brasileira anos 60-70", ministrado por Heloisa Buarque de Hollanda, em dezembro de 1978 (Faculdade de Letras/Universidade Federal do Rio de Janeiro).

(1981), não se observa um diálogo producente com a obra-vida rimbaudiana. A ênfase, por parte do autor, em uma postura transgressiva contida nas constantes referências ao "homoerotismo", e com um leve toque de rebeldia social – "garotos do subúrbio" –, revela uma apropriação do poeta-adolescente datadamente "*maudite*".

Piva direciona o erotismo de seu texto para um ponto previsível de chegada – o canto aos adolescentes da Paulicéia –, reiterado sem alcance do multifacetado e sempre surpreendente jogo entre desejo e escrita, poesia e comportamento, característico do autor de *Une saison en enfer*.

Avaliar a obra de Piva unicamente pelo prisma de Rimbaud, seria limitar a dimensão de um conjunto de livros essencial ao panorama contemporâneo da poesia no Brasil. Deve ser destacado o fato de que a possível dicção rimbaudiana de Piva está mesclada com a de vários poetas participantes do Surrealismo, que é, sem dúvida, uma das mais importantes referências do autor e um dos veios principais da presença de Rimbaud na poesia do século XX. Assim é que Piva define a entonação de sua *poética do desregramento*, ao valer-se de imagens inspiradamente surreais, combinadas com elementos outros de uma larga experiência cultural (digna de registro, dentro do panorama de bom-mocismo, de vida antiexperimental, dos "homens das letras" nacionais), na qual o poeta adolescente e *infernal*, como quer Piva, não consegue mover-se, entretanto, de um ponto de vista historicamente reconhecível, conservado, ainda, na esfera de sua mítica.

Escrita de Ação

"*Nada está escrito antes que aconteça.*"
(João Gilberto Noll, *A fúria do corpo*)

Penso haver em um ficcionista como João Gilberto Noll, que quase nada testemunha sobre a leitura da poética rimbaudiana (quando traça, em algumas de suas entrevistas, a *constelação* de seu peculiar universo narrativo, no qual se encontra Henry Miller, o ensaísta de *O tempo dos assassinos*), uma possibilidade de diálogo, ainda que indireto, bem mais producente com o autor da "Carta do

Vidente" do que aquele mantido por Piva, de modo supostamente programático.

Pelo fato de não se estabelecer, à primeira vista, uma ligação entre autores distanciados por gêneros literários, épocas e culturas, não fica inviabilizada a possibilidade comparativista. Em estudo dedicado à contribuição da literatura comparada ao campo da teoria literária, Adrian Marino destaca como essencial ao desenvolvimento de tais estudos, a escolha dos "'grandes' textos em todas as zonas culturais e literárias" e a estratégia de "se situar fora de toda preocupação de contato direto" (Marino 1988: 262). As imagens e os textos migram transfiguradamente entre um e outros tempos, um e outros lugares, entre diferentes sistemas estéticos e disciplinas.

A literatura comparada vive, segundo A. Marino, de generalizações, de hipóteses fundamentadas no maior número possível de fontes, trabalhadas por meio de recortes, de cortes no tempo, de elos não-causais – linhas transversas –, de maneira a contribuir para a leitura renovada da literatura universal, assim como para a história literária. Para isso é necessária, frisa Marino, a dissolução da perspectiva eurocêntrica, a que acrescentaria, no caso dos autores aqui estudados a partir de Rimbaud, o descarte de uma perspectiva americanista ou nacionalista, quando o que importa, neste caso, é redimensionar nossa produção, a partir de um cotejo com o *corpus* da literatura moderna, e no contexto literário/cultural internacional de hoje. Por outro lado, a compreensão atual do texto de um clássico moderno como Rimbaud – o que envolve questões da ordem da teoria da literatura – torna mais nítidos seus pontos de obscuridade e aqueles correspondentes a uma viva projeção no tempo, se estabelecida dentro de um paralelo com o panorama artístico contemporâneo.

É exatamente com a ausência de um "contato direto", como expressa Adrian Marino, que se deve lidar na aproximação entre o poeta e o ficcionista. Ler Rimbaud onde não está (onde não parece estar) evidenciado o vínculo com um autor que só se mostra presente no tempo pelo descentramento (da prática da escrita e de seus lugares textuais/culturais/geográficos), projetando-se como *outro* (é o que antecipa a "Carta do Vidente"), no espaço de outra escrita (como já apontaram os intertextos americanos, da montagem narrativa à música, com base na apropriação explícita do nome e do texto de Rimbaud).

Mesmo não se filiando ao autor de *Une saison en enfer*, mesmo "não lendo" sua obra, Noll opera uma leitura do poeta no texto cultural em que a escrita rimbaudiana se dissemina. Não é caso de influência, mas da apreensão de uma *escrita de caminhada* pela via de autores declaradamente leitores de Rimbaud, como Henry Miller, e do cinema (o de Godard, de Antonioni e de boa parte dos *walk and road movies*, produzidos desde os 60). Quando se pensa no *topos* da caminhada e no referencial moderno mais significativo (Baudelaire), compreendendo-se, na seqüência dessa prática, a *walk writing* como radicalização da *flânerie*, é a este desdobramento que o ficcionista brasileiro mais se alinha, ainda que não conheça Rimbaud diretamente – e "corra por fora" da noção de *linhagem*, aproximando-se de linhas cruzadas, multiplicadas de escrita – dialogando com o poeta por meio de interferências posteriores, como as já citadas (*Trópico de Câncer* e um título cinematográfico como, por exemplo, *Pierrot le fou*). O traço da caminhada atende, assim, não apenas ao tema, mas a um modo de se percorrer a literatura como um mapa de linhas dispostas em redes pluritextuais, envolvendo vários lugares e tempos, outros campos de saber e outras artes.

Considero que qualquer tentativa comparativista entre o escritor gaúcho e a poética de Rimbaud deve começar pelo primeiro romance de Noll – *A fúria do corpo* (1981). Aí podem ser percebidos alguns traços temáticos e alguns indícios de uma leitura da obra-vida, dados indiretamente, por intermédio de Henry Miller, autor da admiração do romancista, de quem leu não apenas *Trópico de Câncer*, título decisivo para a compreensão de *A fúria do corpo*, mas também *O tempo dos assassinos*, como já declarou à imprensa[28]. Embora *O cego e a dançarina* (1980) – livro de contos que marca sua estréia na ficção – já contenha todos os elementos futuros do autor, no romance – precisamente por ser uma narrativa mais longa – toma maior vulto o uso contínuo do corpo como força propulsora e convergente da ação.

Excessiva, proliferante, a ação do romance tem como princípio dar materialidade à fúria do corpo, de que fala o título, resultando em uma experiência única no conjunto de livros publicados

---

28. "*O tempo dos assassinos,* de Henry Miller, um ensaio sobre Rimbaud e *Os quatro quartetos,* de T. S. Eliot": "Enquete – Os livros que eles dariam", *Jornal do Brasil,* caderno "Idéias", p. 13, 20/12/86.

pelo autor, exatamente pela exacerbação do processo de desregramento/descentramento vivido por um casal – um homem destituído de nome e Afrodite – testado em todas as possibilidades ficcionais. Um romance sempre próximo do seu fim – por trabalhar, inclusive, com o desenvolvimento de micronarrativas dentro da grande narrativa/caminhada empreendida pelos personagens –, e a cada frase envolvido com o seu (re)começo.

A procura sexual dá-se, no entanto, para além do encontro e do desencontro entre o homem e Afrodite, já que eles a vivem de modo desabrido e independente, caracterizando-se como personagens nada modelares, a começar por sua condição flutuante, entre a mendicância e o luxo súbito proporcionado pela comercialização do corpo. João Noll penetra no tecido social do bairro-cidade, cosmopolita e contraditório com seus bolsões de miséria, que é Copacabana, também de um modo antimodelar, pois os personagens básicos de *A fúria do corpo* marcam-se pela vacância, dentro de uma ficção longa, onde se realiza uma verdadeira súmula de deambulações, sem a determinação de uma trama e de perfis psicológicos.

Agenciado pela tensão incessante entre ação e ficção, corpo e letra, entre o conceito e as presenças, o casal do romance-folia move-se com enorme agilidade em espaços os mais variados. Tal como Afrodite se mantém para o narrador-personagem no horizonte da busca de felicidade sexual, do mesmo modo Copacabana é o ponto no espaço para o qual ele sempre retorna, não deixando, porém, de estabelecer suas linhas de fuga, seu ir-e-vir incessante, característicos não só da flutuação social, mas da errância, ou seja, da não-ocupação de um *lugar* determinado em face do real, o que implica uma desordenação da passagem do tempo (por meio de paradas, síncopes, acelerações):

> Mas me fere aceitar que não escondo de mim nem de vós (quem sois?... e sois?...) o meu trajeto cheio de recuos, paradas, síncopes, acelerações, anseios fora do ar, admito ser extravio às vezes, inexistente até, quem sabe existente mas já morto. Recorro às ruínas de um espelho que encontro pelo chão, ainda não sou o ancião que presumo mereço, ainda não galguei por inteiro minha submissão ao Tempo, ainda não dobrei o suficiente meus joelhos em adoração ao mistério vivo, castiga-me este dia chuvoso que me prende à marquise sem a compa-

nhia dela que se extraviou como tantas vezes e como tantas vezes reapareceu...

(Noll 1981: 11)

O corpo em ação no primeiro romance de Noll não atende a propósitos tão-somente de afirmação imediata (nos quais poderia ser percebida a ligação do autor com valores políticos-culturais dos anos 60 reatualizados, sob o *culto do corpo*, típico dos primeiros anos 80, no Brasil da distensão pós-militarista, e também em todo o Ocidente[29]). Como bem considera Silviano Santiago, é afirmada a "'liberdade individual' como 'força motriz', e também por sua 'opção não-racional, espiritual, pelo corpo em fúria e pelo desejo de um desejo como caminho espiritual'" (Santiago 1989: 64).

Seguindo-se esta leitura de Silviano Santiago, veremos que o crítico situa Noll dentro da vertente anárquico-espiritualizante de Murilo Mendes e Jorge de Lima, além de aproximá-lo, de modo justo, de Clarice Lispector, de quem o romancista retém o pendor para a sacralidade da palavra embebida da mais ínfima matéria cotidiana, tal como se nota em *A paixão segundo G. H.* Quando Santiago observa que Noll "fala da violência e do sagrado" (*op. cit.*, p. 64), dá as diretrizes modernas de tal dicção nos dois poetas, por meio dos quais Rimbaud penetrou, de modo mais sutil e totalizado do que na primeira hora modernista, no *corpus* de nossa literatura. Esta é uma das pistas para se ler um dos possíveis Rimbaud na ficção de Noll, aquele mais à feição de *Une saison en enfer,* misto de rebelde, imbuído de *mauvais sang*, e pregador da palavra nova, salvadora. Como percebe S. Santiago:

---

29. A emergência do corporal em *A fúria do corpo* mantém certo vínculo do autor com a geração que fez e viveu 68. Segundo depoimento prestado a mim, ele conviveu com ativistas, entre os quais se incluem artistas, do período 1968-73, principalmente a partir de sua atividade, no Rio, como repórter de *Última hora*, foco importante da imprensa cultural carioca nos primeiros anos 70, onde foi colega de redação de, por exemplo, Torquato Neto. Em Noll, porém, a textualização do corpo não se esgota em uma simples liberação dos sentidos, compreensível como atitude imediata àquela hora – e sim no *trabalho desregrador, descentralizador*, iniciado pela poética de Rimbaud –, implicando uma transformação do material literário, uma textualização dos empenhos do corpo com a equivalente *corporificação* dos empenhos do texto. Uma nova escrita é empreendida, assim como um novo método para a criação ficcional, mais precisamente romanesca, se esboça por meio do elo entre *texto* e *corpo*.

> *A fúria do corpo proporciona também a oportunidade para se levantarem os irmãos desta família espiritual e artística, brasileira – os "Irmãos do Reino". Autores que agridem a sociedade de consumo capitalista com o punho aberto da liberdade individual.*
> *(ibid.)*

Este me parece o traço básico de onde emana qualquer indício sagrado – "a liberdade na salvação" (Rimbaud: 411). Vem daí a caminhada dos personagens altamente erotizados de Noll pelos pontos mais extremos da Cidade (tal como é nomeada), e de forma ininterrupta, demarcando o gesto de liberdade e também o paradoxo de seu perpétuo deslocamento. Impermanência dos gestos e dos lugares de *revelação*.

> *Não, não queremos ir para nenhum albergue, mesmo em estado de mendigos recusamos a esmola de uma corda que será cortada às cinco da manhã para que os corpos esbugalhados sejam despertados com a abrupta queda, o apoio da cabeça violado repentinamente porque não há tempo pra despertar um a um e há outros à espera, então não queremos nossos crânios jogados contra a laje fria do albergue, não queremos acordar tendo de conduzir a humilhação do dia pelo dia adentro, somos dois corpos que ainda se desvanecem a qualquer toque de amor, somos dois corpos em busca de uma felicidade canhestra mas radiosa, um toque na minha coxa pode seduzir a fera na umidade mais escura da floresta, no impenetrável reino pode rugir o coração das coisas, não, não queremos nossos crânios jogados contra a laje fria, dormiremos à deriva, não importa, a fome será nosso registro para nós mesmos, a falta que sentimos nos deixará numa vigília mais intensa, conseguiremos o pão na hora ensejada por todas as nossas forças, o pão sobre as linhas tortuosas da palma, a primeira dentada terá o sabor carnívoro do bicho.*
> *(Noll, op. cit., p. 17-18)*

Interessante é notar no trajeto do personagem masculino e de Afrodite – "não, não queremos nossos crânios jogados contra a laje fria" – a negação afirmativa do casal de "Ouvriers" – "Não! não passaremos o verão neste país avaro onde não seremos jamais senão órfaos noivos" (trad. Ivo: 99). Os órfãos noivos de Copacabana também se dispõem ao movimento, dentro do espírito de convocação observável em "À une raison": "Um toque de seus dedos no tambor detona todos os sons e inicia a nova harmonia." (trad. Lopes e Mendonça: 33)/"um toque na minha coxa pode seduzir a fera na umidade mais escura da floresta, no impenetrável reino pode rugir o coração das coisas" (Noll, *ibid.*).

Por outro lado, o aspecto de sagração bárbara, o recurso à fome mais primitiva como possibilidade de clarividência, assim como a incitação à deriva, ao conhecimento desregulado, comuns a "Mauvais sang" em todo o seu sentido de *orfandade*, estão impressos na escrita da fúria do corpo: "dormiremos à deriva, não importa, a fome será nosso registro para nós mesmos, a falta que sentimos nos deixará numa vigília mais intensa..." (Noll, *op. cit.*, p. 18).

No espaço entre uma e outra caminhada, o corpo do romance sofre a ação de um percurso que vai ao mais ínfimo, ao mais íntimo, descendo às excrescências físicas, típicas da proliferação barroca, até a narração alçar a condição de canto, de uma rítmica que chega a abarcar o andamento melódico da palavra bíblica, uma entoação do sagrado. Em um texto acerca do ritmo, encomendado ao autor pela *Folha de S. Paulo*, J. G. Noll assim se expressa:

> *Os atritos com o instante geram tantos ritmos, tantos, que alguns romances parecem uma partitura frustrada, tal a sensação de que nos encontramos diante de uma história puxada tão-só pelos movimentos inerentes ao conteúdo musical.*
>
> *Pergunto por que alguns romancistas arriscam transferir a música para o universo de um gênero literário que se nutre não-raro das idéias – estas emanações tão refratárias ao vazio semântico da matéria musical.*
>
> *O romance, um gênero que, de forma difusa ou limpa, carrega o pendor do episódio, este animal inserido entre outros, entrelaçando-se, guardando uma próxima ou remota analogia com a História – guardando/aguardando o claro da memória.*
>
> *(...)*
>
> *Não, neste contorno oitocentista do romance não há espaço para a degustação rítmica das horas, como se o tempo fosse algo a ser preenchido num ponto neutro para o ouvido, como*

se o canto fosse privilégio restrito às formas estritamente poéticas, como se ao prosador sobrasse apenas contar, contar, digamos, só o que a normalidade despercebida dos batimentos cardíacos consegue acolher.

(1992: 6)

Para tomar posse desta palavra-canto, desbravando no romance o "vazio semântico da matéria musical" (busca que está na gênese do poema em prosa, de Bertrand a Rimbaud), Noll passa por todas as configurações tomadas pelo casal nômade, em uma amplificação de potencialidades, próxima das metamorfoses corporais de "Mauvais sang". O narrador e Afrodite têm transformadas suas identidades, no confronto com os regimentos social, religioso, familiar e mesmo literário, sem se conformarem com a analogia ao histórico, ao acabamento da *persona* romanesca, no mesmo instante em que vivem sexualmente todas, e com todos. Para "possuir a 'Nova Palavra'", como diz Silviano Santiago, – palavra celebratória, que é expressão de múltiplos ritmos e fusão com o *todo* disperso do social e das forças do universo –, o corpo em Noll se desregra, não travando mais "uma relação racional e analítica com a linguagem" (*op. cit.*, p. 65).

Tal desregulamento das funções usuais do corpo, que acaba por colocar em cheque os sistemas abstratos e ideológicos nele interiorizados, rompe com a idéia de que a escrita guiada pelo ritmo, pela música, seja apenas privilégio das formas poéticas, sem que seja preciso abdicar da ação, pois extrai do romanesco sua célula básica, a mais viva, aquela que habita no personagem e se formula em função de seu movimento. Curiosamente, é o Rimbaud mais narrativo – o de *Une saison en enfer*, tendo "Mauvais sang" como maior referência, e de *Illuminations*, assim como aquele de experiências como "Les déserts de l'amour" e "Proses évangéliques" – que marca um diálogo com a obra do romancista, não obstante a proximidade de alguns poemas, muitos deles integrantes da *walk writing*.

A literatura de João Gilberto Noll faz-se em compasso com a observação e a atuação do corpo. Parte daí, para aí retornando, qualquer aceleração rítmica e musical que leve, por exemplo, ao sagrado. Já assinalava Santiago, a respeito da figura iniciadora aos mistérios da carne, que:

Afrodite, como a Jandira de Murilo Mendes, ou a Beatriz de Dante, é o princípio e o fim das coisas na terra, e a musa-de-passagem que abre caminho no presente para a comunhão do homem com Deus.

(*op. cit.*, p. 65-66)

Como a Vênus/Afrodite marinha de "Soleil et chair", o personagem feminino de Noll governa o primado do prazer, aliado ao sagrado, nas águas de Copacabana, constituindo-se como mito de "sol e carne", o qual o narrador invoca, como presença e ausência da busca/caminhada. Rimbaud trazia para o poema a Grécia, onde os deuses se humanizam pelo corpo, como exemplo de "trabalho" a ser efetivado no sentido de uma harmonia e uma purificação a partir da matéria. Já na Copacabana brutal de Noll, o esforço de elevação se produz sobre corpos tomados por uma fome básica, pela violência e a putrefação do mundo existente.

Subi pro nono andar, fiquei só o tempo de retomar minha roupa de homem, desci e fui caminhando pelas ruas e vi a estreita e suja entrada lateral da Boate Night Fair, parei, resolvi entrar e reencontrar o nosso cantinho arcaico, eu e Afrodite no terreno traseiro quase abandonado da boate vivendo ali noites inteiras, dias, olhei o muro, li a eterna inscrição obscena, abri a braguilha, comecei a mijar sobre a inscrição carecendo de estar mijando num enorme terreno baldio esquecido de todos os habitantes da Cidade, eternamente vazio, mijava não ali mas no enorme eterno terreno baldio quando vi na pálida luz da lua que a cabeça do meu pau tinha inchado e avermelhado a ponto de arrebentar, e olhando a cabeça do pau inchada e avermelhada tive a dura verdade do meu destino de agora em diante: era foder com a carne do mundo, doente, podre, fedorenta, mas extrair dela o único prazer verossímil...

(Noll 1981: 85)

De qualquer modo, Noll compõe um canto, uma celebração, o seu "Sol e carne" a partir de Afrodite, mulher-mito nascida das ruas agonizantes de Copacabana. Ela está em total acordo com a conversão do sagrado ao plano da matéria, operada na modernidade por Rimbaud e apreendida na literatura nacional com a mediação de Murilo Mendes:

> *Diz o poeta Murilo: "Pelos cinco sentidos também se chega a Deus". A palavra do convertido é profética e marca necessariamente o desvio de uma religião que se estiola em catequismo, bom comportamento, pieguismo e, sobretudo, abstrações. O convertido mói no áspero e no concreto. Exige a ação na religião, o corpo no sacrifício/prazer do cotidiano. Ele desespiritualiza o discurso da religião bem-pensante pelo desvio do desejo, dos cinco sentidos, para melhor se chegar ao contato com o divino.*
>
> (Santiago, *op. cit.*, p. 65)

Até aqui estou fazendo a correspondência entre a poesia de Rimbaud e a prosa de Noll, por meio da leitura e da prática de Murilo, que revelava, por seu turno, em obras dos anos 30 e 40, uma assimilação do autor de *Une saison en enfer*, dentro da ótica predominante naquele tempo, bem ao modo de Jacques Rivière e Paul Claudel, sobretudo na síntese, feita por este, do poeta como "um místico em estado selvagem" (prefácio a *Œuvres*, de Rimbaud, 1912: 3). As afinidades da ficção de J. G. Noll com Arthur Rimbaud não se limitam à *Saison*, nem a "Soleil et chair", como já começamos a ver por meio de menções a poemas de *Illuminations*, e para além da leitura da poética de Murilo Mendes. Criam outras relações, difíceis de localizar e justificar, a não ser como "contato indireto" (Marino) e dado de modo difuso.

Quando, em análise a alguns poemas rimbaudianos do período 1870-72, se constatou a criação de uma *walk writing*, foi apontado no autor de "Sensation" o surgimento de uma nova tradição com relação àquela representada por Rousseau, no que envolve escrita e caminhada. Vejo exatamente nos romances de Noll o ponto mais elaborado dessa tradição entre os autores contemporâneos que me foram dados a ler. O romancista dialoga com uma tradição de escrita/caminhada que remonta a fontes perdidas do relato e das religiões e tem em Rimbaud o cultor moderno mais representativo, de modo a criar a sua própria tradição.

Sem querer descartar o enlace com o sagrado, que, a partir de *Harmada* (1993), afirma-se com grande força (culminando em *A céu aberto*), observo que o corpo em fúria, além de uma "*mística selvagem*" formula também uma escrita de caminhada, tal como potencializam os romances editados a partir de *Bandoleiros* (1985). Neste e nos outros cinco títulos que vêm a seguir – *Rastros do verão* (1986), *Hotel Atlântico* (1989), *O quieto animal da esquina* (1991), *Harmada* (1993) e *A céu aberto* (1996) –, Noll apreende a ação do corpo já sem o clamor e a exuberância cumulativa da escrita. Em alguns desses romances, Noll chega a ser denominado "escritor minimalista", tamanha é a fixação nos menores movimentos, dispostos como uma verdadeira coreografia dos passos dos personagens (o que leva à rarefação da trama, à linguagem e subjetividade empobrecidas nessa atenção ao mínimo[30]). Afrodite, como guia do prazer contínuo, referência para o homem errante, sai de cena, deixando os protagonistas-narradores entregues ao vazio e ao silêncio de uma ação estrita, sem mais um objeto uno e agregador à vista.

Lendo Noll, a contar de *Bandoleiros*, noto uma aproximação mais determinada com o princípio da *walk writing*, já presente em *A fúria do corpo*, a despeito de a danação pela posse da palavra sagrada encaminhar os personagens para espaços não necessariamente físicos, de pura celebração do texto (sendo este possível ser entendido como prosa de um poeta, e de cariz rimbaudiano, como se nota em alguns momentos)[31]. Isto se dá por meio da conjugação de escrita e deslocamento físico, da poesia, como se lê em Rimbaud, concebida como conhecimento do mundo, como busca revelada em imagens: o ato criador ligado à visão, identificado, segundo Jacques Plessen, com o caráter transitivo do ato de imaginar (1967: 99).

---

30. Veja-se César Guimarães, *Imagens da memória – Entre o legível e o visível*, 1997, p. 173.
31. Entre os muitos momentos da poesia em *A fúria do corpo*, pode ser destacado, com relação ao texto de Rimbaud, por exemplo, o processo anafórico de "Enfance" – "Há um relógio (...) Há um pântano... (Parte III/ "Sou o santo (...) Sou o sábio... (Parte IV) –, mesclado às descobertas do mundo das imagens – e das imagens de mundo – em revistas ilustradas, típicas da construção de boa parte dos textos de *Illuminations* ("Soir historique", "Promontoire", "Métropolitain", "Villes (I)", "Scènes" e "Vies") e de composições anteriores, como "Les poétes de sept ans" e, claramente, "Bateau ivre", aos quais vêm se somar as configurações desconcertantes presentes em "Mauvais sang": "vejo auroras boreais exclusivas de *O Cruzeiro*, repórteres aventurando-se em terras remotas, repórteres brasileiros envoltos em peles no pescoço (...) um dia cruzarei os mares mais exóticos, alcançarei picos nunca dantes, beijarei ardente a calota polar, apunha

Se Noll afirma, em uma de suas entrevistas, a "sede ótica" (jornal *Leviathan*, dez. 1992) que o move à escrita de ficção, torna-se necessário frisar nesse empreendimento a busca da "desintelectualização da visão", no sentido de *dissolver* "todas as noções apreendidas que poderiam se interpor entre seu olho e o quadro vivo que lhe oferece a realidade" (Bernard 1959: 194).

O que diz Suzanne Bernard acerca dessa visão desintelectualizada, em Rimbaud, compreensível como investimento no *olhar inocente*, que marca a trilha da *walk writing* e de outros poemas, é válida para Noll. Os narradores-protagonistas dos romances são induzidos a um abandono arriscado ao movimento, aos obstáculos do percurso, como sacrifício de quem se oferece à caminhada com o projeto de conhecimento de si e do mundo. O sentido de anti-aprendizagem, marcante na produção de Noll, desde sempre – sendo, neste caso, necessária a leitura do primeiro conto de sua única coletânea no gênero, "Alguma coisa urgentemente", como peça fundadora de toda uma ficção –, não se lê apenas como desmontagem do modelo do romance de educação (representado na literatura ocidental pela obra de Goethe, tal como o estuda Bakhtin[32]), fornecendo, mesmo às avessas, pelo paradoxo e pela desilusão, a travessia dos personagens a um ponto extremo do espaço e do tempo, em cujo decurso ocorre a mudança da condição original.

Se *A fúria do corpo* comemora o júbilo da descoberta do corpo como elemento autônomo, desregrado e rejuvenescido em cerimônias de transgressão e sagração, revelando Noll como um escritor somático e amoral, nas obras que vêm em seguida, sobretudo na chamada "trilogia minimalista" – formada por *Bandoleiros, Rastros do verão* e *Hotel Atlântico* –, o corpo sofre uma certa retração com relação ao erótico, mas que favorece uma reelaboração do movimento, uma espécie de reeducação dos sentidos. Temos, então, a prática do que chamo de *action writing/escrita de ação*.

O ato de escrever se faz como gesto, se faz passo a passo, ao

---

larei o urso pelas costas, terei meu cachecol de neve, o safári solitário na selva, comerei da carne humana no coração selvagem, apostarei em jóqueis sifilíticos, perderei tudo no jogo, terei chofer de luvas em Monte Carlo, morrei fulminado como Isadora, virarei lenda, na cerimônia fúnebre resplandecerei em flashes, serei todo um símbolo dos carentes" (Noll 1981: 244).

32. "O romance de educação na história do realismo", *in*: *Estética da criação verbal*, p. 221-276.

ritmo de cada passo do personagem. A escrita vai surgindo de mínimos traços, que o narrador organiza de modo cauteloso e distanciado. A fala não sai mais "aos borbotões", como dizia Santiago a respeito do primeiro romance de Noll. Tudo passa a ser medido, apesar da ação. A escrita acontece para revelar, quer descobrir-se enquanto atividade agenciadora de situações e se põe em ação, envolvendo voz e corpo do narrador/protagonista, indo até a raiz, a gênese do movimento. Do primeiro romance até *Hotel Atlântico* – da fúria à mutilação do corpo. Extremadas passagens: a disponibilidade absoluta do autor para a escrita de ação está em vivenciá-la a partir de nenhuma trama preexistente. Em *Harmada*, o protagonista, um ator convertido, durante sua internação em um asilo, em narrador de histórias para a platéia formada por idosos, tenta, então, refletir sobre o método:

> *Eu, a bem da verdade, jamais preparava as narrativas que desembocavam pela minha boca. O rumo do desenrolar das tramas se dava só ali, no ato de proferir a ação. Aliás, detestava pensar previamente acerca do que teria a contar. Eu me deixava conduzir pela fala, apenas isso, e esta fala nunca me desapontou, ao contrário, esta fala só soube me levar por inesperados e espantosos episódios.*
>
> (Noll 1993: 43)

A explosão do gesto, do instante em que é concebida, presentificada a escrita, dialoga, sem dúvida, com a *action painting* realizada por Jackson Pollock. Para o pintor, também se coloca a participação plena e tátil na obra, uma atuação compreendida como "*walk around it*" ("andar em volta dela"):

> *Minha pintura não é feita no cavalete. Eu dificilmente fixo minha tela antes de pintar. Prefiro colocá-la com tachas em uma parede grossa ou no chão. Eu preciso da resistência de uma superfície dura. No chão eu me sinto mais à vontade. Sinto-me mais próximo, mais parte da pintura, já que nessa direção eu posso andar em volta dela, trabalhar em seus quatro lados e estar literalmente dentro da pintura.*
> *(...)*
> *Quando eu estou dentro da pintura, não estou consciente do que estou fazendo. É somente depois de uma espécie de perío-*

do de "estar familiarizado" que eu vejo o que estive realizando (...) existe uma harmonia pura, um dar e tomar sem dificuldade, e a pintura se revela inteiramente.

(*apud* Lucie-Smith 1976: 33-34)

Esta ação sobre o espaço da tela colocada no chão traduz-se para Noll como ação sobre o espaço romanesco, sobre a própria ação romanesca, disposta em sua horizontalidade cumulativa de seqüências (e caminhadas). Do mesmo modo que Rimbaud atuava sobre o espaço poético formulando o gesto vivo de uma empreitada na qual o instante, o corpo e o movimento ampliam o raio de ação da escrita para além da simples organização melódica de uma evocação lírica, sem desfazer no romance seu fundamento épico mais estrito, Noll galga a direção e a duração mais próprias ao texto poético, assim como a síntese e o dinamismo oferecidos pelos meios técnicos através dos quais as artes hoje se propagam. É o que diz no jornal *Leviathan:*

> *Meu minimalismo, se é que existe, deriva do fato de não gostar muito do romance como crônica, como romance de costumes, já que este pede desdobramentos, pede uma linguagem muito analítica. Estou mais preocupado com o herói mítico, que é fecundado no real social que o envolve.*
>
> *Não gosto de abstração demais. Prefiro tratar do homem numa condição mais aberta, que transcenda os costumes. Acho que o ser humano hoje precisa de uma linguagem mais sintética, como o são todos os apelos visuais e sonoros de nosso tempo.*

(Noll, *op. cit.*)

O importante para João G. Noll é a existência de uma "filosofia da composição" elaborada no decorrer de suas experiências com a escrita romanesca, e não como projeto prévio de adequação de idéias a uma forma, já que seu método só existe em função da prática, da ação. Para Noll, é necessário que a literatura seja construída com a força impregnante da imagem, na busca de uma linguagem sintética que capte o movimento essencial a personagens caminhantes. Todos os romances se articulam pelo olhar – "Um homem debaixo de uma árvore, sentado num banco de pedra, a cabeça pendida olhando os pés descalços." (assim se inicia *Rastros do verão:* 7) –, tornam-se presentes pelo modo intenso com que a sensibilidade cinematográfica do escritor orienta uma narrativa feita de passos, da sondagem e do registro de limites. Os romances dispõem-se à maneira de um gráfico de movimentos milimétricos, indicadores das possibilidades de ação por parte dos narradores-protagonistas. Vejo este como o dado principal para um cotejo com Rimbaud, pois ao poeta também interessava a criação de uma escrita em sintonia com "os apelos visuais e sonoros" do seu tempo e para além dele, quando em *Illuminations* demonstra quanto seu imagismo dinâmico antecipa o cinema. A palavra já é, em Rimbaud, canto sincronizado com o movimento, e com a imagem que daí se engendra (não apenas exposta ao mecanismo sensorial-motor da caminhada, mas também às interrupções e irrupções desintegradoras da unidade espaço-temporal, próprias à *imagem-tempo* concebida por Deleuze; intervenção, pois, sobre a ação e a duração).

A concepção do projeto é cinematográfica, concentra-se sobre a relação entre *caminhada/espacialização/narrativa e imagem em movimento*. Noll opera uma suspensão do enovelamento, dos desdobramentos romanescos, detendo-se sobre a observação do personagem em sua materialidade, por toda a extensão horizontal do espaço narrativo, tornado mais e mais visualizável como se projetado em tela de cinema – estrada visível ao infinito da página. Na escrita do corpo, a história provém dos personagens, e não o contrário. Penso no cinema de Cassavetes, tal como o absorveu Deleuze:

> ... *a personagem fica reduzida a suas próprias atitudes corporais (...) Cassavetes só conserva do espaço o que se liga aos corpos (...) É o encadeamento formal das atitudes que substitui a associação das imagens.*
> (Deleuze 1990: 232)

A busca do pai, dissolvida ao longo de *Rastros do verão*, ainda alude a uma antecedência. Já em *Hotel Atlântico* não se sabe bem por que o ator/atuante empreende uma viagem acidentada do Rio a uma praia sul-rio-grandense. Assistimos apenas à sucessão de atitudes que constroem a presença de um personagem situado na sua melhor condição, a de actante, ator – ex-galã de telenovela –

que é. "Despsicologizados", os personagens de Noll existem em função de sua atuação.

Ainda que o desencantamento esteja no cerne da escrita do autor, apontando para a saturação dos discursos e das imagens de mundo existentes e, com isso, reforçando os sinais de degeneração dos atuantes – que está ligada à própria crise da noção de sujeito –, suas narrativas têm a disposição de desbravar uma passagem, um percurso, mínimos que sejam. Seu gesto, como o de Pollock, é de liberação "dos valores políticos, estéticos, morais (...) um gesto de estranhamento com relação à sociedade e suas demandas" (Rosenberg 1962: 31).

Já no que se refere ao cinema, Antonioni é o eixo – tal como declarou em um depoimento, no qual o compara a Clarice Lispector, outra referência axial[33] – de uma novelística que vive da problematização da ação. Não à toa, seus protagonistas/narradores/caminhantes penetram o mundo pelas margens, observando-o de fora, com o gesto de estranhamento, de que fala Pollock. Tal como se dá com Vittoria, em *O eclipse*, e Giuliana, em *O dilema de uma vida*, representados pela mesma Monica Vitti, de um modo quase ilustrativo. Em *O quieto animal da esquina*, o empreendimento da ação direciona-se para a suspensão do movimento, para um nada a fazer urgentemente, se traçado um paralelo com o conto inicial de *O cego e a dançarina* – fundamento da ficção do escritor –, onde ocorre o chamado premente à ação.

Afinado com a pintura de ação de Pollock e o cinema de Antonioni, que constrói verdadeiras geometrias da ação para personagens que não sabem muito bem para onde estão indo, a ficção de Noll suspende o mundo com seus valores ao colocar em crise a linguagem, a ação romanescas.

O que se lê na ficção de Noll como procedimento de redução do personagem ao espaço, determinando-o a partir de seus mínimos gestos, provém, em parte, do cinema (o de Antonioni, em particular) e da literatura de Clarice Lispector (*A paixão segundo G. H.*, mais precisamente), pelo uso radical, ritualístico, do espaço do romance por ela apresentado.

---

33. "Clarice Lispector, de longe no Brasil, foi quem mais me fez a cabeça, principalmente o romance *A paixão segundo G. H.*, que é um pouco Antonioni no impasse da ação. É quase como não saber prosseguir" (Zilberman, Urbim e Ruas. *Autores gaúchos*, p. 4).

Identificada por Noll como "artista da palavra", Clarice realiza o ato de escrever "ultrapassando a cota do empírico, de um salto ser outro que não o de antes da palavra pronunciada" (Noll 1987: 29). Concebe, com isso, o romance mais como "um ritual do que a repetitiva particularização exemplar da História, mais uma liturgia do que a ilustração de uma ideologia prévia, dada, consumada" (*ibid.*). O aspecto decisivo da presença de Clarice na ficção elaborada por Noll provém do fato de que ela

> ...*desprograma a prosa brasileira, escreve o único, o que não foi antecedido de intenções programáticas: estonteia, funde gêneros, abraça o miniatural com estatura épica – ou seja, o intimismo desvencilhado dos adereços psicológicos mirando de frente a ordem inaugural das coisas.*
>
> *(...)*
>
> *Sair de uma leitura de Clarice pressupõe, muito freqüentemente, um estado de exaltação, não porque ela tenha nos dado a conhecer qualquer coisa que se pudesse intitular de informação histórica ou social ou outra, mas porque do atrito com a sua palavra resulta uma liturgia pagã puramente evangelizadora.*
>
> *(...)*
>
> *O caráter evangelizador da palavra lispectoriana vem, parece que, do obstinado atrito com o instante no ato de sua criação (...) é aquilo que só pode sair do momento em que é articulado tal a entrega, o abandono: alguma coisa como um ato sacrificial que acaba nos arrastando a todos no choque da leitura...*
>
> (*ibid.*)

Ao destacar na obra da escritora o sentido inaugural tomado pela palavra que é salmo – "a sua prosa é salmo, a língua em estado de exaltação excede o que carece..." (*ibid.*) –, assim como o traço de revelação, de conhecimento instaurado pelo gesto de abandono, de sacrifício ao que há de único no instante, Noll não se distancia do que realiza a poética de Rimbaud. Segundo a leitura de H. Cixous, o poeta e Lispector encontram-se próximos pela atitude de recuo, de retiro do mundo, constante em seus escritos, que implica, por seu grau de estranhamento, pela suspensão dos valores contingentes, uma experiência desertificadora.

> *Os trabalhos de seres humanos como Clarice Lispector e Rimbaud vêm do deserto. Essa espécie de cena primal é o despertar da criança para a ausência de tudo, ausência do leite, da luz, seja imaginária ou real. O efeito original, quando sua ressonância se extingue, produz uma espécie de música, a morte, conseqüentemente, e uma espécie de nascimento no deserto.*
> (Cixous 1992: 130)

As muitas relações estabelecidas entre Rimbaud e Clarice por H. Cixous, referentes ao que chama de *"desert writing"*, são observáveis pelo efeito de *desertificação* alcançado não apenas pela *escrita de caminhada* (atingindo os níveis de um movimento errante, que corteja a inação, no percurso que vai de "Mauvais sang" a "Ouvriers"), mas também pela relação travada com a literatura por meio de seu significativo silêncio – atravessado por cartas – nos desertos da África e da Arábia. No caso de Clarice, tal dimensão é conquistada, quando, por exemplo, reserva a G. H. um rito de despossessão dos seus limites sociais (o personagem abisma-se no quarto de empregada) e humanos (comunga do reino viscoso, repugnante, das baratas) e, certamente, dos limites espaciais, observável no modo como esvazia o apartamento zonasul, de modo a torná-lo célula em movimento de uma experiência sem bordas, abismal, tomada por uma "branca luz" desnorteadora e desértica.

> *...O bojo de meu edifício era como uma usina. A miniatura da grandeza de um panorama de gargantas e canyons: ali fumando, como se estivesse no pico de uma montanha, eu olhava a vista, provavelmente com o mesmo olhar inexpressivo de minhas fotografias.*
> *Eu via o que aquilo dizia: aquilo não dizia nada. E recebia com atenção esse nada, recebia-o com o que havia dentro de meus olhos nas fotografias; só agora sei de como sempre estive recebendo o sinal mudo. Eu olhava o interior da área. Aquilo tudo era de uma riqueza inanimada que lembrava a da natureza...*
> *(...)*
> *Depois dirigi-me ao corredor escuro que se segue à área.*
> *(...)*
> *Abri a porta para o amontoado de jornais e para as escuri-*

dões da sujeira e dos guardados.
É que em vez da penumbra confusa que esperara, eu esbarrava na visão de um quarto que era um quadrilátero de branca luz; meus olhos se protegeram franzindo-se.
(Lispector 1979: 31-33)

Entre os *escritos do deserto* situam-se os de João Gilberto Noll, não apenas por sua ambientação em ermos urbanos, áreas esvaziadas, beiras de cidade, ou em verdadeiros desertos como os de Viamão (*Bandoleiros*), mas pelo uso de sua espacialidade como cenário, como construção cinematográfica (o *western*, no caso). Lugares não reconhecíveis – lugares de conhecimento (como se conclui da leitura dos *não-lugares* feita por Marc Augé), e não de reconhecimento, próprios à anotação costumista dos *escritos de viagem*. Lugares como aquele de *Harmada* – "Aqui ninguém me vê." (*op. cit.*, p. 5) –, logo em sua frase introdutória descortinado como terra-lama sobre a qual o protagonista se deita, incógnito.

O que se encontra embutido nessa desertificação crescente do espaço nos romances de Noll é o ato de recuo e recusa em face das promessas totalizadoras do corpo, resumidas na exuberância erótica e escritural de *A fúria...*, promessas de integração do corpo e do texto à carne do mundo (a Copacabana, eixo do Carnaval do Brasil e do Universo). Recuo pós-fúria do corpo, que está em sintonia com o recuo radical de Rimbaud pós-*walk writing/Illuminations* rumo à travessia de fronteiras espaciais e vivenciais, situadas nos *confins do mundo* (este, aliás, era o título de um de seus projetos de escrita). O Noll "não-literário" dos romances seguintes, que é capaz de deixar confundir sua pobreza tendente ao essencial com "pobreza literária" (há críticos e leitores que o lêem com/como facilidade), algo de que também foi vítima Raymond Carver (outro minimalista), antes da realização de *Short-cuts*.

O autor de *Harmada* mantém viva relação com um texto pouco estudado de Rimbaud, "Les déserts de l'amour", no ponto em que o motivo da caminhada revela-se essencial à busca de um corpo integrado, amoroso, como um fortalecimento e uma radicalização das premissas de "Sensation". O deslocamento físico dá-se sem trégua, por uma sucessão de lugares que se somam e se esvaziam, conduzindo o protagonista à solidão, ao deserto de uma condição sempre *desterritorializante* (usando aqui um conceito-chave, e já clássico, de Deleuze e Guattari).

O extravio extremo representado pelo deserto conta com a condição de orfandade, com o *novo nascimento*, emancipado de toda determinação anterior, dentro do que já foi observado em Rimbaud, de "Les étrennes des orphelins" a "Le bateau ivre". A partida, a contar da ausência, rumo à luz (órfã), advinda de uma relação irreversível com o deserto, ocorre em *A paixão...*, segundo Clarice, dentro dos limites de um edifício urbano. Revelação vinda do nada – da imagem-nua (citando José Gil, 1996: 219-240), do branco das quatro paredes para G. H., como já sucedia com o vigia de "Veillées" diante da muralha, por toda uma noite: o lugar *impossível*, onde se processa, tal como na obra do poeta Edmond Jabès (outro "escritor do deserto"), o ato de inscrição da "memória de uma origem que se apaga para permanecer sempre como percurso que se inventa (...) escrever é viver novamente a experiência de percorrer o deserto" (Medeiros de Carvalho 1990: 221).

Em cada um dos romances-percursos de Noll descreve-se um sentido muito grande de aceitação dos pontos de aceleração a que chega uma escrita não-programada, gestada no instante e atenta à ordem do acontecimento, como já se fazia notar em "Mauvais sang". Podendo alcançar situações arriscadas como o trato com a clave do sentimentalismo, a partir do revés da caminhada – pela mutilação da perna do protagonista de *Hotel Atlântico* (um tema da obra-vida rimbaudiana) – ou toda a cadência melancólica que orienta o personagem central de *Bandoleiros*, dividido entre Brasil e EUA.

Em *O quieto animal da esquina*, o romancista faz com que a atuação de seu personagem dependa da vontade de outro e tira desse vínculo um surpreendente partido. A convivência com Kurt, o misterioso protetor do pequeno herói do livro, leva-o ao enfrentamento da figura do pai e à aceitação da dependência de uma força exterior, involuntária, atribuível à idéia de Deus.

Ao apropriar-se do *background* do protagonista (que poderia render um libelo contra a situação dos desabrigados, dos sem-terra do Brasil de hoje, esgotando-se na indignação politicamente correta), *O quieto animal da esquina* desloca-se para as camadas mais obscuras do real, diluindo a falsa adesão à "pele naturalista" (de que fala o conto "O cego e a dançarina": 134), exposta na objetividade cinematográfica da narrativa, de modo a alcançar o sentido de uma parábola desconcertante e antiilustrativa.

Na trilha inversa de "Alguma coisa urgentemente", onde o filho se encontra forçado à ação, ao mesmo tempo em que é presa do enigma paterno – um político clandestino, um guerrilheiro (envolvido em uma estratégia de luta radicada no *aqui* e *agora*), que deveria realizar a ação plena, mas só deixa como herança o silêncio e a má consciência –, o protegido do velho e abastado Kurt consegue esboçar um contato mais desarmado, mais interiorizado, com o enigma que fundamenta sua razão de ser e de agir:

> ...*eu preciso me dar bem, eu preciso me dar bem foi o que a minha cabeça começou a martelar, mas eu precisava pensar em outra coisa, urgentemente: ir para perto do corpo de Kurt, não descansar enquanto não completasse o seu choro grosso.*
> (Noll 1991: 75)

A suspensão da ação, longe de ser uma artimanha romanesca, representa uma intervenção no real, na ordem do conhecimento. O caminhante deixa-se contagiar, como se vê também em Rimbaud, pelo que obstaculiza o movimento. Possuir todas as paisagens/imagens possíveis e deixar-se possuir: pela ação e seu repouso, pelo ato de ver e de ser visto. O poeta, desde a "Carta do Vidente" – tal como enfatiza Merleau-Ponty, a partir de uma observação de Max Ernst –, não é somente aquele que vê – o eu-potência do Romantismo ou o narrador onisciente –, mas aquele que projeta "o que nele se vê" (Ernst *apud* Merleau-Ponty 1980: 92). Marca, assim, sua dependência em relação a um outro, a um fora, do qual é também objeto:

> ...*Creio que o pintor deve ser traspassado pelo universo, e não querer traspassá-lo (...) Aguardo ser interiormente submergido, sepultado. Pinto, talvez, para ressurgir.*
> (*ibid.*)

Posse e possessão do instante, já realizava Rimbaud desde a *walk writing:* escrita como conhecimento, em cujo processo o sujeito é tomado pelo objeto (paisagem/caminhada), é contagiado pela linguagem do *outro*, por seu vírus (W. S. Burroughs), "*mauvais sang*", segundo o teor das múltiplas configurações da subjetividade e dos territórios de *Une saison en enfer*. Se a poesia representa um ato de conhecimento, faz-se por um *menos*, e não por um *mais* do saber, enquanto acúmulo, "mentação" de referências.

Como concebe Alain Badiou, o poema de Rimbaud está para além de um conhecimento, "é exemplarmente um pensamento que se obtém na retirada, na subtração, de tudo o que suporta a faculdade de conhecer" (Badiou 1994: 81). Instante e entrega – liturgia (*o sagrado extra-religioso* de que fala Breton) durante a qual são sondados os limites e realizados enlaces, alcances nãonomeados: o *não-ver* diante da *branca luz* (Clarice), do *meio-dia* (Noll em *Bandoleiros*), em presença da *white shadow/white anguish* (vista de Edgar A. Poe a Patti Smith), de "nada mais que o branco para sonhar..." (Rimbaud, carta de 1878, sobre o Passo do São Gotardo).

Em lugar da luz iluminista, triunfante da verdade, todos os desdobramentos dos signos da luminosidade, de Poe a Rimbaud, de Lispector a Noll, insinuam para a saída dos espaços reservados a um Eu – a um único Eu –, pelo modo como se encontra com a dissolvência essencial contida na faculdade de conhecer (na expressão de Alain Badiou). Pois aproxima-se da fonte incessante, vórtice a que toda caminhada induz, descartando tudo que há de anterior e circunscrito ao ego, rumo a tudo/nada de um processo – veloz espiral – de criação/revelação.

Dando continuidade ao programa nada teórico da *action writing*, o João Gilberto de *Harmada* (1993) empreende mais um mapeamento das possibilidades de atuação nos territórios existentes, no qual, para citar Merleau-Ponty, "as palavras de ordem do conhecimento e da ação perdem sua virtude" (*op. cit.*, p. 86) favorecendo cada vez mais a aproximação da escrita de um ato visível e partilhado, empenhado no presente.

Marcado por muitos pousos/repousos – o período passado no asilo, por exemplo, e, antes, a permanência no Templo da Mansidão –, o itinerário do narrador e protagonista do romance nada tem de retilíneo, sendo quebrado por pausas, recuos e acelerações e, mais que isso, pela indeterminação dos espaços em que são realizados seus atos básicos. Há uma grande mobilidade na narrativa, que permite saltos no tempo em uma crescente oscilação, não obstante o fato de não escapar ao narrador a ação do personagem, com toda a sua precisão física.

O personagem, sem nome, passa, aos poucos, a situar-se não apenas nos espaços visíveis – o do teatro, o do reerguimento de sua vida em Harmada –, mas em outros que vão tomando o corpo da narrativa e do próprio narrador. Este, muito além dos mínimos contornos psicológicos que o estabelecem com uma história de vida, como ator que abandona temporariamente a profissão, impõe-se como um corpo passível a todas as atuações e figurações (como aquelas reunidas em poemas/ciclos de vida como "Enfance" e "Vies", onde se lê: "Exilado aqui, tive um palco onde encenar as obras-primas dramáticas de todas as literaturas." – trad. Lopes e Mendonça: 25), sendo encaminhado dentro de uma mobilidade mais própria ao texto poético.

Tem o caráter de uma busca infinita o longo percurso – com vários ciclos nele embutidos – atravessado pelo protagonista de *Harmada*. Pelo amplo espectro de possibilidades de ação e sua abertura para o ilimitado – coroada pelo desfecho –, traçadas em um corpo narrativo tão breve, pode-se identificar a conformação poética do romance de Noll. É interessante também observar que quando mais se configura a poeticidade de sua ficção, por obra desta *infinitização* do movimento, mais nítido se torna o tema da orfandade (confirmado em *A céu aberto*, seu romance subseqüente), estabelecendo-se, dentro da tradição rimbaudiana, com a inexistência dos traços vitimários decorrentes de uma perda de ordem familiar ou econômica.

A força desta novelística e o aspecto de revelação nela contido vem da entrega aos choques da caminhada, do deixar-se levar pela deambulação (como um modo de meditação, de aprendizado), pela perda de um sentido originário. No primeiro conto de *O cego e a dançarina*, o já citado "Alguma coisa urgentemente", a ação exigida ao adolescente decorre da morte do pai, entidade heróica e histórica, agonizando no impasse da continuidade, da transitividade (da transmissão da palavra sobre seu próprio percurso).

No caso de *Harmada* (um título apenas de uma série de romances centrados sobre caminhadas), os pólos de afetividade se multiplicam – ora a atriz com quem o personagem vive momentos de intenso erotismo, no início do livro, ora a filha adolescente dessa atriz, ora Bruce –, retornando sempre à condição solitária do protagonista, ao sentido contínuo de busca, que move seus atos, de forma bastante aproximada daquela desenvolvida pela prosa poética de Rimbaud.

Saí para a cidade sem fim. Ó cansaço! Afogado na noite surda e na fuga da felicidade. Era como uma noite de Inverno, com uma neve decididamente para sufocar o mundo. Os amigos, aos quais eu gritava: onde está ela, respondiam falsamente. Fui até às vidraças de onde ela vai todas as noites: corria num jardim sepulto. Repeliram-me. Chorava enormemente, por tudo isso. Enfim, desci num lugar cheio de pó, e, sentado no madeiramento, deixei acabar todas as lágrimas do corpo com esta noite. – E no entanto o meu esgotamento voltava sempre. Compreendi que Ela se dedicava à vida de todos os dias; e que o gesto de bondade demoraria mais tempo a reproduzir-se que uma estrela. Ela não voltou, nem nunca voltará mais, a Adorável que se tinha dirigido a minha casa, — fato que nunca teria presumido. Verdade, desta vez chorei mais que todas as crianças do mundo.

(trad. Silva Carvalho: 20)

Instalado nos "*desertos do amor*", na realidade fragmentária dos afetos, o narrador-caminhante de Noll vai aos pontos-limite. Esse homem de meia-idade – não mais jovem, como o de Rimbaud, "*jeune, tout jeune homme*", como se fosse a extensão do personagem do poema em prosa no tempo, no percurso de sete romances – realiza-se, entretanto, pelo *impossível* do desenlace: ele penetra, de forma nada previsível, nas origens, da nação (de sua fundação) e da narrativa, abrindo corpo para o encontro com o mítico – o encontro final com o fundador de Harmada –, a fábula – o ingresso no conto oral inventado pela criança – e o sagrado – realidade submersa às ações visíveis. Um encontro, afinal, com o poético, que transforma o romance em uma narrativa de iluminações/revelações, a contar de mínimas, "micropercepções" do "infinito deslocamento virtual das coisas percebidas" (Gil 1996: 224).

Algo de "Royauté", que já comparecia em uma passagem de *A fúria do corpo* – "caminhamos pelas calçadas de Copacabana com a leveza de dois príncipes com a nutrição dos deuses, sabemos que essa paz é provisória para quem vive na última lona como nós" (Noll 1981: 18) –, parece ter sido vertido na celebração feita à "*príncipe natura*" (trad. Barroso: 239), de "L'âge d'or", momentaneamente revelada nas ruas da Cidade.

> Aí vem o som de uma banda a desfilar no cruzamento a dois quarteirões dali. A banda toca a marcha de Harmada. Lembro que é feriado, aniversário de Harmada. Atravesso a rua. Olho as minhas mãos, estico e dobro os dedos, a exercitá-los. Levanto as mãos com vontade. Inicio os sinais: conto para o garoto que hoje é o aniversário de Harmada. É a data em que um homem chega de barco numa praia. Este homem vem de uma guerra ferido num dos braços. Ele sai do barco segurando o braço ferido e cai de joelhos. Gotas de sangue na areia. Ele pensa: nestas terras daqui vou fundar uma cidade.
> (...)
> Mas ainda se ouvia a banda. E os músicos pareciam querer dizer que Harmada estava em festa. O garoto pegou na minha mão e me levou, me levou longe, a muitos quarteirões dali.
> (...)
> Um homem jovem atendeu. Estava de calça preta, sem camisa.
> – Sim? – ele perguntou.
> Olhei para o garoto, aguardando receber dele alguma indicação para que eu pudesse inventar o que dizer. Da boca não me saía palavra. Eu parecia ter me contaminado pelo silêncio do garoto.
> – Sim? – o homem perguntou mais uma vez.
> Eu e o garoto nos olhamos. Percebi que dele não viria socorro que me pudesse mostrar o que pensar, dizer.
> – Sim, sou Pedro Harmada – o homem falou abrindo mais a porta.
>
> (Noll 1993: 124-126)

Pelas mãos da criança, o velho ator de Harmada passa a conhecer o fundador da cidade, um homem jovem ao qual adere (o personagem quer tornar-se fundador daquela cidade em festa, daquele instante, e desdobra-se em um outro, até então, oculto), inaugurando um círculo indeterminado e suspenso de espaço-tempo – uma nova dimensão que a abertura da porta, no momento final, indicia –, para além dos condicionamentos históricos e de suas figuras senhoriais/paternais.

A transformação do ser/personagem se dá para além de tais condicionamentos, podendo-se observar que, ao longo da obra de

Noll, e tendo o itinerário de *Harmada* como cume – e também o de *A céu aberto* –, são confirmados aqueles quatro sujeitos apontados por Jacques Rancière (1996: 141-168) em "Enfance": o *sábio*, o *santo*, o *caminhante* e a *criança*. Noll, como Rimbaud em poemas como "Mauvais sang", apresenta variações como o *desterrado* (uma viva presença, constante do sentido territorial proporcionado pela guerra em *A céu aberto*). Nesse romance, aliás, a passagem do protagonista – de órfão a desertor/assassino/terrorista – possibilita um diálogo com as configurações/subjetivações abertas por "Mauvais sang", no mesmo sentido de amplificação da trajetória romanesca rumo a uma larga acepção da aprendizagem, sob a forma, em prosa, de um poema guerrilheiro, desertor, *desterritorializante*.

Entre o *sábio* e o *caminhante*, desenha-se, em "Enfance" – "Eu sou o sábio na poltrona sombria. Os galhos e a chuva se jogam contra a vidraça da biblioteca" (trad. Lopes e Mendonça: 13) –, o embate comum à literatura de Noll: a convocação ao escritor, sábio "sentado" no espaço da biblioteca, à experiência da caminhada – "Eu sou o andarilho da grande estrada..." (trad. cit.). Formula-se também aí a entrega aos obstáculos, ao ponto da desertificação e do repouso (condição do *santo*, bem explorada, de forma simultaneamente paródica e meditativa em *Harmada*, nos episódios do Templo da Mansidão), assim como à realidade do abandono, da orfandade – "Eu bem podia ser a criança abandonada no cais de partida pro alto-mar..." (*ibid.*).

Harmada resume a experiência-limite da escrita, experiência do "último escritor" (*sábio, santo*), sob o apelo inevitável da caminhada. O personagem e narrador do romance ressurge, ao final, para a vida em Harmada e, pelas mãos da criança, em harmonia com os quatro sujeitos apontados por Rancière em "Enfance", tornando-se, além do ator que é, o agente de um encontro, em expansão, entre o percurso pessoal e a história da cidade, entre a desbravação, proporcionada pela escrita, e a realidade.

O autor dá, assim, fundamento a uma nova épica, que, liberada da determinação do "antes" e da exterioridade, concentra-se na "ação livre" dos personagens, captando-lhes tanto a *força* (afirmação da marcha, da conquista) quanto a *falta* (a ausência e o conseqüente ato de vencer as distâncias até a desertificação, a *despossessão infinita*, como nota Blanchot em "L'œuvre finale" – 1969: 430).

Provém dos atos de personagens em trânsito a tentativa de redescoberta do mundo – e não de reencontro com as origens/Harmada –, da transformação da perda em recurso, da falta de amor "em exigência do 'amor a ser reinventado'" (*ibid.*). Seus valores não são prévios, deixam de se ajustar ao código civilizatório, como sucedia à épica clássica. Será que nos romances de Noll o épico não se torna mais empolgante, realmente surpreendente –, apesar do tom seco, "pobre", e da desilusão –, quando se considera seu vínculo com um tempo de descrença em relação às grandes narrativas (Lyotard, em *O pós-moderno*), sob o domínio, ainda, do legado moderno da *épica negativa* (Adorno, em "Posição do narrador no romance contemporâneo"), em um universo onde o esboço de um ato de conhecimento e experiência é mais raro (como está no Benjamin de "O narrador")? Uma épica que aponta para a utopia do Brasil não-armado ("Harmada", ao contrário de uma "Armada"), rompido com seus estamentos de base, legitimadores do poder republicano até hoje, e despossuído da visão colonizadora do conquistador, como lugar preestabelecido no mapa das corporações, das navegações, abrindo-se para a aventura, para a reconquista de sua própria destinação.

Inserindo parábolas, núcleos quase independentes no interior do romance – como o da pequena narrativa do cego e de seu discípulo –, João Noll parece afirmar que, apesar de mover-se por desígnios cuja expansão e radicalidade tendem a se adequar mais ao projeto poético, não deixa de manter em foco a ação, a seqüência de gestos e atitudes visível ao leitor. É justamente na obra de um narrador que uma verdadeira poética da caminhada se articula como experiência, conhecimento e método. A obra do escritor gaúcho acaba por ser uma *tradução* de Rimbaud, em cuja tradição de escrita formulada em função da *imagem* e do *movimento* se filia, de modo indireto, por intermédio do cinema (como veremos no capítulo seguinte) e da literatura (essa, com o *tonus* poético de Miller e, mais incisivamente, de Clarice).

Na contracorrente de tantas ficções aferradas à história, à literatura – a tudo o que está fora, antes ou depois do ato criador –, o romancista, como disse Valéry acerca do pintor, emprega seu corpo, trabalha com o acontecimento pleno da escrita em ação – o instante vivo, não mais filtrado pela ação *best-seller* ou pelo descarnamento característico da anti-retórica do gênero. O romance, não sendo mais de costumes, pode suscitar acontecimentos, transpondo percursos extremos, travessias da cidade aos desertos (como em *Bandoleiros*), da palavra ao silêncio, do exílio (morte em vida) ao ato (a transformação em outro ser), da forma como é alcançado em *Harmada* e *A céu aberto* o auge de um corpo operante e atual, "aquele que não é um pedaço de espaço, um feixe de funções, mas um entrelaçado de visão e movimento" (Merleau-Ponty, *op. cit.*, p. 88).

Parte III

Cines, Clips, *Cut-ups*

"Não se pode voltar atrás, nem mesmo na imaginação. Depois da perda da inocência, somente o conhecimento total pode nos compensar. Mesmo assim, sugiro uma busca de conhecimento fora da língua, baseada na comunicação visual, solicitando a evolução do pensamento ótico e confiando na percepção, no sentido mais profundo e original da palavra."
(Stan Brakhage, "Metáforas da visão")

Se, no decorrer da leitura da obra de Rimbaud, se vê afirmar uma poética que contém formulações muito próximas do cinema, como seria possível fazer a correspondência entre sua literatura e uma arte eminentemente técnica e coletiva, produzida, consolidada no século XX? Como se traduziriam cinematograficamente as concepções desse poeta, por assim dizer, da imagem? Um dado importante para o estabelecimento da relação poesia-cinema em Rimbaud é a compreensão de que ele constrói desde "Les étrennes des orphelins" imagens em movimento, a contar de um completo domínio do campo sonoro da lírica, tornando já perceptíveis nessa composição os signos da visibilidade, da sonoridade (canto, gritos, murmúrios) e da gestualidade (dança) projetados por metáforas dinâmicas da luz.

Os escritos relacionados com o que chamo de *walk writing* só fazem acentuar os traços de uma poética concebida como movimento, por meio de imagens criadas em função de um ato que é o da caminhada. Chegando-se à leitura de *Illuminations,* não só se afirma, mas se lança a níveis mais abrangentes o uso da *imagem* e do *movimento,* e também no que se refere à *luz,* tomada em uma acepção técnica, sugestão trazida desde o título – bem como o subtítulo, *painted plates,* lido por Steinmetz, para além da esfera pictográfica, como "placas ou pranchas coloridas".

Antes de tudo, deve ser observado que os efeitos imagéticos produzidos pelos signos lingüísticos – e, com maior propriedade, a poesia em relação à narrativa – retiram seus componentes sêmicos de outros sistemas, pelo fato de a imagem, como estuda Jean-Louis Schefer, ser "o nome de uma unidade perceptiva e semântica sem componentes sêmicos próprios" (Schefer 1970: 215). A imagem procura criar um "equivalente verbal" para os traços sensíveis do objeto do discurso, o *Objeto Dinâmico,* nos termos da semiótica de Peirce, "aquele que, no limite, o signo não pode exprimir, mas apenas "indicar", como bem percebe Cesar Guimarães (1997: 60). Isso é feito a partir de "um menos que afeta a linguagem na sua relação com a totalidade do exprimível" (*ibid.*). A imagem assenta-se, pois, "menos na sua articulação com um referente 'anterior a ela', do que sobre um outro sistema significante que empresta suas regras à leitura dos traços imagéticos" (*op. cit.*, p. 63), como o cinema, com o qual o processo imagístico da poética de Rimbaud estabelece inúmeros elos.

Os efeitos imagéticos construídos pela linguagem não devem ser tomados "na sua insuficiência ou deficiência em criar um regime de visibilidade" (*op. cit.*, p. 66), em comparação com as imagens técnicas. É o que bem compreende Cesar Guimarães:

Para além da comparação estrita entre a imagem literária e a imagem técnica, o que está em questão é a maneira como a linguagem – tal como a concebemos em nosso tempo – dispõe as relações entre o visível e o legível, entre o que se vê e o que se lê.
(*ibid.*)

Na verdade, as questões a serem formuladas aqui sobre a relação poesia-cinema atendem a uma objetividade que não se restringe a um debate teórico. "O que há de Rimbaud nas imagens do cinema?", seria o caso de se perguntar. Se há virtualidade cinematográfica na concepção/construção da imagem rimbaudiana, que cinema é esse?

Ao falar de *imagens em movimento*, no caso da poesia de Rimbaud, tenho em um primeiro momento uma definição elementar do cinema, mas logo depois passo a dispor das imagens-conceitos de Gilles Deleuze, que dão título a duas de suas obras – a *imagem-movimento* e a *imagem-tempo*. A primeira acepção descreve o aspecto motor, sucessivo da imagem cinematográfica, onde se desenvolve uma "representação indireta do tempo" (Deleuze 1990: 322), característica do cinema clássico:

...a imagem-movimento constitui o tempo sob sua forma empírica, o curso do tempo: um presente sucessivo conforme uma relação extrínseca do antes e do depois, tal que o passado é um antigo presente, e o futuro, um presente por vir.
(*ibid.*)

A imagem-tempo, por seu turno,

> tornou-se direta, tanto quanto o tempo descobriu novos aspectos, quanto o movimento tornou-se aberrante por essência e não por acidente, quanto a montagem ganhou novo sentido, e um cinema dito moderno constituiu-se depois da guerra.
> (...)
> O primeiro fator é a ruptura do vínculo sensório-motor (...) De repente as situações já não se prolongam em ação ou reação, como exigia a imagem-movimento. São puras situações óticas e sonoras, nas quais a personagem não sabe como responder, espaços desativados nos quais ela deixa de sentir e de agir, para partir para a fuga, a perambulação, o vaivém, vagamente indiferente ao que lhe acontece, indecisa sobre o que é preciso fazer. Mas ela ganha em vidência o que perde em ação ou reação: ela VÊ, tanto assim que o problema do espectador torna-se "o que há para se ver na imagem?" (e não mais "o que veremos na próxima imagem?")
> (op. cit., p. 323)

Penso que se, por um lado, a poética de Rimbaud assimila o aspecto sensorial-motor básico do cinema, até mesmo por intuitivamente inseri-lo no interior do espaço literário, sua escrita integra-se mais à imagem-tempo, tal como a concebe Deleuze. Esse conceito resume toda a potencialidade da imagem em Rimbaud, justamente por acrescentar ao traço da ação e reação embutido em um primeiro instante no movimento, aquele de uma "pura situação ótica e sonora".

A imagem faz-se em função da amplitude perceptiva, da *vidência*. O emprego deste termo, aliás, é feito com o pensamento voltado para a obra do poeta. O próprio Deleuze em *A imagem-tempo* dá as coordenadas de um possível vínculo entre Rimbaud e o cinema. Não apenas no trecho citado, mas em uma aproximação entre a sua poesia e os filmes de Godard e Garrel[1], o filósofo subli-

---

1. A partir do estudo sobre filmes de Godard como *Prénom Carmen* e *Je vous salue Marie*, Deleuze desenvolve uma reflexão capaz de envolver a produção de Garrel e a poética de Rimbaud, em torno do que concebe como crença no corpo: "Restituir o discurso ao corpo e, para tanto, atingir o corpo antes dos discursos, antes das palavras, antes de serem nomeadas *as coisas*: o 'pronome', e mesmo antes do prenome..." (Deleuze 1990: 208-209).

nha o surgimento de um *cinema de vidente*, substituindo aquele de "ação". Justamente a atribuição que costuma ser confundida com a essência da arte fílmica, tal como perpetrou o cinema industrial americano e continuam a fazê-lo as salas exibidoras ao cunhar o slogan "Cinema é a maior diversão", o que quer dizer, cinema = ação, em sua acepção simplesmente motora e sucessiva, entretenimento para desocupar o espectador de sua própria ação, imprevista, descontínua, no cotidiano.

No texto "Trois mille heures de cinéma", publicado em 1966, Godard acentua seu interesse por um cinema visionário, ao reportar-se aos anos 50, em Paris, época da cinefilia e da preparação, ao lado de outros dublês de críticos e cineastas, da *Nouvelle Vague*:

> *Lembranças. Não são interessantes a não ser para si mesmo, jamais para os outros (...) Todo roteiro e toda mise-en-scène foram sempre construídos a partir de lembranças, ou sobre elas. É preciso mudar isso. Partir para o afeto e os ruídos novos.*
>
> (Godard *apud* Bergala 1990: 28)

Tendo "Départ" na mira de seu projeto, o diretor/autor de *Acossado* (1959) veio desde então realizando uma espécie de versão da atividade poética rimbaudiana para o cinema. É o que bem lembra Alain Bergala:

> *A maior parte dos personagens godardianos dos anos 60 – e esta é uma das diferenças que opõem mais radicalmente seu cinema àquele de Truffaut – não têm passado, ou quase não o tiveram, em todo caso não tiveram infância, e parecem tornar deles a palavra de ordem de Rimbaud (...) Quando Godard filma as crianças (...) é claro que não se trata para ele de retomar por intermédio das crianças de hoje alguma coisa da criança que ele foi, de reingressar em seu próprio passado – como pôde fazer Truffaut, dando seguimento a toda uma tradição romanesca – mas, pelo contrário, de situar-se à frente do presente observando esses enigmáticos contemporâneos do futuro próximo.*
>
> (*ibid.*)

Este diálogo não-linear no tempo parece se definir à perfeição, quando o poeta Herberto Helder, no texto "(memória, montagem)", expressa que:

> Rimbaud partiu de todos os seus lugares para dimensões paralelas e fez no poema presente a montagem do poema ausente: aparece um pouco como o discípulo ancestral de Godard. (1987: 147)

A demonstração de como o poeta se apresenta como um "contemporâneo do futuro próximo" no cinema de Godard é visível em *Pierrot le fou* (1965), o filme mais rimbaudiano já realizado, não apenas pela quantidade de citações feitas aos textos do autor (que chegam a incluir uma pintura do rosto de Rimbaud, rodeado por vogais[2]), mas por trazer um cineasta empenhado em traduzir para a tela em movimento as imagens da obra-vida. No mesmo instante em que Pierrot efetiva sua partida na companhia de Marianne[3], Godard faz virem à tona menções a *Une saison en enfer*, como a frase "*l'amour est à reinventer*", encerrando o filme com uma verdadeira versão em som-imagem de "L'éternité".

Godard fixa o horizonte na linha extensa de um *travelling* do mar, logo depois da explosão – suicídio, no instante do arrependi-

---

2. Em *Scenário du film Passion* (1982), Godard torna de novo pública sua ligação de base com a poética de Rimbaud. Diante de uma tela nua, que deve ser vista como quadro, suporte pictórico em movimento para as relações tecidas entre cinema e pintura pelo filme *Passion*, o cineasta a define como "página em branco, tal como '*Voyelles*', de Rimbaud".
 Interessante é observar o lugar tópico e icônico ocupado por Rimbaud em *Histoire(s) du cinéma*, produção, em filme e livro, mais recente de Godard. O que se mostra, nitidamente, por meio de citações de trechos de sua poesia, incorporada pelo cineasta quando historiador, e também por imagens, como a foto do autor ainda menino, inserida no capítulo final "Les signes parmi nous", acompanhada do texto: "*les hommes/et les femmes/croyaient/aux prophètes/maintenant/ on croit/à l'homme d'état*" (Godard 1998: 254). Justamente para assinalar o poder de crença, de revelação, que pode conter, ainda, a imagem, entre os signos do mundo, o realizador e projecionista rearticula palavras e iconografias rimbaudianas.
3. Este sentido de partida abrupta é que precisa ser registrado, por se encontrar no ato contagiante de entrega à aventura, desde "Sensation" até "Bateau ivre" (com "Départ" certamente incluído), localizando-se, antes, na gênese das viagens de *Narrative of A. Gordon Pym*, de Poe.

mento em cometê-lo – de Pierrot, carregado de dinamite, colocando em *off* a voz deste e a de Marianne, também morta, a recitarem o poema em um diálogo perfeitamente ajustado à combinação dos princípios masculino e feminino, reconhecidos e discutidos no decurso do filme, já em um plano imaterial – "*C'est la mer allée/Avec le soleil*" (Rimbaud: 304).

Antes de chegar a esta espécie de coroamento da relação palavra/imagem, poesia/cinema, o realizador de *Pierrot le fou* arma em torno do casal em fuga um longo inventário de temas caros a Rimbaud: o abandono da civilização; o apelo à aventura erótica; a "*sensation*" de uma caminhada não programada (como no poema citado, o protagonista efetiva, ainda que provisoriamente, um percurso "Pela Natureza, – feliz como na companhia de uma mulher"); a hesitação entre a negação do mundo estabelecido e a participação na vida imediata.

Destituído de um roteiro fechado, o filme não apresenta estes temas como *questões* tratadas no nível da fala ou do engendramento de situações, mas como acontecimentos decorrentes de sua realização, das pessoas envolvidas em sua realização.

Embora o cineasta tenha citado anteriormente Rimbaud em *Bande à part*, em que um personagem chamado Arthur se declara tributário do autor de "Bateau ivre" e, vinte e cinco anos depois de *Pierrot*, ocorra uma homenagem em *Nouvelle Vague* ao *anti-cogito*, integrante da "Carta do Vidente", estas referências por si só não constituiriam um cinema rimbaudiano ou, melhor dizendo, não fariam a correspondência entre imagens poéticas e fílmicas. As *visões* e os *ruídos novos* (fonte de seu interesse por um cinema-poesia) anunciam-se com a materialidade da presença humana, por meio de imagens não apenas em movimento (como simples ilustração visual do narrativo), mas como captação de um empreendimento físico, feito com toda a variedade e indeterminação de um percurso/filme/evento, como *Pierrot le fou* leva a efeito.

Esse filme pode ser considerado rimbaudiano por excelência, pelo fato de Godard dar forma à fuga, à perambulação, encaminhando-se para o desempenho visionário, desvinculado de uma projeção prévia, escapando com isto de uma armação de situação marcada pela ação/reação em um tempo e espaço coesos, retilíneos. *Pierrot le fou* é um filme-aventura realizado com dois corpos – dois atores básicos –, dispostos em diferentes cumprimentos de papéis, cabíveis ou não a um homem e a uma mulher (a lembrança/presença de *A fúria do corpo* é inevitável), cabíveis ou não ao corpo tão-somente físico de um filme de aventuras (mesmo não-ilustrativas, como estas).

Godard muda o filme (relendo, assim, o cinema – narrativa e imagem, como Rimbaud) de plano a plano (de linha a linha, no caso do poeta), de conceito a conceito, em busca da imagem livre – com todo o poder de discussão e "autodissecação", perceptível, por exemplo, em "Mauvais sang" –, imagem não contaminada por um arcabouço ideológico, por uma *finalidade*, consistindo-se nessa busca o próprio filme (poema).

Em um espaço múltiplo e fragmentado, os corpos se chocam, deslocam-se, padecem até a explosão, até a imaterialidade, em um cumprimento vivo da atividade experimental feita sobre corpo e alma, apontada pelas cartas "da Vidência". Cumprimento, enfim, da poesia, segundo o cineasta. Pierrot representa bem esse desígnio ao longo da fita, escrevendo e afirmando a poesia, enquanto o cineasta registra paisagens convidativas de uma diversificada e extensa *walk writing*. Para melhor dizer a escrita de Pierrot, basta a transcrição do poema, que é dado à leitura do espectador:

*MarianneMarianne
Ariane mer Arianemar âme amer alma amargo
arme arma*

Reelaboração de "L'éternité", no contexto de amor e revolução vivido pelo protagonista/poeta e a mulher/guerreira (aqui traduzida na imperfeição da luta política radical, misturada com elementos do crime organizado), o filme deixou um exemplo visceral da poesia no cinema. Inúmeros títulos, desde aqueles produzidos em caráter independente, no Brasil conhecidos como "cinema de invenção" (*Matou a família e foi ao cinema*, de Bressane; *A mulher de todos*, de Sganzerla; *O anunciador*, de Bastos Martins; *A ilha dos prazeres proibidos*, de Reichenbach), até aqueles realizados por nomes como Wim Wenders (*No correr do tempo; O amigo americano*), têm como alvo um cinema totalizado em suas plenas funções materiais e imaginárias trazido com o Pierrot solar de J.-L. Godard, que pode ter buscado para título da obra – tecendo aqui um paralelo puramente lúdico – a seguinte imagem da carta sobre o Passo do São Gotardo: "*un pierrot dans un four*" (Rimbaud: 466). "...um pardal dentro de um forno" (traduzido na edição nacional de sua correspondência – V. "Bibliografia de Arthur Rimbaud – Traduções" – como "uma barata no melado", p. 64). O que mantém similaridade com o suicídio embaraçoso, hesitante de Pierrot, provocado em sua aventura, em seu "vôo", dentro de um colete de explosivos. Novos e promissores cineastas não só refazem, mas atualizam *Pierrot le fou* para contemporâneos de um tempo mais próximo ao de agora, parecendo não querer dissolver a espiral das "partidas" fundamentais, em busca dos gestos mais orgânicos e presentes do cinema como ato enraizado na vida e na poesia. São eles: os americanos Hal Hartley (*Trust*; *Simple Men*) e Gregg Araki – autor do indispensável *The Living End*, que pode ser visto não apenas como o *Pierrot le fou* *gay*, mas o da "era AIDS" –, como também os franceses Jean-Pierre Limosin (*Gardien de la nuit*) e Léos Carax, (autor do mais que sintomático *Mauvais sang* e da apoteose da vida à deriva, que são *Os amantes da Pont-Neuf*), perseguidor de um cinema poético[4] inspirado não apenas em Godard, mas em Jean Vigo. Este, por sinal, não somen-

---

4. O *cinema de poesia* perseguido, teorizado por Pasolini, teria, sem dúvida, seu lugar rimbaudiano de ser. Como é notado por W. Fowlie (1993: 18), Pasolini cita, em *Teorema*, embora não haja menção ao nome de Rimbaud, trechos de seus poemas, especialmente os de "Les déserts de l'amour". O que está de acordo com o papel decisivo desempenhado por "Bateau ivre" na formação do poeta e cineasta italiano, como bem estuda Michel Lahud em *A vida clara* (V. cap. "De Rimbaud a Gramsci", p. 57-72).
É comum ao cineasta o acento sobre os elementos da barbárie e do primitivismo (*Édipo Rei*, *Saló* e *Pocilga*, este último é um filme que guarda muitas similitudes com a selvageria primeva de um poema como "Faim"), assim como o realce dado ao desregramento e ao dilaceramento da sexualidade como formas de luta, como expressão de uma recusa, da angústia diante da verdadeira decadência saída do binômio razão–pragma, divindade bifronte da *burguesia* (Pasolini 1983: 100).
Haveria outros elementos de ligação entre o cinema-poesia do autor de *Accatone* e os versos de Rimbaud, resultando em um amálgama realmente criativo da parte do cineasta-poeta. Cabe assinalar, no entanto, que a imagem de poeta e de poesia mais comumente difundida pelo cinema vem recaindo, com grande incidência, sobre a obra-vida rimbaudiana. Inúmeros seriam os exemplos, desde *Roleta chinesa* (1977), de Fassbinder, até o mais recente *Rosas selvagens* (1994), de André Téchiné, filme em que o valor dado à marcha, às querelas do corpo e da juventude, busca, de maneira explícita, quase didática (dois poemas do autor, não mencionados, são estudados pelos jovens protagonistas, em sala de aula, como preâmbulo à narrativa fílmica), corresponder-se à obra literária em questão. Em um filme mais comercial, como *Backbeat* (1994), de Iain Softley, o poema "Première soirée" foi transformado em verdadeiro *Leitmotiv* no estabele-

te por sua carreira meteórica e fulgurante – como bem demonstram *Atalante*, seu "bateau ivre", e a insubordinação primordial de *Zéro de conduite* –, foi chamado de "Rimbaud do cinema".

Seria infindável o cotejo entre as cenas godardianas e os poemas de Rimbaud ("Vagabonds", "Mauvais sang", "Les reparties de Nina", "Solde", "Royauté", "Roman", "Barbare", "Ouvriers", "Comédie de la soif" e tantos outros), por mais de uma imagem e de um motivo. Mas ficaria com o "Bateau ivre" de Pierrot, "*le fou*", antes do gesto final. O protagonista vê a namorada sumir com outro, abandonado à sorte da poesia e da aventura radical, errando por uma ilha de prazeres (tal como a leriam depois Sganzerla e Reichenbach nos filmes citados) não perpetuados. Marianne parte para a ação político-criminal, na qual a traição ao amor e à utopia se faz em nome das forças instituídas de revolta, enquanto Pierrot toma um barco. A câmera está "bêbada", tremula no balanço das águas de um mar encapelado, em um belo e cortante azul-marinho fotografado pelo mestre Raoul Coutard. Toma a embarcação pela lateral, um vaivém do mar e do barco (e do Poema/Cinema do Mar)[5].

mento da relação entre a personagem da fotógrafa – cultuadora dos versos rimbaudianos, chegando a citá-los por duas vezes (aqueles da primeira estrofe, repetidos, como refrão, na última) – e o obscuro e quinto Beatle.

5. Com relação ainda a "Bateau ivre" e o cinema, caberia uma aproximação com *Limite*, filme-marco de Mário Peixoto. Em depoimento prestado em Paris sobre o filme, inserido no vídeo *Le bateau ivre* (Germana Cruxên), Julio Bressane observa o que chama de *câmera desabusada*, usada à mão, fora da altura do olho. Para Bressane, Peixoto filma o próprio cinema, ao desviar-se da seqüência narrativa em direção a uma flor, à margem do que é visto e é narrado. Esse *olhar viajante*, próprio a um filme que se inicia e termina em torno de um barco à deriva, dialoga, segundo Bressane, com o que R. Barthes considera ser o rompimento com a mitologia da navegação produzido pelo poema de Rimbaud: "A maior parte dos barcos lendários ou de ficção são (...) como o Nautilus, um tema grato de encerramento, porque basta apresentar o navio como habitação do homem para que o homem aí organize imediatamente a fruição de um universo liso e redondo, de que aliás toda uma moral náutica o institui simultaneamente como deus, senhor e proprietário (o único senhor a bordo, etc.). Nesta mitologia da navegação não há senão um meio de exorcizar a natureza possessiva do homem sobre o navio, que é o de suprimir o homem e abandonar a si mesmo o navio; então o barco deixa de ser uma caixa, uma habitação, um *objeto possuído*, e torna-se esse olhar viajeiro, roçando infinitos, partindo sem cessar. O objeto verdadeiramente contrário ao Nautilus de Verne é o *Bateau ivre*, de Rimbaud, o barco que diz 'eu' e que, liberto de sua concavidade, pode fazer passar o homem de uma psicanálise da caverna a uma verdadeira poética da exploração" (1978: 74).

Não se deve esquecer, no contato com *Pierrot le fou*, de que Rimbaud é mencionado (embora não nomeado) como o irmão mais velho de Marianne – o que também ocorre no romance estudado de Kathy Acker –, aquele que está na África e com quem o casal pretende se encontrar como promessa maior da aventura. Esse projeto, contudo, seria apenas uma citação avalizadora, se não tivesse sido incorporado pela câmera de Godard, que simplesmente opera uma sondagem sobre os espaços, arriscando um salto de descoberta do que não se nomeia, do *impossível*, nutrindo, desde então, não apenas o cinema. Percebo na literatura de Noll a mesma sondagem da *ação* e da *palavra* novas, inaugurais do movimento, realizando-se como atitude, como "partida", o que mostra, mais uma vez, que sua relação com Rimbaud vem também pelo cinema.

Se o poeta de *Illuminations* instaura o cinema na literatura, pode-se dizer que Godard instaura a poesia no cinema, de todos os modos, desde a escrita de uma página até o ponto em que a imagem abre um lugar para o silêncio, criando um vazio fecundo, um pouco antes de se ouvir ao final do filme "L'éternité".

O chamado à aventura e a simultânea contemplação do movimento, a combinação, portanto, de ação e reflexão, não dizem respeito apenas ao cinema de Godard. Nos filmes de Michelangelo Antonioni aos quais me referi quando fiz uma aproximação aos romances de João Gilberto Noll, o espectador é incitado a estudar a trajetória dos passos de personagens caminhantes, aprimorando-se a cada título produzido pelo autor de *A aventura*, na observação do que se revela entre os corpos e o espaço, do que se recorta em torno e para além destes. Como ocorre em Godard, convive-se, na produção de Antonioni, com um cinema das presenças, em seu grau mais físico. Se a câmera mostra-se motivada a apreender o todo – os temas cruciais e todas as impossibilidades da metafísica –, registra o impasse desta apreensão pelas crispações, pelos impulsos dos corpos.

É importante ver nesse cinema como a crença no poder revelador do movimento desfaz-se de qualquer objetivo prévio, temático ou ideológico. No título revelador que é *A aventura*, o eixo da ação inicial – o desaparecimento de Anna em uma ilha visitada por um grupo de burgueses romanos – vai se diluindo em um lento desfile por espaços interiores ou exteriores, que conduzem ao desaparecimento concreto e visível da personagem sobre a superfície do mundo que nos é dado contemplar. Assiste-se ao desaparecimento de Anna, como também ao rumo dos personagens depois de tal ocorrência, já que tudo leva ao extremo oposto: Claudia (Monica Vitti) passa a não desejar mais o regresso e a vida de sua melhor amiga, pois ocupa na afeição de Sandro o lugar da moça desaparecida e com ele vive a aventura por paisagens e hotéis de cidades encontrados ao léu, quando saídos da ilha. O grande tema rimbaudiano aqui se desenha, o do desaparecimento em vida, como destaca Blanchot no ensaio "Après Rimbaud".

Imagens para mil fugas – Antonioni flagra as direções possíveis do tema, ao dar andamento a um corpo. O cineasta consegue parar a ação – Anna, protagonista da primeira parte da aventura, desaparece – e ouvir o vazio. Ausculta todos os sinais: rastro do sol nascente sobre as águas; Cláudia deita-se sobre as malas em uma de suas estações/paradas; pausas entre as rochas e o mar; o rosto de Vitti, *close-up* sobre um espaço – deserto de uma cidade esquecida no tempo –, sobre o corpo de um homem. Imagem para mil fugas, para um e mais Rimbauds.

Por um lado, Antonioni alcança em sua obra, assim como Rimbaud, a imagem de um percurso (poético/fílmico), com a luminescência de um não-dito – o toque dos corpos do casal de *A noite* (depois da leitura do texto escrito pela mulher) e o súbito plano-seqüência que corta o gesto dos personagens – amantes enlaçados –, encerrando o filme no gesto de levar a câmera a percorrer o parque na primeira hora do dia (ver "Aube"). Ou, então, a irradiação de luz diante da janela do apartamento em *Identificação de uma mulher*, que silencia e "traga" a ação do filme em seu final, sucedendo o mesmo com a iluminação urbana no término de *O eclipse*.

Por outro lado, o cinema do autor vive de uma vacilação constante, possível de ser entendida como o descentramento do que Barthes chama de "conceito fixo da verdade" (Barthes, *op. cit.*, p. 211), que se produz na passagem para o campo da *vidência* (Deleuze). É dada ênfase sobre a mutabilidade da percepção em detrimento da fixação do significado, algo que se vê delinear desde muito cedo na poética de Rimbaud, iluminada por signos da visibilidade e do movimento, para além da estatuária simbólica da poesia corrente. Acelerado ou "ralentado", o olho-câmera é uma verdadeira deseducação dos sentidos:

> *Ele, o artista, detém-se e fita atentamente, muito próximo. Posso imaginar que alguém se torna um cineasta porque a câmera é um olho, o qual é obrigado, por sua natureza técnica, a manter-se fixo. O que se pode acrescentar, como o fazem os grandes cineastas, olhar fixa e radicalmente para as coisas, a ponto de exauri-las (...) isso é perigoso, pois olhar para alguma coisa durante um tempo maior do que aquele que é solicitado* (insisto neste suplemento de intensidade) *causa distúrbio à ordem estabelecida na forma em que for, uma vez que a extensão ou a duração do olhar é normalmente controlada pela sociedade.*
> (Barthes, op. cit., p. 212)

A imagem rimbaudiana conjuga no experimento de narrativa e poesia, que são *Illuminations*, o tempo de uma enumeração veloz com aquele indeterminado pela duração obscura das coisas percebidas em sua radicalidade. O parágrafo final de "Angoisse", por exemplo, capta um movimento de vórtice (já observado em "Bateau ivre"), por meio de uma espécie de plano-seqüência de metáforas, que vai dar no silêncio (no oximoro de um "silêncio atrozmente murmurante", que pesa e se prolonga, com rumor, no decorrer do filme) e nos vazios, muito afins da *A aventura* de Antonioni.

> *Rolar até ferir, pelo ar e pelo mar exaustos; até os suplícios, pelo silêncio do ar e das águas mortais; até as torturas que riem, em seu silêncio atrozmente encrespado.*
> (Rimbaud; trad. Lopes e Mendonça, p. 73)

Imagens de "angústia"[6] perseguem Claudia e Sandro, e todos os demais personagens de M. Antonioni, a começar de Anna (eixo

---
6. Há uma seqüência em *Vício frenético* (*Bad Lieutenant*, 1990), de Abel Ferrara, que parece ter sido inspirada em "Angoisse". No momento em que a fornecedora de heroína injeta a droga na veia do policial, ela faz referência ao "vampiro" que os consome e contra o qual lutam no abismo do circuito do vício. Enquanto fala o texto mais reflexivo de todo o filme, a mulher ruiva, com sua imagem esquálida e ambígua, aparece como uma extensão de "*la vampire*" do poema rimbaudiano. "Os vampiros têm sorte. Alimentam-se uns dos outros. Nós temos que comer a nós mesmos. Temos que comer nossas pernas para ter energia para andar. Temos que vir para poder ir. Temos que nos sugar. Temos que comer a nós mesmos até restar somente o apetite. Nos damos e nos damos."

da aventura e do desaparecimento) até a passagem para o plano revelador final, que, aliás, não pacifica as contradições e os paradoxos intrínsecos aos seres em movimento. Do mar aos desertos, da ação à inação, eis um cinema da aventura e da contemplação: uma não-dialética, legível na *walk writing* como a dinâmica da *despossessão infinita* (de que trata Blanchot ao longo de sua ensaística), aberta ao devir.

Em *O passageiro: profissão repórter* (1974), o realizador parece mesmo ilustrar o entrecho básico da obra-vida, quando transmite na figura de Locke, um repórter internacional de TV, a ultrapassagem para o outro lado de sua atividade como observador, *voyeur* do mundo, fazendo com que troque de identidade, assumindo a existência de outro, traficante de armas em uma revolução africana. O jornalista americano vive o mesmo impasse de Pierrot, engolfado pela incerteza do movimento (assim como o fotógrafo de *Blow-Up*), como mostra o plano final do filme.

Se lemos o depoimento do diretor sobre a realização do filme de 1960, será possível identificar a aventura, para ele próxima da contemplação do vórtice, ou espiral do movimento, que não cessa e se dá para além do pensamento e do acabamento do roteiro. Como ele mesmo define:

> Todo mundo pergunta, depois de ver o filme: o que aconteceu com Anna? Existia uma cena no roteiro, cortada depois (não me lembro qual), em que Claudia, a amiga de Anna, está com os outros na ilha. Eles estão especulando sobre o desaparecimento da moça. Mas não há respostas. Depois de certo silêncio, alguém diz: "Talvez tenha simplesmente se afogado". Claudia move-se subitamente. Todos olham uns para os outros em um desmaio. Esse desmaio é a conotação do filme.
> (Antonioni 1989: 182)

Como complemento a esta reflexão de Antonioni, é imprescindível assinalar que enquanto o filme era rodado em Lisca Bianca,

---

O trecho citado do filme alude também a "Matinée d'ivresse", poema claramente relacionado ao uso da droga e ao método daí extraído: "Nós te afirmamos, método! (...) Temos fé no veneno. Sabemos dar nossa vida inteira todos os dias/ Eis o tempo dos Assassinos" (trad. Ivo: 96).

surgiu, no horizonte, a alguns quilômetros, "uma tromba marinha, qual gigantesco cone invertido. Vinha em direção a Lisca Bianca" (M. S. Fonseca 1994: 91). Embora tenha sido intenção de Antonioni incorporar a "aparição" ao filme, logo foi desfeita pelo pânico deflagrado em Monica Vitti, atriz principal do filme e mulher do diretor, à época. A partir da informação dos técnicos residentes no local de que a tromba poderia arrastar a todos, se ali chegasse, o realizador de *A aventura* não ficou imune, porém, ao efeito devastador do fenômeno marinho. Bem o prova a conotação de *desmaio*, efeito da *desaparição*, impressa à fita[7].

[Quanto à seqüência *off* do filme, aquela relacionada à tromba marinha: "Um dos homens, Bartolo, possuía a *parola*, a fórmula que poderia atalhar a tromba marinha. Vitti implorou-lhe que usasse os seus dons. Ele olhou-me, seríssimo, depois, levantou a perna esquerda e cruzou-a com a direita, fez o sinal-da-cruz, murmurou a fórmula e, acreditem ou não, a tromba desapareceu. Michelangelo, que era cético quanto aos poderes de Bartolo, começou a atirar-se a ele, e ameaçá-lo de despedimento". (*op. cit.*, p. 91-92)]

Quando se pensa em um *cinema do corpo*, feito em diálogo constante com o momento da realização fílmica, o nome de John Cassavetes logo comparece. É viva em sua filmografia a tentativa de trazer o instante do surgimento das imagens, a partir de situações experimentadas sobre linhas básicas de ação. Em um filme-celebração como *Uma mulher sob influência* (1974), pode-se perguntar onde começa o cinema e onde a vida. Pois o instinto, o desejo primeiro de filmar, impõe-se como o mais elaborado dos gestos. Recuperar esta intenção: eis a grande empresa. O sentido da cena primeiramente traçada é obtido depois com a ação dos corpos dos atores. Cinema corporal – lutas, afetos, sangue, gritos, quedas, desmaios (Antonioni).

Seu cinema abraça a totalidade das emoções, desenhada na "Carta do Vidente", contrariando as tramas piegas ou tão-somente violentas veiculadas pelo *mainstream*. Esses filmes atendem ao ob-

---

7. Os efeitos de *fading*, de colapso podem ser lidos nos romances de Noll, de modo a marcar outro ponto de contato entre o cineasta italiano e o ficcionista. "Um breve colapso entre a aparência e o íntimo das coisas", como em *Harmada* (p. 15). No que diz respeito especialmente a *Bandoleiros*, veja-se o subcapítulo "O decifrador e o desmemoriado", no livro já citado de Cesar Guimarães, p. 154-166 (V. "Bibliografia Geral").

jetivo do poeta de *dar a forma do que é informe*, ao imprimir uma imagem do mundo ainda não formulada, a partir do desempenho de corpos, sob a influência direta do tempo da *sensação* e da concentração sobre as *intensidades*, capazes de pôr em risco as convenções ficcionais – o limite entre representação e vida, tal como ocorre no universo teatral de *Opening Night*. Jean-Louis Commoli, escrevendo sobre *Faces* (1968), toca no ponto-chave, ao observar as áreas reservadas ao espaço-tempo no cinema industrial, à proteção, à desinfecção de "contaminações possíveis pelo real" (1986: 325). Cassavetes, diferentemente, mostra o ritmo da vida diária "de maneira tão próxima que logo se torna impossível traçar a linha (se, de fato, tal linha existe) entre filme e não-filme" (*ibid.*).

Entre os cineastas vistos até aqui, penso estar em Cassavetes o instante de ebulição máxima desta passagem da ação à vidência (como percebe Deleuze), já que extrai dos gestos cotidianos uma arte montada na exploração dos afetos em seus pontos-limite. É ele quem filma a convulsão, o fluxo do delírio e do desregramento, não mais mediado pelo corte autocrítico godardiano ou pela contemplação e o vazio típicos de Antonioni. Certamente a imagem de mago, de operador das sombras (*Shadows* chama-se seu monumental longa de estréia), nesse trabalho de desregulagem do corpo e das emoções sublimadas pela correnteza da vida ordinária que mais convém a ele, está em *A fúria* (1977), de Brian De Palma, em que, curiosamente, a exemplo de *O bebê de Rosemary* (1968), filme de Roman Polanksy, ele interpreta um homem com poderes malsãos.

Na fita de De Palma, quando o personagem de Cassavetes enfrenta o desafio da poderosa paranormal (Amy Irving), que orienta sua vidência na direção oposta, é atingido nos olhos, por onde passa a sangrar. Ele treme, trepida, rola pelo chão sob a força da magia branca e devastadora de *A fúria*, liquidando o mobiliário da sala de estar, tal como faz Mabel em *Uma mulher sob influência*, ou qualquer outro personagem de Rowlands/Cassavetes, o casal de irmãos, por exemplo, de *Love Streams* (1984). O corpo em fúria faz com que a cabeça do mago malsão seja arrancada: um furor de carne e blocos de terra esguichados em dança. A cabeça fora do corpo redemoinha em um transe prolongado, que não deixa de mostrar os olhos de Cassavetes bem abertos durante toda essa explosão. A metáfora estertorosa e negativa da paranormalidade exibida por De Palma como que ilustra a temperatura máxima (não aquela "requentada" pelos seriados televisivos de ação) vivida pelo cinema de Cassavetes, em um sentido inverso e indireto de devastação, que arranca simbolicamente o poder logocêntrico da mente, dos esquemas abstratos do pensamento (O Bem/O Mal), submetendo-os à ação livre do corpo, refeito de uma explosão *en abyme*. Todos os filmes de J. Cassavetes operam no nível mais imediato, na superfície do cotidiano, o trajeto do que o personagem "*era antes e será depois*", reunindo o antes e o depois "na passagem incessante de um estado a outro (a imagem-tempo direta)" (Deleuze, *op. cit.*, p. 186). Imagens de explosão: o foco sobre o rosto de Ben Carruthers, surrado por outros vagantes das sombras, no final de *Shadows*, aponta para o enfrentamento das segmentações sociais/raciais da sociedade americana real, à luz do dia.

O que Deleuze chama de "cinema da vidência", assinalando o traço tortuoso, não-linear, nada metafísico, do processamento da imagem-tempo, mostra-se, por exemplo, na filmografia de Cassavetes como composição desprovida de metáforas graficamente elaboradas, produzidas com o auxílio de recursos, efeitos técnicos. As metáforas possíveis de captar no universo do diretor/autor provêm certamente de um cinema direto, sob uma tênue orientação de roteiro, uma encenação concebida a cada instante, em função de um visionarismo irrompido do corpo, tomado quase a olho nu.

Há, entretanto, quando se lê Rimbaud por inteiro, uma rede de imagens não cobertas pela dimensão básica do físico e do movimento, fundamental à *walk writing* e à corporalidade de "Mauvais sang". Não podem ser esquecidas as *painted plates* projetadas por *Illuminations*, dotadas que são de arrojo gráfico, de apresentações elaboradíssimas do tempo, e de um espaço múltiplo de referências verbais-visuais-sonoras, combinadas a gêneros variados da poesia, da narração e das artes visuais, conhecidos e inventados. Tudo por efeito de uma obra que se lê como *revelação* (iluminação, epifania) e como artifício da luz, como espetáculo. O poeta é entendido ao mesmo tempo como iluminador, projetista de cinema e visionário, anunciador de uma arte/percepção renovadas, quando entendidas complementarmente (bem dentro da alquimia da imagem proposta em *The Lords*, por Morrison).

O que se convencionou chamar de vanguarda no cinema, definição que, do raiar do século, chega a abranger autores independentes americanos surgidos desde os anos 40, como Maya Deren, atingindo a constituição de um movimento, nos 50-60, com Kenneth Anger, Stan Brakhage, Jonas Mekas, Michael Snow, Shirley Clarke, Ken Jacobs, James Broughton, entre outros, cumpriria em muitos pontos as intuições fílmicas de vários títulos de *Illuminations*. Esta é a opinião de Dominique Noguez, como foi exposto no capítulo "Imagem Iluminada".

O percurso do que P. Adams Sitney chama de *cinema visionário* já se libertou, à altura dos anos 40, da concepção da imagem em movimento relacionada aos maquinismos/mecanismos de uma montagem do mundo técnico, industrializado, explorada por títulos como, por exemplo, *Berlim, sinfonia de uma cidade*, de W. Ruttmann. Ou então por força do dinamismo gráfico de cineastas-fotógrafos como Man Ray, que, afinado com a sensibilidade surrealista, conceitua a visão associada ao onírico (*L'étoile de mer, Emak Bakia*). Em obras como *Dog Star Man* (1964), de Stan Brakhage, o espectador passa a participar da experiência de uma "*synaesthetic/kynaesthetic*", como compreende Gene Youngblood (1970: 88).

A velocidade[8] é o que mais se faz imprimir nesse título de Brakhage, atendendo a um ritmo não mais mecânico (a modernidade urbana captada por alguns títulos da primeira vanguarda do cinema) ou atribuível ao livre curso do sonho (Ray e os surrealistas). Em torno das imagens de um homem (o próprio Brakhage) acompanhado de seu cachorro, em escalada a uma montanha nevada, o cineasta faz emergir tudo o que está fora e dentro desse personagem em ação. Exploração de uma imagem-núcleo, que se faz simultânea à exploração da natureza pelo "*dog star man*". O filme adota todas as velocidades possíveis e impensáveis a uma penetração no corpo do homem e na natureza. Entre o mínimo e o máximo de refrações/distorções/acelerações do olho.

Isso não sugere uma experiência não-objetiva. As imagens desenvolvem sua própria significação sintática e uma linha

---

8. Em um texto escrito em 1921, o cineasta Jean Epstein observa que: "Essa velocidade de pensamento, de que o cinema nos dá o registro e a medida e que explica em parte a estética da sugestão e da sucessão, é encontrada também na literatura. Em alguns segundos, é preciso forçar a porta de dez metáforas, senão a compreensão se perde (...) Nas *Illuminations* de Rimbaud, a média é de uma imagem a cada segundo..." (Epstein 1983: 22).

"*narrativa*" *é percebida, embora o significado de cada imagem dada deva mudar no contexto das diferentes seqüências...*
(*op. cit.*, p. 90)

Brakhage instaura, sem perder a narratividade, uma desestabilização na ordem perceptiva do espectador, conduzindo-o ao convívio com uma realidade integral (que vai, no dizer de Youngblood, do microespectro do fluxo sangüíneo ao macroespectro do universo) revelada por imagens aceleradas, fulgurantes, em constante formulação. Kostas Axelos, aliás, já percebia na poética de Rimbaud a experiência abrangente, que se projeta do plano mais ínfimo até as dimensões de uma sintonia planetária ("Rimbaud et la poésie du monde planétaire", ensaio de 1961).

A mudança de informação visual-sonora-espacial, linha por linha, na maior parte dos poemas de *Illuminations*, revela grande afinidade com o cinema da sinestesia e da velocidade produzido por Stan Brakhage. Títulos como "Après le déluge", "Enfance", "Vies", "Jeunesse" descrevem grandes passagens, grandes ciclos da vida individual ou coletiva, tal como é a travessia/escalada de *Dog Star Man*, por meio de imagens que se tornam autônomas em relação à narrativa, caracterizando-se por sua mobilidade e sua sucessão não-linear, não-mecânica (imagens-tempo).

Ao estudar *Dog Star Man*, o crítico P. Adams Sitney relaciona-o com o Vorticismo, movimento poético encabeçado por Ezra Pound, pesquisador e praticante das conquistas rimbaudianas, como se pode ler nos manifestos, nos textos não só vorticistas, mas naqueles relacionados ao Imagismo – "*Vorticismo é o Imagismo com uma concentração mais primitiva.*" (Sitney 1963: 20) –, do qual Pound também fez parte. Assim se expressa o poeta:

A imagem não é uma idéia. É um nódulo ou feixe radiante; isso é o que posso, e devo, por força, chamar de vórtice, *a partir do qual, pelo qual e para o qual as idéias estão constantemente em tráfego.*
(Pound *apud* Sitney, *op. cit.*, p. 15)

A não-fixação em formas e formulações prévias, o constante engendramento da ação, da imagem e do tempo, marcam o movimento de vórtice inerente a Rimbaud, que, a partir de um núcleo verbal, ou mesmo de um tema – "Enfance", "Jeunesse", "Après le déluge"... –, abre-se para a espiral incessante de possibilidades oferecidas ao "ponto máximo de energia", como diz o Pound vorticista (*apud* Sitney, *op. cit.*, p. 20). Imagens que se tornam autônomas em relação a uma ordem discursiva, abstrata, do tempo. O poema não pára de se expandir em ondas, linhas pictográficas que se desgarram da simples seqüência literária e linear da duração da leitura, gerando cenas ("Scènes", eis uma das mais paródicas e auto-explicativas "iluminações") independentes, fragmentos de som, luz e movimento.

Mudanças cromáticas, fontes diversificadas de projeção em *Dog Star Man* (mudanças de película/sobreposições) – uma imagem no lugar de outra, como nas "*hallucinations simples*"[9] da "Alquimia do verbo" e da imagem em Rimbaud: rosto de um bebê – dança do fogo – árvore, vulva, jatos de luz. Redemoinho, chuva gráfica. Tudo provém do deslocamento do corpo rumo à montanha. O cão – de que fala o título do filme –, corpo mediador e impulsivo, vê o que não se sabe. A câmera em plano inclinado registra imagens-rajadas (velocidade e ação da neve/branco da linguagem). Esforço físico que não é apenas da escalada do homem e do cão, mas da atividade cinematográfica, a cada gesto – com intervalos brancos na tela e sob o silêncio contínuo de um filme sem som – do personagem a perfurar o gelo ao longo da caminhada.

Assistindo-se ao filme de Brakhage, fica confirmado o movimento em vórtice como adequado a essa mobilidade em processo, inerente à poética de Rimbaud, apresentada de forma mais fulgurante em *Illuminations*. É ele quem desenha para a modernidade o personagem errante, com relação a valores e lugares estratificados,

---

9. Buñuel, em *L'âge d'or* (1930) – será mesmo uma referência a "Age d'or", poema de *Projets D'Études Néantes*? –, expande o repertório iconográfico surrealista até então existente, ao pôr em prática as "*hallucinations simples*" de que trata "Alquimia do verbo". Materializa imagens do que não se via antes, ao extrair de paisagens naturais referências entranhadas na civilização. O cineasta dá imagem à desordem ancestral do universo e da história humana, desfazendo as fronteiras entre os diversos planos da realidade (e mesmo aqueles já catalogados pelos surrealistas) e do tempo. Parafraseando Rimbaud, o autor de *L'âge d'or* é o iluminador da vigília, expõe as visões do tempo, particulares e coletivas, à luz do dia, ao ar livre. Não filma exatamente o sonho, como se pode observar a respeito do poeta de "Veillées", mas o sono, a parte não-iluminada do sonho, segundo o ensaio "Reflexões sobre o poeta dormindo", de João Cabral de Melo Neto (Ver "Bibliografia Geral").

captado por uma escrita híbrida e extremamente inventiva em sua plasticidade mobilizadora: imagens-tempo que o cinema viabiliza em todas as dimensões, das temáticas àquelas concebidas ao tempo de duração (com toda a complexidade de tal formulação) da imagem. Cineastas radicalmente imagéticos, como Raul Ruiz, Alejandro Jodorowsky, Andrei Tarkovski e Peter Greenaway, parecem conter configurações já existentes na combinação rimbaudiana de narrativa e imagem, levada a níveis icônicos sempre surpreendentes.

Dentro da abrangência oferecida pela imagem na obra de Rimbaud, o videoclip resumiria em sua forma extremamente breve a confluência de referências poéticas, contidas na letra da música cantada, com aquelas de procedência visual, extraídas das mais variadas formas de arte e espetáculo, no espaço e ao tempo de uma canção. Em *The Queen Is Dead*, p. ex., feito com base no *single* dos Smiths, o também inglês Derek Jarman parece dar acabamento videográfico a certas imagens, a certas seqüências da obra de Rimbaud, como a de "Les ponts": "...nos outros circuitos iluminados (...) todas tão longas e leves (...) Acordes menores se cruzam, e somem (...) Distingue-se uma roupa vermelha, talvez outros trajes e instrumentos musicais. São árias populares, trechos de concertos senhoriais, restos de hinos públicos?" (trad. Lopes e Mendonça: 43).

Efetivando-se como exemplo da intuição ancestral de Rimbaud de verter sobre um espaço ou um tema uma forma narrativa em movimento, conjugada ao canto e à irradiação de imagens, o videoclip viabiliza formas plurais de encenação e orquestração de palavra/música/imagem. Em *The Queen Is Dead*, o diretor parece ter captado o que já existia em *Dog Star Man* de "pré-clip" em sua velocidade essencial, no longo fluxo de mudanças gráficas, cromáticas, discorridas a partir de gestos e corpos humanos, ou mesmo de objetos, submetidos ao vórtice das analogias, agora dispostos ao sabor do canto de Morrissey e do arranjo de John Marr, ao ritmo da câmera elétrica e giroscópica de Jarman.

O clip parece abrir "mil rastros rápidos" ("Ornières") sobre a superfície reduzida da tela da tevê. Imagens cruzam-se umas sobre as outras, interpenetram-se. Giro. "Estroboscopia". Como em *Illuminations*, o clip de Jarman monta-se como espaço de transmutações plásticas, conceituais e narrativas, a ponto de se revelar como um *compacto* de música/visualidade/narrativa, elevado ao máximo de suas possibilidades combinatórias pelas tecnologias da visão: pétalas de girassol, eixo da guitarra que sai do vórtice e a ele retorna, gerando um anjo e seu espectro, em negativo. Libélula-fantasma desentranha a moça que escreve o *graffiti* nos muros londrinos "THE QUEEN IS DEAD" – círculo de um girassol picado/corola de fogo/cetro desfolhado, a coroa da rainha entra na dança e se queima. Dança do olho – edificação de hastes e asas (andaimes – desemprego crônico na Inglaterra).

As imagens não são símiles; estendem-se umas nas outras visual, sonora e verbalmente. Como se expressa Nelson Brissac Peixoto, ao pensar o vídeo na "paisagem de imagens contemporâneas": "Não se trata de uma simples relação entre duas coisas, mas do lugar onde elas ganham velocidade. O 'entre-lugar'. Seu tecido é a conjunção 'e... e... e...' (...) Diferente de uma lógica binária, é uma justaposição ilimitada de conjuntos" (Peixoto 1993: 238-239).

Sempre que o cinema intensifica sua especificidade de arte da imagem, tornando mais direta e disseminada tal acepção na linguagem videográfica, mais a escrita rimbaudiana, com sua visualidade seminal, se torna compreensível. Os melhores clips – muitos deles dirigidos por cineastas importantes, como Derek Jarman – são bem iluminuras visuais-musicais-narrativas a cumprir o vasto circuito de promessas poéticas das *Illuminations*, ao infinito das linhas gráficas, das técnicas de animação –, *painted-plates* ampliadas eletronicamente. Várias fontes de irradiação de imagens contidas em uma única cápsula (clip), como nos "*clips d'œil*", do Sonic Youth, inspirados no disco *Goo*, e dirigidos por alguns dos mais interessantes *videastas* americanos de hoje (Richard Kern, Todd Haynes, Steve Shelley, Tamra Davis, Ray Agony, entre outros), constituem-se como espetáculos-soma, sob a ordem de um movimento analógico vertiginoso. Imagens-frases-canções inter-relacionam-se na arte do clip, de modo sempre renovador, chegando a alcançar em "Nome", de Arnaldo Antunes, uma clara referência a "Voyelles", em especial ao elo formado entre nome, imagem e coisa, explorado a partir do soneto.

Antunes, que já havia realizado, ao lado de Augusto de Campos, "iluminações computadorizadas" (tal como são definidas pelos artistas) com imagens do rosto do poeta, presentes no volume *Rimbaud livre* com outras criações gráficas-plásticas, como é o caso da contracapa do livro de traduções feitas por Campos – *Rimbaud Rainbow* (produzida com o "Soneto das vogais") – retoma esse poema em "Nome", como instrumento textual, imagético e conceitual.

O poeta, músico e *videasta* renomeia os nomes e as cores (em uma trilha poética-musical iniciada por Caetano, acrescida agora da dimensão da imagem) ao inscrevê-los sobre corpos de animais – cavalos, vacas e elefantes –, em uma estratégia de valorização da "elementaridade física do signo", como bem apontou Antonio Risério, em correspondência com "a elementaridade tantas vezes surpreendente do texto" (Risério 1994: 6-3).

"Voyelles", e também "Alquimia do verbo", pela tática de retorno ao elementar, à renomeação do mundo, à infância do conhecimento, oferecem a Antunes o encontro entre poesia, imagem e música, dentro de um intercâmbio nada linear – "O nome das cores não são as cores". O poeta monta e desmonta nomes – parte do clip se realiza dentro de uma fábrica de letras –, pinta com pincel de parede cores e palavras sobre os animais, dissolvendo depois com jatos d'água os vários nomes e cores superpostos sobre um cavalo, enquanto da trilha sonora vem o refrão "O nome não" ("Nome não" é, aliás, o *nome* do clip).

Os nomes NOME, montado como letreiro, e COURO, escrito e pintado sobre a pele de uma vaca, assinalam o caráter de coisa, de finalidade mercantil, como é questionada também sua nomeação abstrata, marca em brasa aderida à carne animal. Ou, então, a separação silábica de ELE do nome-ser *elefante*, que também refaz o percurso do autor das "Vogais" com imagens concretas, mas a partir dos mesmos elementos de base: sons, letras, vogais, sílabas, nomes abertos como um arco na relação entre coisa, ser e sentido (sob a marcação da música e o poder de realização das imagens).

Ele promove, como diz Risério: "Uma celebração da visualidade da escrita (...) Desliza a mão eroticamente sobre a pele de vogais e consoantes, 'expert' na plástica da escrita, apaixonado pela dimensão física da letra" (*ibid.*). No contexto da informática, da cibernética, em que se move o jovem poeta paulistano, encontra-se a serviço de um "*ludismo intersemiótico*" (*ibid.*), já deflagrado por Rimbaud em "Voyelles" e "Alchimie...".

Poemas dados como obscuros, datados em sua "estranheza" (simbolistas, apenas, para alguns críticos de literatura), "malditos" pela especulação extraliterária, pulsam em sugestões, à luz das altas tecnologias da imagem, nutrindo os mais novos poetas-projecionistas. Isso vem se dando desde os Beatles, desde o início da cultura pop, portanto, e também do clip. É o que se nota em *Help!*,

CINES, CLIPS, CUT-UPS

no decorrer de uma seqüência livremente visual, criada com o tempo da duração de uma das canções do grupo ("The Ticket to Ride", possivelmente o primeiro clip da história da música pop) e quebrando a seqüência narrativa do filme. Daí surge uma das imagens mais fortes do filme e da iconografia *beatle*, como a percebeu Wallace Fowlie:

> ... *a cena, ao ar livre, com uma montanha de neve exibindo um grande piano preto (...) Os quatro Beatles rodeiam o piano (...) Quando a cena da neve apareceu, pensei instantaneamente no poema em prosa, de Rimbaud, "Après le déluge", que tem um verso traduzido por mim como:* "Madame X installed a piano in the Alps"/*Madame X instalou um piano nos Alpes". Eu estava surpreso com a cena e sua óbvia relação com Rimbaud (...) tanto que retornei no dia seguinte para assistir a* Help! *pela segunda vez. Quando a cena surgiu, percebi que a trilha sonora estava lenta. Mas, se alguém escuta atentamente, pode ouvir Ringo, sentado na beira do piano, recitar o verso de Rimbaud em francês:* "Madame X établit un piano dans les Alpes". *Minha reação como professor de francês foi: "Como é ruim o francês de Ringo!". Aquela citação foi uma prova para mim de que os Beatles conheciam a origem literária de sua cena na neve.*
>
> (1993: 19)

Independentemente da audição do verso de "Après le déluge", dito por Ringo (suprimido da trilha sonora com a adaptação do filme para vídeo), o que vale observar é o aspecto da materialização em imagem fílmica de um piano realmente instalado nos Alpes (para onde Ringo, com os outros Beatles, escapam da perseguição feita por grupos místicos e científicos, interessados em seu precioso anel). "Enquanto isso, eles parecem estar salvos nos Alpes" – diz o letreiro que dá abertura à seqüência, ao clip.

A mesma autonomia com que Rimbaud se move a partir de "Les étrennes des orphelins", em relação ao manancial de imagens produzidas, técnica e esteticamente, em seu tempo, pode ser buscada hoje, tendo-se em mira o "*I/eye of the camera, the 'I'/eye of the screen*"("Eu/olho da câmera, o 'eu'/olho da tela"), tal como sublinha Stephen Pfohl (1992: 13) a oferta de espaços múltiplos de "mais e mais informação, mais rápida e mais densamente, mais e mais fatos (...) números de *homeless*, vítimas de AIDS (...) Tudo claramente explicado" (*op. cit.*, p. 13-14). Diante de tal quadro (tela doméstica em movimento), os hipermodernos espectadores atuam como órfãos – esta é a leitura de Pfohl –, expectantes da visão e da escuta de um universo onipresente, feito a despeito deles, com todas as cores do pesadelo e da negação à vida ativa.

Irrompe desta relação "telemediática" uma linguagem nostálgica, desejosa de um paraíso perdido de totalidade: "Nostalgia é a linguagem da paisagem inFORMAcional, uma linguagem da falta, uma linguagem que preenche aqueles com quem se comunica com ansiedades sacramentais por um presente que nunca chega, por um presente, dádiva que nunca se recebe, o apocalipse agora e para sempre" (*op. cit.*, p. 14).

É bem o contrário o que fazem alguns dos cineastas e realizadores de vídeos aqui estudados (assim como os poetas, letristas e ficcionistas vistos antes), pois promovem o revés da nostalgia. E isso sem descartar sua profunda ligação com o tempo midiático, fragmentado, das imagens do presente, chegando mesmo a dar forma às iluminações/iluminuras dinâmicas de Rimbaud. O que Suzanne Bernard concebia como *telescopagem*, em *Illuminations*, ou seja, a redução "dos espetáculos mais amplos às dimensões de um breve poema em prosa" (1959: 187), atualiza-se com o efeito de miniaturização produzido pelo vídeo – "Pelo pequeno receptáculo de vidro que transforma o mundo exterior" (Auron 1994: 118).

Em um trecho que parece ter sido inspirado por uma leitura de "Matinée d'ivresse", Pfohl antevê a linguagem que "em um generoso riso" (*op. cit.*, p. 14) possa dissolver de modo celebratório a nostalgia dos espectadores-órfãos diante das imagens reiterativas do fim da história, do século, da vida:

> *Uma linguagem que se abra para a materialização de um diálogo com os outros (...) Linguagens de excesso, o excesso de uma linguagem,* (não) *lugares de morte não atemorizantes, mas liberados de si, sempre e sempre, em ondas sensuais de multiplicidades em êxtase. Espaços poéticos. Espaços que resistam aos nomes próprios, às economias próprias da gramática.*
> (*op. cit.*, p. 14-15)

Se desde "Les étrennes des orphelins" Rimbaud projeta sua poética sob o dimensionamento da luz, pode-se dizer que em *Illuminations* tal orientação encontra-se em correspondência com a velocidade cognitiva-conexiva contemporânea. Velocidade que tem mais a ver com a luz do que com o som e trabalha com meios, técnicas, imagens, e não mais com idéias (abstrações) – campo em que Burroughs se mostra como pesquisador avançado, com os *cut-ups*. As tecnologias se apuram na materialização de "objetos mentais", figuras do imaginário e virtualidades da consciência. Segundo Virilio,

> *Se, antes, microscópios, telescópios e outros meios aperfeiçoados de observação permitiam a visão do que não podíamos ver de fato, as tecnologias mais novas de investigação agora dão corpo e corporeidade àquilo que antes não possuía corpo.*
> (1991 b: 112)

(Rimbaud ora é visto entre a multidão que freqüenta os *peep shows* de Times Square, ora atravessa um trecho da 5ª Avenida. Ele vive em um quarto desertado, invadido por *homeless*.) Em três flagrantes, o fotógrafo David Wojnarowicz (1954-92) cria a série *Rimbaud in New York:* máscara com o rosto do poeta, usada em momentos diferentes por um homem jovem (o próprio fotógrafo). Rimbaud passa, de fato, a fazer parte dessa paisagem, para ele, até então, impossível.

Illuminations – livro-base da relação literatura-cinema (e outras artes) – estabelece para os autores lidos neste estudo o que Burroughs entende como "movimentação de palavra e imagem em linhas de associação... complexas" (Burroughs 1988: 139). Esses escritos investem também em novas concepções, novos formatos de livro. O livro *ivro*, cinemático, que são as *Galáxias*, de Haroldo de Campos. Poemas-prosas portáteis como *Woolgathering*, de Patti Smith, um microvolume "embalável" de contos/cantos, como um cassete, pronto para ser carregado pelo corpo/walkman: "*livro volante*", na trilha aberta por *Illuminations*. "*Jogo de cartas*" (Félix Féneon), como confirma a alquimia da imagem, de Morrison: placas luminosas de projeção, fotos-seqüências (como as de Muybridge, nas quais o poeta americano se inspira) transformadas em imagens-tempo nos textos de *The Lords* e *New Creatures*. Enquanto

João Gilberto Noll faz uma verdadeira *intervenção* no "romanção" best-seller – *apropriação*, segundo a prática pluritextual de Kathy Acker –, impingido pelas leis do mercado como modelo do gênero, em narrativas cada vez mais exíguas, nas quais o autor busca expressar a duração estrita dos atos que envolvem os protagonistas, em fidelidade à formulação interna do movimento e das atitudes. O que resulta em atuação sobre um leitor cada vez mais mobilizado a incorporar o chamado – "Départ" é, de fato, um poema-guia – para a ação. Em Rimbaud, as três palavras mágicas – o "abre-te-sésamo" das portas da percepção cinematográfica –, traduzem-se não como luz/câmera/ação, mas em escrita/ação e luz.

BIBLIOGRAFIA

BIBLIOGRAFIA DE ARTHUR RIMBAUD

Œuvres de Arthur Rimbaud: vers et proses. Edição estabelecida por Paterne Berrichon. Prefácio de Paul Claudel. Paris: Mercure de France, 1912.

Œuvres complètes. Edição estabelecida, apresentada e anotada por Antoine Adam. Paris: Gallimard, 1972.

Œuvres. Prefácio, notícias e notas por Jean-Luc Steinmetz. Tomo I: *Poésies;* tomo II: *Vers nouveaux, Une saison en enfer*; tomo III: *Illuminations*. Paris: Flammarion, 1989.

Œuvre-Vie. Edição do centenário estabelecida por Alain Borer com a colaboração de Andrée Montègre. Paris: Arléa, 1991.

Œuvres complètes/Correspondance. Edição estabelecida, apresentada e anotada por Louis Forestier. Paris: Robert Laffont, 1992.

Traduções

Rimbaud's Illuminations – A study in angelism. Tradução e ensaio de Wallace Fowlie. Nova Iorque: Greenwood Press, 1953.

Um coração sob uma sotaina. Tradução, seguida de *Os desertos do amor* e *Os Stupra*, por Silva Carvalho. Lisboa: Tipografia Freitas Brito, 1981.

Uma estação no inferno & iluminações. Tradução, introdução e notas de Lêdo Ivo. Rio de Janeiro: Francisco Alves, 1982.

A correspondência de Arthur Rimbaud. Trad. de Alexandre Ribondi. Porto Alegre: L&PM, 1983.

O barco bêbado. Trad. de Pedro José Leal. Lisboa: Hiena, 1985.

Poesia completa. Trad. e prólogo de J. F. Vidal-Jover. Barcelona: Libros Rio Nuevo, 1986.

BIBLIOGRAFIA

Iluminações/Uma cerveja no inferno. Trad. de Mário Cesariny. Lisboa: Assírio & Alvim, 1989.

35 Poemas de Rimbaud. Trad. de Gaëtan Martins de Oliveira. Lisboa: Relógio D'água, 1991.

Rimbaud livre. Introdução e tradução de "Bateau ivre" e outros poemas por Augusto de Campos. São Paulo: Perspectiva, 1992. (Col. Signos, 14)

Rimbaud-Verlaine - Graças e desgraças de um casal ventoso. Trad., org. e notas de António Moura. Lisboa: Hiena, 1993.

Iluminuras – Gravuras coloridas. Trad., notas e ensaio por Rodrigo Garcia Lopes e Maurício Arruda Mendonça. São Paulo: Iluminuras, 1994.

Poesia completa. Trad., prefácio e flashes cronológicos por Ivo Barroso. Rio de Janeiro: Topbooks, 1994.

Prosa poética. Trad., prefácio e notas de Ivo Barroso. Rio de Janeiro: Topboooks, 1998.

Bibliografia sobre Rimbaud

AHEARN, Edward J. *Rimbaud, visions and habitations.* Berkeley: University of California Press, 1983.

AXELOS, Kostas. "Rimbaud et la poésie du monde planétaire". *In*: ———. *Vers la pensée planétaire.* Paris: Minuit, 1961. p. 139-171.

BACHELARD, Gaston. "Rimbaud l'enfant". *In*: ———. *O direito de sonhar.* Trad. de José Américo Pessanha *et alii.* São Paulo: Difel, 1986. p. 120-125.

BADIOU, Alain. "L'interruption". *In: Le millénaire Rimbaud.* Paris: Belon, 1993. (Col. L'Extrême Contemporain). p. 131-155.

———. "Linguagem, pensamento e poesia". *In*: ———. *Para uma nova teoria do sujeito.* Trad. Emerson Xavier da Silva e Gilda Sodré. Rio de Janeiro: Relume Dumará, 1994. p. 75-86.

BANDELIER, Danielle. *Se dire et se taire: l'écriture d' "Une Saison en enfer" d'Arthur Rimbaud.* Neuchâtel: A la Baconnière, 1988.

BARTHES, Roland. "O "Nautilus" e o "Bateau ivre". *In*: ———. *Mitologias.* Lisboa: Edições 70, 1978. p. 72-74.

BERNARD, Suzanne. "Rimbaud et la création d'une nouvelle language poétique". *In*: ———. *Le poème en prose de Baudelaire jusqu'à nos jours.* Paris: Nizet, 1959. p. 151-211.

BERTO, Al. "Rimbaud/Vestígios do poema morto". *In*: ———. *O anjo mudo.* Lisboa: Contexto, 1993. p. 81-83.

BLANCHOT, Maurice. "Après Rimbaud". In: ————. *Faux pas*. Paris: Gallimard, 1943. p. 171-177.

————. "Le sommeil de Rimbaud". In: ————. *La part du feu*. Paris: Gallimard, 1949. p. 157-165.

————. "L'œuvre finale". In: ————. *L'entretien infini*. Paris: Gallimard, 1969.

BLOOM, Harold. (org. e introd.). *Arthur Rimbaud – Modern Critical Views*. Nova Iorque: Chelsea House Publishers, l988.

BONNEFOY, Yves. *Rimbaud par lui-même*. Paris: Seuil, 1961.

BONVICINO, Régis. "É o poeta e não 'rimb on the road' que interessa neste fim-de-século". *Folha de S. Paulo*, "Letras", p. 9, 9/11/1991.

BORER, Alain. *Rimbaud da Abissínia*. Trad. Antonio Carlos Viana. Porto Alegre: L&PM, 1986.

————. *Un sieur Rimbaud. La terre et les pierres*. Paris: Le Livre de Poche Biblio, 1989.

————. *Rimbaud da Arábia*. Trad. Antonio Carlos Viana. Porto Alegre: L&PM, 1991a.

————. *Rimbaud ou l'heure de la fuite*. Paris: Gallimard, 1991b. (Col. Découvertes nº 102)

BOUILLANE DE LACOSTE, Henry de. *Rimbaud et le problème des "Illuminations"*. Paris: Mercure de France, 1949.

BRUNEL, Pierre. *Arthur Rimbaud ou l'éclatant désastre*. Paris: Champvallon, 1983a.

————. *Rimbaud: projets et réalisations*. Paris: Champavallon, 1983b.

————. "Rimbaud sans occultisme". *Actes du XV Congrès de la Société Française de Littérature Générale et Comparée*. Caen, p. 5-16, 20-22 dez. 1978.

BUISINE, Alain. "Le piéton de la grand'route". *Magazine littéraire. Passages de Rimbaud*, Paris, n. 289, p. 36-39, junho de 1991.

BUTOR, Michel. "Hallucination simples". *Parade sauvage*, Charleville-Mézières, n. 3, p. 2-13, abril de 1986.

————. *Improvisations sur Rimbaud*. Paris: La Différence, 1989.

CANDIDO, Antonio. "*Rimbaud – Transfusões*". *Folha de S. Paulo*, "Letras", p. 1-2, 9/11/91.

CARPEAUX, Otto Maria. "A fronteira". *Correio da Manhã*. "Suplemento". Rio de Janeiro, p. 1-2, 16/11/41.

CHAR, René. "Prefácio a Poésies/Une saison en enfer/Illuminations". Texto apresentado, estabelecido e anotado por Louis Forestier. 2ª ed. revista. Paris: Gallimard, 1984. Col. Poésie. p. 7-15.

CLANCIER, Georges-Emmanuel. *De Rimbaud au surréalisme*. Paris: Seghers, 1953.

COHN, Robert Greer. *The Poetry of Rimbaud*. Princeton: University Press, 1973.

CORNILLE, Jean-Pierre. *Rimbaud, nègre de Dieu*. Lille: Presses Universitaires, 1989.

CORSETTI, Jean-Paul. "V. Hugo et A. Rimbaud: mimétisme et parodie". *Parade sauvage*, Charleville-Méziéres, nº 3, p. 18-25, abril de 1986.

CORTÁZAR, Júlio. "Rimbaud". *In*: ―――. *Obra crítica/2*. Madri: Alfaguara, 1994. p. 17-23.

DAVIES, Margaret. "Génie". *La revue des lettres modernes (textos reunidos por Louis Forestier), nº 4 – Arthur Rimbaud*. Paris: Minard, 1980, p. 47-65.

DANIEL-ROPS. *Rimbaud, le drame spirituel*. Paris: Plon, 1936.

DELAHAYE, Ernest. *Delahaye témoin de Rimbaud*. (Textos reunidos e comentados – com inéditos – por Frédéric Eigeldinger e André Gendre). Neuchâtel: A la Bacconière, 1974.

D'HÔTEL, André. *Rimbaud et la révolte moderne*. Paris: Gallimard, 1952.

DILLMAN, Karin. "Une saison en enfer": répétition et transformation". *Parade sauvage* nº 11-13, setembro 1986. p. 56-61.

EIGELDINGER, Marc (org.). *Études sur les "Poésies" de Rimbaud*. Neuchâtel: A la Baconnière, 1979.

ÉTIEMBLE, René. *Le mythe de Rimbaud*. Tomo I: *Genèse du mythe – 1869-1949* – 2ª ed. Paris: Gallimard, 1968. Tomo II: *Structure du mythe*. Paris: Gallimard, 1952. Tomo III: *Le mythe – année du centenaire*. 2ª ed. Paris: Gallimard, 1968.

―――. *Le Sonnet des Voyelles: de l'audition colorée à la vision érotique*. Paris: Gallimard, 1968.

FAUSTINO, Mário. "Arthur Rimbaud". *In*: ―――. *Poesia-experiência*. São Paulo: Perspectiva, 1977. p. 91-96. (Col. Debates, 136)

FELMAN, Shoshana. "Tu as bien fait de partir, Arthur Rimbaud – Poésie et modernité". *Littérature* nº 11, Paris, outubro de 1973. p. 3-21.

FONDANE, Benjamin. *Rimbaud le voyou et l'expérience poétique*. Bruxelas: Complexe, 1990.

FORESTIER, Louis. "Le regard picturel dans les premiers poèmes de Rimbaud". *Minute d'éveil – Rimbaud maintenant*. Paris: Sedes, 1984. p. 21-28.

FOWLIE, Wallace. *Rimbaud et Jim Morrison. The Rebel as Poet – A Memoir*. Durham e Londres: Duke University Press, 1993.

FRANKEL, Margheritta. *Le code dantesque dans l'œuvre de Rimbaud*. Paris: A. G. Nizet, 1975.

FRIEDRICH, Hugo. "Rimbaud". *In*: ————. *Estrutura da lírica moderna*. Trad. Marise M. Curioni e Dora Ferreira da Silva. São Paulo: Duas Cidades, 1978. p. 59-94.

GAMA FILHO, Oscar. *Eu conheci Rimbaud & sete poemas para armar um possível Rimbaud*. Vitória: Departamento Estadual de Cultura, 1989.

GASCAR, Pierre. *Rimbaud et la Commune*. Paris: Gallimard, 1968.

GENGOUX, Jacques. *La pensée poétique de Rimbaud*. Paris: Nizet, 1950.

GOMES, Álvaro Cardoso. "Colorindo vogais (Rimbaud)". *In*: ————. *O poético: magia e iluminação*. São Paulo, Perspectiva, 1989. (Col. Debates 228). p. 39-49.

GROJNOWSKI, Daniel. "Les Illuminations et la représentation". *Minute d'éveil – Rimbaud maintenant*. Paris, Sedes, 1984. p. 103-114.

GUYAUX, André. *Poétique du fragment – Essai sur les ILLUMINATIONS de Rimbaud*. Neuchâtel: A la Bacconière, 1985.

HACKETT, Cecil Arthur. *Rimbaud l'enfant*. Prefácio de Gaston Bachelard. Paris: Librairie José Corti, 1948.

HEIDEGGER, Martin. "Carta sobre Rimbaud". *Nombres*. Universidade Nacional de Córdoba. Ano 1, nº 1, p. 87-89, dez. 1991.

HUBERT, Renée Riese. "Graphisme poétique et poésie graphique: Les Illuminations de Fernand Léger". *Minute d'éveil – Rimbaud maintenant*. Paris: Sedes, 1984. p. 149-157.

IZAMBARD, Georges. *Rimbaud tel que je l'ai connu*. Paris: Mercure de France, 1946.

JABOR, Arnaldo. "O filme que Rimbaud fez antes do cinema". *Folha de S. Paulo*, "Ilustrada", p. 5-3, 24/11/91.

JOUFFROY, Alain. *Arthur Rimbaud et la liberté libre*. Paris: Éditions du Rocher, 1991. (Col. Les Infréquentables).

KAWANABE, Yasuaki. "Deux enfances" – Essai de comparaison Rousseau/Rimbaud. *Parade sauvage*, Charleville-Mézières, nº 8, p. 80-91, set. 1991.

LAPEYRE, Paule. *Le vertige de Rimbaud, clé d'une perception poétique*. Neuchâtel: A la Bacconière, 1981.

LÉVY, Bernard-Henry. "Rimbaud – As comemorações perigosas". *Folha de S. Paulo*, "Letras", p. 6-5, 13/7/91.

LIMA, Carlos (org.). *Rimbaud no Brasil*. Rio de Janeiro: Comunicarte/UERJ, 1993.

LIMA, Luiz Costa. "Rimbaud: o poético desventrado". In: ————. *Mímesis e modernidade – formas das sombras*. Rio de Janeiro: Graal, 1980. p. 133-152.

LORAUX, Patrice. "O Expérience". In: *Le millénaire Rimbaud*. Paris: Belin, 1993. p. 65-104.

MARSICANO, Alberto e FRESNOT, Daniel (Org., trad. e estudos). *Rimbaud por ele mesmo*. São Paulo: Martin Claret, 1996.

MASSOL, J.-F. "Pratiques scolaires, visées littéraires: "Les étrennes des orphelins". *Minute d'éveil – Rimbaud maintenant*. Paris: Sedes, 1984. p. 5-20.

MATARASSO, Henri e PETITFILS, Pierre. *A vida de Rimbaud*. Trad. Antonio Carlos Viana. Porto Alegre: L&PM, 1988.

MEYER, Augusto. "Le bateau ivre": análise e interpretação". In: ————. *Textos críticos*. (Org. João Alexandre Barbosa). São Paulo/Brasília: Perspectiva/Instituto Nacional do Livro, 1986. p. 26-68.

MILLER, Henry. *A hora dos assassinos*. Trad. Milton Persson. Porto Alegre: L&PM, 1983.

MONDOR, Henri. *Rimbaud ou le génie impatient*. 8ª ed. Paris: Gallimard, 1955.

MORRISSETTE, Bruce. *La bataille Rimbaud: l'affaire de "La Chasse spirituelle"* (com inéditos, ilustrações e uma antologia de pastiches rimbaudianos). Trad. Jean Barré. Paris: Nizet, 1959.

MURPHY, Steve. *Le premier Rimbaud ou l'apprentissage de la subvertion*. Paris/Lyon: CNRS e Presses Universitaires de Lyon, 1990.

————. *Rimbaud et la ménagerie impériale*. Paris/Lyon: CNRS e Presses Universitaires de Lyon, 1991.

PERLOFF, Marjorie. *The Poetics of Indeterminacy – From Rimbaud to Cage*. Nova Jérsei: Princeton University Press, 1981.

PERRONE-MOYSÉS, Leila. "Arthur Rimbaud – A rebeldia absolutamente moderna". *O Estado de S. Paulo*, caderno "Cultura", p. 1, 9/11/91.

PLESSEN, Jacques. *Promenade et poésie: l'expérience de la marche et du mouvement dans l'oeuvre de Rimbaud*. La Haye: Mouton, 1967.

————. "L'effet de présence dans Les Illuminations". *Circeto, Revue d'études rimbaudiennes*, nº 1, p. 19-32, out. 1983.

POULET, Georges. *La poésie éclatée: Baudelaire-Rimbaud*. Paris: PUF, 1980.

————. "Rimbaud". In: ————. *La pensée indeterminée. Du Romantisme au XXe siècle*. Vol. 2, p. 207-216. Paris: PUF, 1987.

RANCIÈRE, Jacques. "As vozes e os corpos". In: ————. *Políticas da escrita*. Trad. Raquel Ramalhete e outros. Rio de Janeiro: 34, 1995. p. 141-168.

RAY, Lionel. *Arthur Rimbaud*. Paris: Seghers, 1978.

RAYBAUD, Antoine. "Métropolitain, ou le théâtre de la ville". *Parade sauvage*, Charleville-Mézières, nº 11-13, p. 109-118, set. 1986.

————. *Fabrique d'Illuminations*. Paris: Seuil, 1989.

RICHARD, Jean-Pierre. "Rimbaud ou la poésie du devenir". *In*: ————. *Poésie et profondeur*. Paris: Nizet, 1978. p. 189-250.

RICHER, Jean. *L'alchimie du verbe de Rimbaud ou les Jeux de Jean-Arthur, essai sur l'imagination du language*. Paris: Didier, 1972.

RINCÉ, Dominique. *Rimbaud*. Paris: Nathan, 1992.

RIVIÈRE, Jacques. *Rimbaud*. Paris: Kra, 1930.

ROSS, Kristin. *The Emergence of Social Space: Rimbaud and the Paris Commune*. Minneapolis: University of Minnesota Press, 1988.

SACCHI, Sergio. "Portrait de l'artiste en grand magasin (le circuit de Métropolitain)" *Parade sauvage*, Charleville-Mézières, nº 11-13, p. 119-135, set. 1986.

SOLLERS, Phillipe. "Rimbaud". *In*: ————. *La guerre du goût*. Paris, Gallimard, 1994. p. 232-235.

————. "Destin des avant-gardes". Entrevista a *Le Débat*, Paris: nº 86, p. 61-74, set.-out. 1995.

STARKIE, Enid. *Arthur Rimbaud*. Trad. Alain Borer. Paris: Flammarion, 1983.

STEINMETZ, Jean-Luc. "Variables/Rimbaud". *In*: ————. *La poésie et ses raisons*. Paris: José Corti, 1990. p. 15-72.

————. *Arthur Rimbaud – Une question de présence. Biographie*. Paris: Tallandier, 1991.

————. "L'absence de Rimbaud". *Europe*, Paris, número especial/Rimbaud, p. 40-49, julho de 1991.

TEULÉ, Jean. *Rainbow Rimbaud*. Paris: Julliard, 1991.

TODOROV, Tzvetan. "Les Illuminations". *In*: ————. *Les genres du discours*. Paris: Seuil, 1978. p. 204-220.

VERLAINE, Paul. "Arthur Rimbaud". *In*: ————. *Les poètes maudits*. Paris: Albert Messein Éditeur, 1920. p. 21-40.

VERSTRAETE, Daniel. *La chasse spirituelle d'Arthur Rimbaud: Les Illuminations*. Paris: Les éditions du cerf, 1980.

WHITAKER, Marie-Josephine. *La structure du monde imaginaire de Rimbaud*. Paris: Nizet, 1972.

WING, Nathanael. *Aspects of Poetic Structure in Rimbaud's Illuminations*. University of Mississippi Press, 1974.

ICONOGRAFIA

"Autour de Verlaine et de Rimbaud", desenhos inéditos de Paul Verlaine, Germain Nouveau e Ernest Delahaye, classificados e apresentados por Jean-Marie Carré. Paris: Université de Paris, Col. Cahiers Jacques Doucet, 1949.

"Album Rimbaud", iconografia reunida e comentada por Henri Matarasso e Pierre Petitfils. Paris: Gallimard, col. Bibliothèque de la Pléiade, 1967.

"Arthur Rimbaud in New York" (Times Square/Peep Show/Graffiti). Três fotos de David Wojnarowicz incluídas na exposição "Selfportraits – Prints & Photographs". New York Public Library: set./nov. 1993.

BIBLIOGRAFIA DOS AUTORES ESTUDADOS

Kathy Acker

"Realism for the Cause of Future Revolution" *In*: WALLIS, Brian (org.) *Art After Modern. Rethinking Representation.* Nova Iorque: The New Museum of Contemporary Art/David R. Godine Publisher, 1984. p. 31-41.

Literal Madness, 3 novels: *Kathy goes to Haiti; My Death My Life by Pier Paolo Pasolini;* Flórida. Nova Iorque: Grove Press, 1988.

In Memoriam to Identity. Nova Iorque: Pantheon Books, 1990.

"Devoured by Myths", an Interview with Sylvère Lotringer". *In*: ————. *Hannibal Lecter, My Father.* Nova Iorque: Semiotext(e), 1991. p. 1-24.

"Reading the Body", entrevista a Larry MacCaffery. *Mondo 2000*, Berkeley, nº 4, p. 72-77, 1992.

William S. Burroughs

The Ticket That Exploded. Nova Iorque: Grove Press, 1968.

———— e GYSON, Brion. *The Third Mind.* Nova Iorque: Viking, 1978.

The Soft Machine/Nova Express/The Wild Boys. Nova Iorque: Grove Press, 1980.

The Place of Dead Roads. Nova Iorque: Holt Rinehart, 1983.

Almoço nu. Trad. Flavio Moreira da Costa e Mauro Sá Rego. São Paulo: Brasiliense, 1984.

Os escritores: as históricas entrevistas da Paris Review. Trad. Alberto Alexandre Martins. São Paulo: Companhia das Letras, 1988. p. 131-158.

The Job. Nova Iorque: Penguin, 1989.

"My Purpose Is to Write for the Space Age". *In*: SKERL, Jennie e LYDENBERG, Robin (ed.). *William S. Burroughs at the Front* – Critical Reception, 1959-1989. Carbondale e Edwardsville; Southern Illinois University, 1991. p. 265-268.

Painting and Guns. Nova Iorque/Madras: Hanuman Books, (vol. 46), 1992.

Jim Morrison

Uma oração americana e outros escritos. Trad. Manuel João Gomes. Lisboa: Assírio & Alvim, 1983.

The Lords and the New Creatures. Nova Iorque: Fireside Book, 1987.

Wilderness – The Lost Writings of Jim Morrison. Vol. 1. Nova Iorque: Villard Books, 1988.

The American Night – The Writings of Jim Morrison. Vol. II. Nova Iorque: Villard Books, 1990.

Abismos (escritos inéditos). Trad. Ana Paula Sousa e António Costa. Lisboa: Assírio & Alvim, 1991.

Últimos escritos. Trad. e introd. Jorge Pires. Lisboa: Assírio & Alvim, 1993.

João Gilberto Noll

O cego e a dançarina. Rio de Janeiro: Civilização Brasileira, 1980.

A fúria do corpo. Rio de Janeiro: Record, 1981.

Bandoleiros. Rio de Janeiro: Nova Fronteira, 1985.

Rastros do verão. Porto Alegre: L&PM, 1986.

"Agora uma estrela" (sobre Clarice Lispector). *Leia Livros,* nº 110, dez. 1987, p. 28-29.

Hotel Atlântico. Rio de Janeiro: Rocco, 1989.

Autores gaúchos. Porto Alegre: IEL, nº 23, 1989.

O quieto animal da esquina. Rio de Janeiro: Rocco, 1991.

"Atritos com o instante geram incontáveis ritmos" – A arte da ficção/6. Ritmo. *Folha de S. Paulo*, "Letras", 4/1/1992. p. 6.

"João Gilberto Noll, o poeta da solidão". Entrevista a Paulo Sérgio do Valle. *Leviathan*, Rio de Janeiro, dezembro de 1992. s/p.

Harmada. São Paulo: Companhia das Letras, 1993.

A céu aberto. São Paulo: Companhia das Letras, 1996.

Patti Smith

Seventh Heaven. Boston: Telegraph Books, 1972.

Babel. Nova Iorque: G. P. Putnam's Sons, 1978.

Witt. Trad. Alexandre Vargas. Lisboa: Assírio & Alvim, 1983.

Woolgathering. Nova Iorque/Madras: Hanuman Books, (vol. 45), 1992.

Early Work. 1970-1979. Nova Iorque/Londres: W. W. Norton & Company, 1994.

BIBLIOGRAFIA GERAL

ABASTADO, Claude. *Mythes et rituels de l'écriture*. Bruxelas: Complexe, 1979.

ADORNO, Theodor W. *Os pensadores. Walter Benjamin et alii*. São Paulo: Abril Cultural, 1980. "Lírica e sociedade", trad. Rubens Rodrigues Torres Filho e Roberto Schwarz, p. 193-208; "Posição do narrador no romance contemporâneo". trad. Modesto Carone, p. 269-273.

ANDRADE, Mário de. "A escrava que não é Isaura". *In*: ————. *Obra imatura*. São Paulo/Brasília: Martins/INL, 1972. p. 201-275.

ANTONIONI, Michelangelo. Depoimentos *in*: CHATMAN, Seymour e FINK, Guido (org.). *A aventura – Michelangelo Antonioni Director*. New Brunswick/Londres: Rutgers University Press, 1989.

ARANTES, Otília. *O lugar da arquitetura depois dos modernos*. São Paulo: Studio Nobel/Fapesp/Edusp, 1993.

AUGÉ, Marc. *Não-lugares*. Introdução a uma antropologia da supermodernidade. Trad. Maria Lúcia Pereira. São Paulo: Papirus, 1994.

AURON, Dominique. *Le scintillant, essai sur le phénomène télévisuel*. Estrasburgo: Presses Universitaires de Strasbourg, 1994.

AXELOS, Kostas. *Métamorphoses*. Paris: Minuit, 1991.

BACHELARD, Gaston. "Edgar Poe: As aventuras de Gordon Pym". *In*: ——
——. *O direito de sonhar*. Trad. José Américo Motta Pessanha e outros. 2ª ed. Rio de Janeiro: Francisco Alves, 1986. p. 107-119.

BAKHTIN, Mikhail. "O romance de educação na história do realismo". *In*: ——. *Estética da criação verbal*. Trad. Maria Ermantina Galvão Gomes Pereira. São Paulo: Martins Fontes, 1992. p. 221-276.

BARBOSA, João Alexandre. *A imitação da forma (uma leitura de João Cabral de Melo Neto)*. São Paulo: Duas Cidades, 1975.

——. *As ilusões da modernidade*. São Paulo: Perspectiva, 1986. (Col. Debates, 198)

BARTHES, Roland. "Dear Antonioni". *In*: CHATMAN e FINK (org.). *A aventura – Michelangelo Antonioni Director*. New Brunswick/Londres: Rutgers Univ. Press, 1989. p. 211-214.

BAUDELAIRE, Charles. *Œuvres complètes*. Prefácio, apresentação e notas de Marcel A. Ruff. Paris: Seuil, 1968.

——. *Poesia e prosa* (ed. org. por Ivo Barroso). Rio de Janeiro: Nova Aguilar, 1995.

BEGUIN, Albert. *L'âme romantique et le rêve*. Paris: José Corti, 1939.

BENJAMIN, Walter. *Magia e técnica, arte e política: ensaios sobre literatura e história da cultura. Obras escolhidas*, volume I. Trad. Sérgio Paulo Rouanet. São Paulo: Brasiliense, 1985.

——. *Charles Baudelaire – Um lírico no auge do capitalismo. Obras escolhidas*, vol. III. Trad. José Carlos Martins Barbosa e Hemerson Alves Baptista. São Paulo, Brasiliense, 1989.

——. *Paris, capitale du XIXe siècle – Le livre des passages*. Trad. Jean Lacoste. 2ª ed. Paris: Les Éditions du Cerf, 1993.

BERGALA, Alain. "Godard a-t-il été petit?". *Cahiers du cinéma*, Paris, *Spécial Godard – 30 ans depuis*, p. 28-29, nov. 1990.

BERTRAND, Aloysius. *Gaspard de la nuit*. Paris: Société du Mercure, 1902.

BÍBLIA SAGRADA. Trad. da vulgata e anotada pelo Padre Matos Soares. 9ª ed. São Paulo: Paulinas, 1980.

BLAKE, William. *The Complete Poems*. Nova Iorque: Penguin, 1977.

BLANCHOT, Maurice. *O livro por vir*. Trad. Maria Regina Louro. Lisboa: Relógio D'água, 1984.

BLOOM, Harold (org. e introd.). *Edgar Allan Poe – Modern Critical Views*. Nova Iorque: Chelsea House Publishers, 1985.

BIBLIOGRAFIA

––––––––. *A angústia da influência.* Trad. e apresentação de Arthur Nestrovski. Rio de Janeiro: Imago, 1991.

BOLLE, Willi. *Fisiognomia da metrópole moderna. Representação da história em Walter Benjamin.* São Paulo: Fapesp/Edusp,1994.

BOUSQUET, Gilles. *Apogée et déclin de la modernité. Regards sur les années 60.* Paris: L'Harmattan, 1993.

BRAKHAGE, Stan. "Metáforas da visão". *In*: XAVIER, Ismail (org.). *A experiência do cinema.* Rio de Janeiro: Graal, 1983. p. 341-352.

BRUNEL, Pierre *et alii*. *Que é literatura comparada?* Trad. Célia Berrettini. São Paulo/Curitiba: Perspectiva/Editora da Universidade de São Paulo/ Editora da UFPR, 1990. (Col. Estudos 115).

BUTOR, Michel. *Histoire extraordinaire.* Paris: Gallimard, 1961.

CALINESCU, Matei. *Five Faces of Modernity.* Durham: Duke University Press, 1987.

CALVINO, Italo. *Seis propostas para o próximo milênio. Lições americanas.* Trad. Ivo Barroso. São Paulo: Companhia das Letras, 1990.

CAMBIAIRE, Celestin Pierre. "Poe and Arthur Rimbaud". *In*: ––––––––. *The Influence of Edgar Allan Poe in France.* Nova Iorque: G. E. Stechert & Co., 1927. p. 120-126.

CAMPOS, Augusto de. *ReVisão de Kilkerry.* 2ª ed. São Paulo: Brasiliense, 1985.

––––––––. "Hart Crane, a poesia sem troféus". *Folha de S. Paulo,* caderno "Mais!", p. 6-11, 7/8/94.

CAMPOS, Haroldo de. *Xadrez de estrelas, percurso textual 1949-1974.* São Paulo: Perspectiva, 1974. (Col. Signos, 4).

––––––––. *Metalinguagem e outras metas.* São Paulo: Perspectiva, 1992.

CAMUS, Albert. *L'homme révolté.* Paris: Gallimard, 1951.

––––––––. *O mito de Sísifo.* Trad. Mauro Gama. Rio de Janeiro: Guanabara, 1989.

CANDIDO, Antonio. *Literatura e sociedade.* Estudos de teoria e história literária. 7ª ed. São Paulo: Companhia Editora Nacional, 1985.

CAROLLO, Cassiana Lacerda (seleção e apresentação). *Decadismo e Simbolismo no Brasil. Crítica e poética.* 2 vols. Rio de Janeiro/Brasília: Livros Técnicos e Científicos/INL, 1981.

CARONE NETTO, Modesto. *Metáfora e montagem.* São Paulo: Perspectiva, 1974. (Col. Debates, 102)

CARPEAUX, Otto Maria. *História da literatura ocidental.* vol II. 2ª ed., revista e atualizada. Rio de Janeiro: Alhambra, 1978.

CARRAVETTA, Peter. *Prefaces to Diaphora. Rhetorics, Allegory, and the Interpretation of Postmodernity.* West Lafayette, Indiana: Purdue University Press, 1991.

CARVALHO, Luiz Fernando Medeiros de. "A epifania do traço em Edmond Jabès". *34 Letras*, Rio de Janeiro, nº 7, p. 220-225, março de 1990.

CESAR, Ana Cristina. Depoimento, em fita cassete, gravado no curso "Literatura de mulheres no Brasil", ministrado por Beatriz Rezende, Faculdade da Cidade/RJ, 6/4/83.

CHOURY, Maurice (org. e introd.). *Les poètes de la Commune.* Paris: Seghers, 1970.

CIXOUS, Helen. *Reading with Clarice Lispector.* Londres/Sydney: Harvester Wheatsheaf, 1990.

——————. *Readings: The Poetics of Blanchot, Joyce, Kafka, Kleist, Lispector, and Tsvetayeva.* Nova Iorque/Londres: Harvester Wheatsheaf, 1992.

COMBE, Dominique. *Poésie et récit, une rhétorique des genres.* Paris: José Corti, 1989.

COMOLLI, Jean-Louis. "Deux visages de *Faces*". *In: Cahiers du Cinéma 1960-1968* (org. por Jim Hillier). Cambridge: Harvard University Press, 1986. p. 325-327.

COSTA, Flávia Cesarino. *O primeiro cinema.* São Paulo: Scritta, 1995.

CRANE, Hart. *The Complete Poems of Hart Crane.* Nova Iorque: Doubleday Anchor Books, 1958.

CURTIS, David. *Experimental Cinema.* Nova Iorque: Delta, 1972.

DAVIS, Erik. "Techgnosis: Magic, Memory, and the Angels of Information". *In:* DERY, Mark (org.) *Flame Wars – the Discourse of Cyberculture. The South Atlantic Quarterly,* Durham: Duke University, nº 92: 4, p. 585-616, outono de 1993.

DELEUZE, Gilles. *Logique du sens.* Paris: Minuit, 1969.

——————. *Dialogues (avec Claire Parnet).* Paris: Flammarion, 1977.

—————— e GUATTARI, Félix. *Mille plateaux.* Paris: Éditions de Minuit, 1980.

——————. *A imagem-movimento.* Trad. Stella Senra. São Paulo: Brasiliense, 1985.

——————. *A imagem-tempo.* Trad. Eloísa de Araújo Ribeiro. São Paulo: Brasiliense, 1990.

—————— e GUATTARI, Félix. *Qu'est-ce que la philosophie?* Paris: Minuit, 1991.

——————. *Conversações.* Trad. Peter Pál Pelbart. Rio de Janeiro: 34, 1992.

——————. *Critique et clinique.* Paris, Minuit, 1993.

DIAS, Sousa. *Lógica do acontecimento. Deleuze e a filosofia.* Porto: Afrontamento, 1995.

DUNOIS, Amedée. "Textos e documentos compilados e comentados". *In*: TROTSKY, Leon *et alii*. *A Comuna de Paris*. Rio de Janeiro: Laemmert, 1968. p. 45-186.

EIGELDINGER, Marc. *Le dynamisme de l'image dans la poésie française du Romantisme à nos jours*. Genebra: Slatkine Reprints, 1971.

ELIOT, T. S. *To Criticize the Critic and Other Writings*. Londres: Faber and Faber, 1965.

EPSTEIN, Jean. "O cinema e as letras modernas". *In*: XAVIER, Ismail (org.) *A experiência do cinema*. Rio de Janeiro: Graal, 1983. p. 269-275.

ETIEMBLE, René. *Comparaison n'est pas raison. La crise de la littérature comparée*. Paris: Gallimard, 1963. (Col. Les Essais, 109)

FERREIRA, Jairo. *Cinema de invenção*. Rio de Janeiro/São Paulo: Embrafilme/Max Limonad, 1986.

FONSECA, M. S. "A aventura". *In: 100 dias 100 filmes*. Lisboa: Cinemateca Portuguesa, 1994. p. 91-93.

FOUCAULT, Michel. "Nietzsche, a genealogia e a história". *In*: ————. *Microfísica do poder*. Org. e trad. de Roberto Machado. Rio de Janeiro: Graal, 1979. p. 15-37.

GIDDENS, Anthony. *As conseqüências da modernidade*. Trad. Raul Fiker. São Paulo: Unesp, 1990.

GIL, José. *A imagem-nua e as pequenas percepções*. Trad. Miguel Serras Pereira. Lisboa: Relógio D'Água, 1996.

GODARD, Jean-Luc. *Godard on Godard*. (org. de Jean Narboni e Tom Milne). Nova Iorque: Da Capo Press, 1972.

————. *Histoire(s) du cinéma*. Paris: Gallimard/Gaumont, 1998.

GUIMARÃES, Cesar. *Imagens da memória – entre o legível e o visível*. Belo Horizonte: Ed. UFMG, 1997.

HARDT, Michael. *Gilles Deleuze – um aprendizado em filosofia*. Trad. Sueli Cavendish. São Paulo: 34, 1996.

HARVEY, David. *The Condition of Post-Modernity*. Cambridge: Blackwell, 1990.

HELDER, Herberto. *Photomaton & vox*. 2ª ed. Lisboa: Assírio & Alvim, 1987.

HOUGH, Graham. "A lírica modernista". *In*: BRADBURY, Malcolm e McFARLANE, James (org.). *Modernismo – Guia geral* 1890-1930. Trad. Denise Bottmann. São Paulo: Companhia das Letras, 1989. p. 254-262.

HUGHES, Glenn. *Imagism and the Imagists – A Study in Modern Poetry*. Nova Iorque: Biblo and Tannen, 1972.

HUGO, Victor. *La légende des siècles*. Paris: Garnier, 1974.

HUTCHEON, Linda. *Poética do pós-modernismo. História – Teoria – Ficção.* Trad. Ricardo Cruz. Rio de Janeiro: Imago, 1991.

JABÈS, Edmond. *Le seuil le sable. Poésies complètes 1943-1988.* Paris: Gallimard, 1993 (Col. Poésie)

JAUSS, Hans Robert. *Pour une esthétique de la réception littéraire.* Paris: Gallimard, 1978.

JENNY, Laurent *et alii. Intertextualidades.* "Poétique" n° 27. Trad. Clara Crabbé Rocha. Coimbra: Livraria Almedina, 1979.

JOUSSE, Thierry. *John Cassavetes.* Trad. Newton Goldman e Tati Moraes. Rio de Janeiro: Nova Fronteira, 1992.

KAISER, Gerhard R. *Introdução à literatura comparada.* Trad. Teresa Alegre. Lisboa: Fundação Calouste Gulbenkian, 1980.

KROKER, Arthur e Marilouise. *Body Invaders: Panic Sex in America.* Montreal: New World Perspectives, 1987.

LAHUD, Michel. *A vida clara.* Linguagens e realidade segundo Pasolini. Campinas/São Paulo: Editora da Unicamp/Companhia das Letras, 1993.

LANCELOTTI, Mario A. *De Poe a Kafka, para una teoría del cuento.* Buenos Aires: Editorial Universitaria, 1965.

LAWRENCE, D. H. "Edgar Allan Poe". *In*: BLOOM, Harold (org. e introd.). *Edgar Allan Poe – Modern Critical Views* (org. e introd. Harold Bloom). Nova Iorque: Chelsea Publishers, 1985. p. 21-31.

LIMA, Jorge de. *Poesia completa,* vol. II. 2ª ed. Rio de Janeiro: Nova Fronteira, 1980.

LISPECTOR, Clarice. *A paixão segundo G. H.* 11ª ed. Rio de Janeiro: Nova Fronteira, 1979.

LISSAGARAY, Hippolyte Prosper-Olivier. *História da Comuna de 1871.* Trad. Sieni Maria Campos. São Paulo: Ensaio, 1991.

LUCIE-SMITH, Edward. *Late Modern. The Visual Arts since 1945.* 2ª ed. Nova Iorque: Praeger Publishers, 1976.

LYDENBERG, Robin. *Word Cultures – Radical Theory and Practice in William S. Burroughs' Fiction.* University of Illinois Press, 1987.

─────. "Sound Identity, Fading Out - William Burroughs' Tape Experiments". *In*: KHAN, Douglas e WHITEHEAD, Gregory (org.). *Wireless Imagination. Sound, Radio & the Avant Garde.* Cambridge: MIT Press, 1992. p. 409-437.

LYOTARD, Jean-François. *O pós-moderno.* Trad. Ricardo Corrêa Barbosa. Rio de Janeiro: José Olympio, 1986.

MARINO, Adrian. *Comparatisme et théorie de la littérature.* Paris: PUF, 1988.

MARTINO, Pierre. *Parnasse et simbolisme.* Paris: Librairie Armand Colin, s/d.

MARTINS, Herminio. *Hegel, Texas – e outros ensaios de teoria social*. Lisboa: Século XXI, 1996.

MARX, Karl. "Manifesto do Conselho Geral da Associação Internacional dos Trabalhadores sobre a Guerra Civil na França em 1871". In: ————. e ENGELS, Friedrich. *Obras escolhidas*. Vol. 2. São Paulo: Alfa-Ômega, s/d. p. 64-103.

MATOS, Olgária. *O iluminismo visionário: Benjamin, leitor de Descartes e Kant*. São Paulo: Brasiliense, 1993.

MAUTNER, Jorge. *Fragmentos de sabonete e outros fragmentos*. 2ª ed. revista e ampliada. Rio de Janeiro: Relume Dumará, 1995.

MELO NETO, João Cabral de. *Obra completa*. Rio de Janeiro: Nova Aguilar, 1994.

MENDES, Murilo. *Poesia completa e prosa*. Rio de Janeiro: Nova Aguilar, 1994.

MERLEAU-PONTY. "O olho e o espírito". In: ————. *Os pensadores*. Trad. e notas de Marilena de Souza Chauí *et alii*. São Paulo: Abril Cultural, 1980. p. 85-111.

MERQUIOR, José Guilherme. *O fantasma romântico e outros ensaios*. Petrópolis: Vozes, 1980.

MESCHONNIC, Henri. *Modernité modernité*. Paris: Verdier, 1988.

MICHELET, Jules. *La femme*. 3ª ed. Paris: Hachette, 1860.

————. *A feiticeira*. Trad. Ronald Werneck. São Paulo: Círculo do Livro, s/d.

MILES, Barry. *William Burroughs – El hombre invisible*. Nova Iorque: Hyperion, 1993.

MILLER, Henry. *Trópico de Câncer*. Trad. Aydano Arruda. 2ª ed. São Paulo: Instituto Brasileiro de Difusão Cultural, 1964.

MOUCHARD, Claude. *Un grand désert d'hommes, 1851-1885. Les équivoques de la modernité*. Paris: Hatier, 1991.

MU, Queen. "Orpheus in the Maelstrom". *Mondo 2000*, Berkeley, nº 4, p. 128-133, 1992.

MUIR. *Patti Smith – High on Rebellion*. Manchester: Babylon Books, s/d.

MULLER, Hervé. *Jim Morrison au-delà des Doors*. Paris: Albin Michel, 1973.

NAVILOUCA. Rio de Janeiro: Gernasa, s/d.

NIETZSCHE, Friedrich. *La naissance de la tragédie*. Trad. Geneviève Bianquis. Paris: Gallimard, 1949.

OITICICA, Hélio. "ho nyk NTBK 4/73". *Polem*, Rio de Janeiro: Lidador, nº 1, p. 78-91, s/d.

————. *Aspiro ao grande labirinto*. Rio de Janeiro: Rocco, 1986.

ORTIZ, Renato. *Cultura e modernidade - A França no séc. XIX*. São Paulo: Brasiliense, 1991.

PARENTE, André (org.). *Imagem-máquina. A era das tecnologias do virtual.* Rio de Janeiro: 34, 1993. p. 7-33.

PASOLINI, Pier Paolo. *As últimas palavras do herege.* Entrevistas com Jean Duflot. Trad. Luiz Nazário. São Paulo: Brasiliense, 1983.

PAZ, Octavio. *Signos em rotação.* Trad. Sebastião Uchoa Leite. São Paulo: Perspectiva, 1972.

──────. *Conjunções e disjunções.* Trad. Lucia Teixeira Wisnik. São Paulo: Perspectiva, 1979. (Col. Debates 130)

──────. *Os filhos do barro.* Trad. Olga Savary. Rio de Janeiro: Nova Fronteira, 1984.

──────. *Convergências.* Trad. Moacyr Werneck de Castro. Rio de Janeiro: Rocco, 1991.

PEIXOTO, Nelson Brissac. "É a cidade que habita os homens ou são eles que moram nela?". *Dossiê Walter Benjamin. Revista USP*, São Paulo, nº 15, p. 72-75, set./out./nov. 1992.

──────. "Passagens da imagem: Pintura, fotografia, cinema, arquitetura". *In*: PARENTE, André (org.). *Imagem-máquina. A era das tecnologias do virtual.* Rio de Janeiro: 34, 1993. p. 237-252.

PFOHL, Stephen. *Death at the Parasite Cafe. Social Science (Fictions) & the Postmodern.* Nova Iorque: St. Martin's Press, 1992.

PIGNATARI, Décio. *Semiótica e literatura.* São Paulo: Cultrix, 1987.

PIVA, Roberto. *Vinte poemas com brócoli.* São Paulo: Massao Ohno, 1981.

POE, Edgar Allan. *Poesia e prosa.* Obras escolhidas. Vol. II. Trad. Oscar Mendes e Milton Amado. Porto Alegre: Globo, 1944.

──────. *Aventuras de Arthur Gordon Pym.* Trad. Eduardo Guerra Carneiro. 2ª ed. Lisboa: Editorial Estampa, 1988.

──────. *Eureka.* San Francisco: The Argon Press, 1991.

──────. *The Collected Tales and Poems of Edgar Allan Poe.* Nova Iorque: Modern Library, 1992.

POULET, Georges. "Poe". *In*: ──────. *La pensée indéterminée. De la Renaissance au Romantisme.* Vol. I. Paris: PUF, 1985. p. 289-294.

RANCIÈRE, Jacques. "A fraternidade das metáforas". *Folha de S. Paulo*, caderno "Mais", p. 7, 27/7/97.

REDHEAD, Steve. *The End-of-the-Century Party – Youth and Pop towards 2000.* Manchester University Press, 1990.

RIORDAN, James e PROCHNICKY, Jerry. *Break on Through – The Life and Death of Jim Morrison.* Nova Iorque: William Morrow and Company Inc., 1991.

RISÉRIO, Antonio. "De quem é essa decadência?" *Folha de S. Paulo.* caderno "Mais!", p. 6-3, 10/4/1994.

ROUSSEAU, Jean-Jacques. *Os devaneios do caminhante solitário.* Trad., introd. e notas de Fúlvia M. L. Moretto. 2ª ed. São Paulo/Brasília: Hucitec/Ed. da UnB, 1986.

RUCKER, Rudy *et alii* (org.). *Mondo 2000: A User's Guide to the New Edge.* Berkeley: Mondo 2000, 1992.

SALOMÃO, Waly. *Armarinho de miudezas.* Salvador: Fundação Casa de Jorge Amado, 1993, (Col. Casa de Palavras 11).

SANTIAGO, Silviano. *Nas malhas da letra.* São Paulo: Companhia das Letras, 1989.

SANTOS, Laymert Garcia dos. *Tempo de ensaio.* São Paulo, Companhia das Letras, 1989.

————. "Lautréamont e o desejo de não desejar". In: NOVAES, Adauto (org.). *O desejo.* São Paulo: Companhia das Letras, 1990. p. 209-220.

SCHEFER, Jean-Louis. "L'image: le sens "investi". *Communication.* Paris, nº 15, p. 210-221, 1970.

SCHNEIDER, Marco. *Carta a Lilith & outros escritos sangrados.* São Paulo: Massao Ohno, 1991.

SEIGEL, Jerrold. *Paris Boêmia. Cultura, política e os limites da vida burguesa (1830-1930).* Trad. Magda Lopes. Porto Alegre: L&PM, 1992.

SEVCENKO, Nicolau. "1976: O grito, o riso e o silêncio da Geração X". *Revista do Brasil – Literatura anos 80*, Rio de Janeiro, nº 5, p. 14-21, 1986.

SIEGLE, Robert. *Suburban Ambush, Downtown Writing and the Fiction of Insurgency.* Baltimore: The Johns Hopkins University Press, 1989.

SITNEY, P.Adams. "Imagism in Four Avant-Garde Films". *Film Culture,* Nova Iorque, nº 31, p. 15-21, inverno de 1963-64.

————. *Visionary Film.* Nova Iorque: Oxford University Press, 1979.

STAROBINSKI, Jean. *L'œil vivant.* Paris: Gallimard, 1961.

————. *Jean-Jacques Rousseau, a transparência e o obstáculo.* Trad. Maria Lúcia Machado. São Paulo: Companhia das Letras, 1991.

TATE, Allen. "The Angelic Imagination". *In*: BLOOM, Harold (org. e introd.) *Edgar Allan Poe – Modern Critical Views.* Nova Iorque: Chelsea Publishers, 1985. p. 35-49.

VALÉRY, Paul. "Sobre Poe". *In*: FOYE, Raymond (org.). *Poe desconhecido.* Trad. Luiz Fernando Brandão. Porto Alegre: L&PM, 1980. p. 136-140.

VATTIMO, Gianni. *O fim da modernidade.* Trad. Maria de Fátima Boavida. Lisboa: Presença, 1987.

──────. *A sociedade transparente.* Trad. Hossein Shooja e Isabel Santos. Lisboa: Relógio D'Água, 1992.

VICENTE, José. *Os reis da terra.* Rio de Janeiro: Nova Fronteira, 1984.

VIRILIO, Paul. *The Aesthetics of Disappearence.* Nova Iorque: Semiotext(e), 1991a.

──────. *Lost Dimension.* Nova Iorque: Semiotext(e), 1991b.

──────. *A inércia polar.* Trad. Ana Luísa Faria. Lisboa: Dom Quixote, 1993.

WHITMAN, Walt. *Leaves of Grass.* Nova Iorque: American Library, 1958.

WILSON, Edmund. *O castelo de Axel (estudo sobre a literatura imaginativa de 1870 a 1930).* Trad. José Paulo Paes. São Paulo: Cultrix, s/d.

YOUNGBLOOD, Gene. *Expanded Cinema.* Nova Iorque: E. P. Dutton & Co. Inc., 1970.

DISCOGRAFIA

BJÖRK
Debut
Nova Iorque: WEA, 1993

BOWIE, David
Heroes
Nova Iorque: RCA, 1977

BRITTEN, Benjamin
Les illuminations ("Fangare", "Villes", "Phrase", "Antique", "Royauté", "Marine", "Interlude", "Being Beauteous", "Parade", "Départ"). Para soprano e orquestra de cordas, op. 18. Christina Högman, soprano. New Stockholm Chamber Orchestra – Péter Csaba, regente.
Viena: BIS, 1988 e 1989

BURROUGHS, William S.
"Break trough in Grey Room"
"Cut-Up Tapes"
Bruxelas: Sub Rosa Records, Sub 33005-8, s/d.

Dead City Radio
Com a participação de John Cale, Donald Fagen, Cheryl Hardwick, The NBC Symphony Orchestra, Lenny Pickett, Sonic Youth, Chris Stein.
Nova Iorque: Island Records, 1990

Spare Ass Annie and Other Tales
Com a participação de The Disposable Heroes of HipHoprisy
Nova Iorque: Island Records, 1993

The "Priest", They Called Him
Com a participação de Kurt Cobain (guitarra)
Portland: Tim/Kerr Records, 1993

CAMPOS, Augusto de e Cid
Poesia é risco
(Leitura, além de textos de Augusto, dos poemas de Rimbaud transcriados por ele: "O barco bêbado", "Vogais", "A estrela chorou rosa", "Os corvos", "Canção da mais alta torre", "Cocheiro bêbado")
São Paulo: Polygram, Special Marketing, 1995

CAMPOS, Haroldo de
Isto não é um livro de viagem – 16 fragmentos de GALÁXIAS
Leitura acompanhada por Alberto Marsicano à cítara
Rio de Janeiro: 34 Literatura S/C, 1992

MORRISON, Jim/The Doors
The Soft Parade
Nova Iorque: Elektra, 1969

Absolutely Live
Nova Iorque: Elektra, 1970

ROSA, Noel
"O orvalho vem caindo" (Noel Rosa/Kid Pepe), com Almirante
História da Música Popular Brasileira/Grandes compositores
São Paulo: Abril Cultural, 1982.

SMITH, Patti
Radio Ethiopia
Patti Smith Group
Nova Iorque: Arista Records, 1976

Easter
Patti Smith Group
Nova Iorque: Arista Records, 1978

VELOSO, Caetano
Cores, nomes
São Paulo: Polygram, 1982

Estrangeiro
São Paulo: Polygram, 1989

WISNIK, José Miguel
José Miguel Wisnik
São Paulo: Camerati, 1993

ZAZOU, Hector
Sahara Blue
Baseado em poemas de Rimbaud, com direção musical e composições de Zazou e a participação de David Sylvian, John Cale, Gérard Depardieu, Khaled, Lisa Gerrard, Ryuichi Sakamoto, Brendan Perry, Barbara Louise Gogan, Bill Laswell, Richard Bohringer, entre outros.
Paris: Crammed Discs, 1992.

FILMOGRAFIA

ANTONIONI, Michelangelo
A aventura (1959)
A noite (1960)
O eclipse (1961)
O dilema de uma vida (1964)
Blow-Up – depois daquele beijo (1968)
O passageiro: profissão repórter (1975)
Identificação de uma mulher (1982)

ARAKI, Gregg
The Living End (1992)

BALCH, Anthony
The Cut-Ups (1966)
  Participação de William S. Burroughs e Brion Gyson
Towers Open Fire (1963)
  Com William S. Burroughs

BRAKHAGE, Stan
Dog Star Man (1959-64)

BRESSANE, Júlio
Matou a família e foi ao cinema (1968)

BROOKNER, Howard
Burroughs (1984)
  Com Burroughs e a participação de Allen Ginsberg, Brion Gyson, Patti Smith, Francis Bacon, Therry Southern e William Burroughs Jr.

BROUGHTON, James
The Bed (1968)
Devotions (1983) – Co-direção: Joel Singer
Song of the Godbody (1977) – Co-direção: Joel Singer

BUÑUEL, Luis
L'âge d'or (1928)
  Participação de Max Ernst

FILMOGRAFIA

CARAX, Léos
Mauvais sang (1986)
Os amantes da Pont-Neuf (1991)

CASSAVETES, John
Shadows (1961)
A Child Is Waiting (1963)
Faces (1968)
Uma mulher sob influência (1974)
Opening Night (1977)
Gloria (1980)
Love Streams (1984)

CHAPLIN, Charles
A corrida do ouro (1925)
Tempos modernos (1936)

CLARKE, Shirley
Bridges Go Round (1958)
The Connection (1961)

CRONENBERG, David
Mistérios e paixões (1991)

DE PALMA, Brian
A fúria (1978)

DINDO, Richard
Arthur Rimbaud - Une biographie (1991)

FERRARA, Abel
Vício frenético (1992)

GARREL, Philippe
La cicatrice intérieure (1972)
L'enfant secret (1983)
Rue Fontaine – episódio de *Paris vu par... 20 ans après* (1984)
Baisers de secours (1989)
La naissance de l'amour (1993)

FILMOGRAFIA

GODARD, Jean-Luc
Bande à part (1964)
Pierrot le fou (1965)
Sympathy for the Devil (1968)
Passion (1982)
Scénario du film Passion (1982)
   Colaboração de Anne-Marie Miéville
Nouvelle Vague (1990)

GORDON, Bette
Variety (1985)
   Roteiro de Kathy Acker

GREENAWAY, Peter
Drowning by Numbers (1988)
A última tempestade (1991)

HARTLEY, Hal
Trust (1990)
Simple Men (1991)

HOLLAND, Agnieszka
Total Eclipse (1996)
   Inspirado na biografia de Rimbaud

JODOROWSKY, Alejandro
El topo (1971)
The Holy Mountain (1975)

LESTER, Richard
Help! (1965)

LIMOSIN, Jean-Pierre
Gardien de la nuit (1986)

MAECK, Klaus
William Burroughs: Commissioner of Sewers (1989)

MARTINS, Paulo Bastos
O anunciador – O homem das tormentas (1970)

PASOLINI, Pier Paolo
O evangelho segundo São Mateus (1964)
Édipo Rei (1967)
Teorema (1968)
Pocilga (1969)
Saló ou Os cento e vinte dias de Sodoma (1975)

PEIXOTO, Mário
Limite (1930)

REICHENBACH, Carlos
A ilha dos prazeres proibidos (1978)

RISI, Nelo
Une saison en enfer (1972)

RUIZ, Raul
Colloque de chiens (1978)
Dak van de Walvis (1982)
A cidade dos piratas (1982)

SGANZERLA, Rogério
O bandido da luz vermelha (1968)
A mulher de todos (1969)

SOFTLEY, Iain
Backbeat (1993)

TARKOVSKY, Andrei
Solaris (1972)
O espelho (1975)
Nostalgia (1983)

TÉCHINÉ, André
Rosas selvagens (1994)

VAN SANT, Gus
Drugstore Cowboy (1989)
Garotos de programa (1991)

FILMOGRAFIA

VIGO, Jean
Zéro de conduite (1933)
L'Atalante (1934)

WARHOL, Andy
Flesh (1969) – Co-direção: Paul Morrissey
Heat (1972) – Co-direção: Paul Morrissey

WENDERS, Wim
No correr do tempo (1975)
O amigo americano (1977)

VIDEOGRAFIA

Le bateau ivre
Direção: Germana Cruxên
Participação de Júlio Bressane, Neville D'Almeida, Waly Salomão, entre outros.
França, 1993

Brooklyn Bridge
Direção: Joan Jonas
EUA, 1988

The Doors - A Tribute to Jim Morrison
Direção: Gordon Forbes
EUA, 1981

Galáxia albina e *Galáxia dark*
Direção: Júlio Bressane
Inspirados em *Galáxias*, de Haroldo de Campos
Brasil, 1990-92

Goo – Sonic Youth
Direção: Tamra Davis, Steve Shelley, Ray Agony, Todd Haynes, Thruston Moore, Richard Kern, David Markey e Phil Morrison
EUA, 1991

Histoire(s) du cinéma
Direção: Jean-Luc Godard
França, 1998

Nome — Arnaldo Antunes
Realização: Arnaldo Antunes, Celia Catunda, Kiko Mistrorigo, Zaba Moreau e Arthur Fontes (direção do clip "Nome não")
Brasil, 1993

The Queen Is Dead – The Smiths
Direção: Derek Jarman
Inglaterra, 1984

Rimbaud e Jorge Mautner no Inferno
Direção: Goffredo da Silva Telles
Brasil, 1992

Anexo

Versões Originais de Alguns Poemas Apresentados no Texto

La chambre est pleine d'ombre; on entend vaguement
De deux enfants le triste et doux chuchotement.
(p. 30)

Il est nuit. La cabane est pauvre, mais bien close
Le logis est plein d'ombre et l'on sent quelque chose...
(Hugo: 700, p. 31)

Des filets de pêcheur sont accrochés au mur.
Au fond, dans l'encoignure où quelque humble vaisselle
Aux planches d'un bahut vaguement étincelle,
On distingue un grand lit aux longs rideaux tombants.
Tout près, un matelas s'étend sur de vieux bancs,
Et cinq petits enfants, nid d'âmes, y sommeillent.
La haute cheminée ou quelques flammes veillent
Rougit le plafond sombre, et, le front sur le lit,
Une femme à genoux prie, et songe, et pâlit.
C'est la mère. Elle est seule. Et dehors, blanc d'écume,
Au ciel, aux vents, aux rocs, à la nuit, à la brume,
Le sinistre océan jette son noir sanglot.
(p. 32)

Si petits! on ne peut leur dire: Travaillez.
Femme, va les chercher. S'ils se sont réveillés,
Ils doivent avoir peur tout seuls avec la morte.
(...) Va les chercher. Mais qu'as tu? Ça te fâche?
D'ordinaire, tu cours plus vite que cela.
(p. 33)

— Au dehors les oiseaux se rapprochent frileux;
Leur aile s'engourdit sous le ton gris des cieux;

Et la nouvelle Année, à la suite brumeuse,
Laissant traîner les plis de sa robe neigeuse,
Sourit avec des pleurs, et chante en grelottant...
                                                    (p. 34)

Orphelins de quatre ans, voilà qu'en leur pensée
S'éveille, par degrés, un souvenir riant...
C'est comme un chapelet qu'on égrène en priant:
– Ah! quel beau matin, que ce matin des étrennes!
Chacun, pendant la nuit, avait rêvé des siennes
Dans quelque songe étrange où l'on voyait joujoux,
Bonbons habillés d'or, étincelants bijoux,
Tourbillonner, danser une danse sonore,
Puis fuir sous les rideaux, puis reparaître encore!
                                                    (p. 35)

...les reflets vermeils, sortis du grand foyer,
Sur les meubles vernis aimaient à tournoyer...
                                                    (p. 38)

Tant leurs yeux sont gonflés et leur souffle pénible!
Les tous petits enfants ont le cœur si sensible!
– Mais l'ange des berceaux vient essuyer leurs yeux,
Et dans ce lourd sommeil met un rêve joyeux,
Un rêve si joyeux, que leur lèvre mi-close,
Souriante, semblait murmurer quelque chose...
                                                    (p. 41)

Par les soirs bleus d'été, j'irai dans les sentiers,
Picoté par les blés, fouler l'herbe menue:
Rêveur, j'en sentirai la fraîcheur à mes pieds.
Je laisserai le vent baigner ma tête nue.

Je ne parlerai pas, je ne penserai rien:
Mais l'amour infini me montera dans l'âme,
Et j'irai loin, bien loin, comme un bohémien,
Par la Nature, – heureux comme avec une femme.
                                                    (p. 50)

VERSÕES ORIGINAIS

(...)
Et, tout là-bas,
Une vache feintera, fière,
À chaque pas...

— Les lunettes de la grand'mère
Et son nez long
Dans son missel: le pot de bière
Cerclé de plomb,
Moussant entre les larges pipes
Qui, crânement,
Fument: les effroyables lippes
Qui, tout fumant,

Happent le jambon aux fourchettes
Tant, tant et plus:
Le feu qui claire les couchettes
Et les bahuts.

Les fesses luisantes et grasses
D'un gros enfant
Qui fourre, à genoux, dans les tasses,
Son museau blanc

Frôlé par un mufle qui gronde
D'un ton gentil,
Et pourlèche la face ronde
Du cher petit...

(p. 58-59)

Je crois en toi! je crois en toi! Divine mère,
Aphrodité marine! — Oh! la route est amère
Depuis que l'autre Dieu nos attelle à sa croix;
Chair, Marbre, Fleur, Vénus, c'est en toi que je crois!
— Oui, l'Homme est triste et laid, triste sous le ciel vaste.
Il a des vêtements, parce qu'il n'est plus chaste,
Parce qu'il a sali son fier buste de dieu,
Et qu'il a rabougri, comme une idole au feu,
Son corps Olympien aux servitudes sales!
Oui, même après la mort, dans les squelettes pâles
Il veut vivre, insultant la première beauté!
— Et l'Idole où tu mis tant de virginité,

Où tu divinisas notre argile, la Femme,
Afin que l'Homme put éclairer sa pauvre âme,
Et montre lentement, dans un immense amour,
De la prison terrestre à la beauté du jour,
(...)
(p. 61)

Alors je levai un à un les voiles. Dans l'allée, en agitant les bras. Par la plaine, où je l'ai dénoncée au coq. À la grand'ville elle fuyait parmi les clochers et les dômes, et courant comme un mendiant sur les quais de marbre, je la chassais.
(p. 65)

Promène-toi, la nuit, en mouvant doucement cette cuisse, cette seconde cuisse et cette jambe de gauche.
(p. 66)

Où, rimant au milieu des ombres fantastiques,
Comme des lyres, je tirais les élastiques
De mes souliers blessés, un pied près de mon coeur!
(p. 70)

...vous qui aimez dans l'écrivain l'absence des facultés descriptives ou instructives, je vous détache ces quelques hideux feuillets de mon carnet de damné.
(p. 75)

Mais! qui a fait ma langue perfide tellement,
qu'elle ait guidé et sauvegardé jusqu'ici ma paresse?
Sans me servir pour vivre même de mon corps, et plus
oisif que le crapaud, j'ai vécu partout.
(p. 77)

A droite l'aube d'été éveille les feuilles et les vapeurs et les bruits de ce coin du parc, et les talus de gauche tiennent dans leur ombre violette les mille rapides ornières de la route humide.
(p. 102)

– *Même des cercueils sous leur dais de nuit dressant les panaches d'ébène, filant au trot des grandes juments bleues et noires.*

(p. 103)

...On a reproduit dans un goût d'énormité singulier toutes les merveilles classiques de l'architecture. J'assiste à des expositions de peinture dans des locaux vingt fois plus vastes qu'Hampton-Court (...) par le groupement des bâtiments en squares, cours et terrasses fermées, ont évincé les cochers. Les parcs représentent la nature primitive travaillée par un art superbe. le haut quartier a des parties inexplicables: un bras de mer, sans bateaux, roule sa nappe de grésil bleu entre des quais chargés de candélabres géants. Un pont court conduit à une poterne immédiatement sous le dôme de la Sainte-Chapelle. Ce dôme est une armature d'acier artistique de quinze mille pieds de diamètre environ.
(...)
...le quartier commerçant est un circus d'un seul style, avec galeries a arcades. on ne voit pas des boutiques. Mais la neige de la chaussée est écrasée; quelques nababs aussi rares que les promeneurs d'un matin de dimanche à Londres, se dirigent vers une dilligence de diamants. Quelques divans de velours rouge: on sert des boissons polaires dont le prix varie de huit cents à huit mille roupies. à l'idée de chercher des théâtres sur ce circus...

(p. 105)

Impossible d'exprimer le jour mat produit par ce ciel immuablement gris (...) j'ai cru pouvoir juger la profondeur de la ville! C'est le prodige dont je n'ai pu me rendre compte: quels sont les niveaux des autres quartiers sur ou sous l'acropole? Pour l'étranger de notre temps la reconnaissance est impossible.

(p. 107)

Des ciels gris de cristal. Un bizarre dessin de ponts, ceux-ci droits, ceux-là bombés, d'autres descendant ou obliquant en angles sur les premiers, et ces figures se renouvelant dans les autres circuits éclairés du canal, mais tous tellement longs et légers que les rives, chargées de dômes s'abaissent et s'amoindrissent. Quelques uns de ces ponts sont encore chargés de masures. D'autres soutiennent des mâts, des signaux, de frêles parapets. Des accords mineurs se croisent, et filent, des cordes montent des berges. On distingue une veste rouge, peut-être d'autres costumes et des instruments de musique. Sont-ce des airs populaires, des bouts de concerts seigneuriaux, des restants d'hymnes publiques? L'eau est grise et bleue, large comme un bras de mer. – Un rayon blanc, tombant du haut du ciel, anéantit cette comédie.

(p. 110)

O cette chaude matinée de février. Le Sud inopportun vint relever nos souvenirs d'indigents absurdes, notre jeune misère.

Henrika avait une jupe de coton à carreau blanc et brun, qui a du être portée au siècle dernier, un bonnet à rubans, et un foulard de soie. C'était bien plus triste q'un deuil. Nous faisions un tour dans la banlieue. Le temps était ouvert et ce vent du Sud excitait toutes les vilaines odeurs des jardins ravagés et des prés desséchés.

Cela ne devait pas fatiguer ma femme au même point que moi. Dans une flache laissée par l'inondation du mois précédent à un sentier assez haut elle me fit remarquer de très petits poissons.

La ville, avec sa fumée et ses bruits de métiers, nous suivait très loin dans les chemins. O l'autre monde, l'habitation bénie par le ciel et les ombrages! Le sud me rappelait les misérables incidents de mon enfance, mes désespoirs d'été, l'horrible quantité de force et de science que le sort a toujours éloignée de moi. Non! nous ne passerons pas l'été dans cet avare pays où nous ne serons jamais que des orphelins fiancés. Je veux que ce bras durci ne traîne plus une chère image.

(p. 113)

Assez vu. La vision s'est rencontrée à tous les airs.
Assez eu. Rumeurs des villes, le soir, et au soleil, et toujours.
Assez connu. Les arrêts de la vie. – O Rumeurs et Visions!
Départ dans l'affection et le bruit neufs!

(p. 116)

Versões Originais

Un beau matin, chez un peuple fort doux, un homme et une femme superbes criaient sur la place publique. *"Mes amis, je veux qu'elle soit reine!" "Je veux être reine!"* Elle riait et tremblait. Il parlait aux amis de révélation, d'épreuve terminée. Ils se pâmaient l'un contre l'autre.

En effet ils furent rois toute une matinée où les tentures carminées se relevèrent sur les maisons, et toute l'après-midi, où ils s'avancèrent du côté des jardins de palmes.

(p. 117)

A noir, E blanc, I rouge, U vert, O bleu: voyelles,
Je dirai quelque jour vos naissances latentes:
A, noir corset velu des mouches éclatantes
Qui bombinent autour des puanteurs cruelles,

Golfes d'ombre; E, candeurs, des vapeurs et des tentes,
Lances de glaciers fiers, rois blancs, frissons d'ombelles;
I, pourpres, sang craché, rire des lèvres belles
Dans la colère ou les ivresses pénitentes (...)

(p. 140-141)

Moi j'étais abandonné, dans cette maison de campagne sans fin: lisant dans la cuisine, séchant la boue de mes habits devant les hôtes, aux conversations du salon: ému jusqu'à la mort par le murmure du lait du matin et de la nuit du siècle entier.

J'étais dans une chambre très sombre: que faisais-je? Une servante vint près de moi: je puis dire que c'était un petit chien: quoiqu'elle fût belle, et d'une noblesse maternelle inexprimable pour moi: pure, connue, toute charmante! Elle me pinça le bras.

Je ne me rappelle même plus bien sa figure (...) – Puis, ô désespoir, la cloison devint vaguement l'ombre des arbres, et je me suis abîmé sousla tristesse amoureuse de la nuit.

(p. 175)

Je finis par trouver sacré le désordre de mon esprit. J'étais oisif, en proie à une lourde fièvre: j'enviais la félicité des bêtes, – les chenilles, qui représentent l'innocence des limbes, les taupes, le sommeil de la virginité!

(p. 178)

> *O le plus violent Paradis de la grimace enragée! Pas de comparaison avec vos Fakirs et les autres bouffonneries scéniques. Dans des costumes improvisés avec le goût du mauvais rêve ils jouent des complaintes, des tragédies de malandrins et de demidieux spirituels comme l'histoire ou les religions ne l'ont jamais été. Chinois, Hottentots, bohémiens, niais, hyènes, Molochs, vieilles démences, démons sinistres, ils mêlent tours populaires, maternels, avec les poses et les tendresses bestiales.*
>
> (p. 181)

> *Rouler aux blessures, par l'air lassant et la mer; aux supplices, par le silence des eaux et de l'air meurtriers; aux tortures qui rient, dans leurs silence atrocement houleux.*
>
> (p. 268)

Agradecimentos

Este livro é uma versão revista e ampliada da minha tese de doutorado em Teoria da Literatura/Literatura Comparada, defendida em maio de 1994 na Universidade de São Paulo. Aos professores João Alexandre Barbosa, Iná Camargo Costa, Fernando Segolin e Norval Baitello Jr., integrantes da banca examinadora da tese, quero agradecer pela interessada participação, por trazerem valiosas sugestões, que muito contribuíram para a forma final deste livro. Em especial, agradeço a Aurora F. Bernardini, orientadora e amiga, fundamental para o percurso de estudo e escrita contido nesta *caminhada com Rimbaud*. A Peter Carravetta, professor do Departamento de Romance Languages (City University of New York/Queens College), meu orientador em Nova Iorque, deixo expresso meu carinho. Sou grato também às professoras Cleusa Passo e Sandra Nittrini, a Luís Mattos e Sueli Maria Regazzo (Departamento de Teoria da Literatura/Literatura Comparada da USP). Às pessoas de Daniel Chomsky e Maurício Nascentes (Livraria Berinjela/Rio), muito agradeço pelo acesso a obras, artigos e revistas essenciais à minha pesquisa.

Desejo expressar, também, meus agradecimentos à Prof[a]. Ruth Silviano Brandão (coordenadora do Programa de Pós-Graduação em Estudos Literários, UFMG), cujo empenho tornou possível a edição deste livro.

Quero assinalar os nomes dos amigos que me auxiliaram dos modos mais diferentes na execução deste trabalho: Maria Lúcia Loureiro, Joseph Hoane, Paulo Romboli, Eliane Perez, Ana Maria Naldi, Andréia Vizeu, Adele Weber, Eni de Carvalho, Márcio Pinto, Eduardo Candelot, Márcio Meneghini, Marilia Matos, José Alexandrino, Ana Romano e Cléa Cury. E a Olímpio José Garcia de Matos, presto homenagem por tudo que ele continua a ser, vivo aqui comigo, pela contribuição apaixonada através de livros e artigos raros, muitos deles só existentes em bibliotecas particulares de escritores (como as de Lucio Cardoso e Anibal M. Machado) e pesquisadores. Presença e saudade.

M. S.V.

Este livro foi composto em Gatineau 10,5 por 12,6 e impresso sobre papel Off-set 90 g/m² nas oficinas da Bartira Gráfica em junho de 2000.